法律
基础案例教程

（第二版）

周登谅 主编
刘金祥 李海鹰 副主编

上海人民出版社

前　言

《法律基础案例教程》是为适应全国中等文化层次以上的学生或非法律专业的大学生了解和掌握法律基础知识，有效地分析和判断日常生活、工作和学习过程中所遭遇的法律问题的需要而专门编写的一本通俗易懂的教材。

本教材的特色在于：

第一，选取与日常生活、工作有密切联系的法律制度作为授课内容，主要涉及民事、刑事、诉讼及劳动与社会保障法律制度，同时考虑到学生的实际情况与接受能力，在编写过程中我们尽量使用浅显通俗的语言和生动的案例，并侧重于基础法律知识的介绍。

第二，编写体例较为新颖，本教材将案例、基础知识介绍与案例分析、法律法规索引以及思考题有机地结合起来，形成一个完整的案例读本，便于学生在阅读、思考、分析案例的同时，掌握基础的法律知识，同时也学会如何应对现实生活中的法律纠纷。

第三，作为一本案例读本，其灵活性要明显优于普通的法律基础教材，既可以用于学生的自学和讨论，也可以用于教师的讲授。同时，教师在讲授过程中可以根据学生的具体情况选择授课的顺序，并自由组合授课的内容。

本书的这些特色也是一种新的尝试，希望我们的努力能够得到教育界同仁的认可和广大学生的欢迎。

参加本书撰写的作者，都是长期从事法学教学和司法实践的法律专业教师和律师。其分工为：

第一编：民事法律制度　李海鹰(华东理工大学法学院副教授)；

第二、第三编：刑事法律制度、诉讼法律制度　周登谅(华东理工大学法学院副教授)；

第四编：劳动与社会保障法律制度　刘金祥（华东理工大学法学院教授）。

本书是集体规划、分工撰写、主编统稿的结晶。

在本书策划和编写过程中，我们得到上海电视大学领导和老师的大力支持。在此，我们对他们的热忱支持表示衷心的感谢。同时也要感谢上海人民出版社的相关编辑们，本书的出版与他们的帮助、鼓励和辛勤劳动是分不开的。

编　者

2017 年 8 月于上海

目　　录

第一编　民事法律制度

第二编　刑事法律制度

第四编　劳动与社会保障法律制度

第一编

民事法律制度

民法是调整平等主体的公民之间、法人之间以及公民和法人之间的财产关系和人身关系的法律规范的总称。民法是我国社会主义法律体系中的一个独立的法律部门,是调整民事法律关系的基本法。它涉及国民经济各行各业、各个领域的发展,它涉及法人和其他各类组织的经济活动、民事活动,它涉及所有公民的衣食住行,生老病死。可以说民法是内容最广、使用频率最高的法律部门之一。随着我国社会主义市场经济的发展和深入,我国民法的地位和作用将会越来越重要。

限于篇幅,本编主要介绍民法通则、婚姻法、继承法、合同法等方面的内容。

第一章　民 法 通 则

民法在国家的法律体系中占有非常重要的地位，它是调整平等民事主体之间的人身关系和财产关系，赋予民事主体民事权利，并且以国家的强制力保护这些民事权利的重要法律部门。民法在保护公民和法人的民事权利方面，发挥的作用日益显著，正因如此，人们对民法的关注，从来没有像今天这样热情，人们对民法的重视，也从来没有像今天这样极致。

民法博大精深，内容极其丰富、广泛，涉及社会生活的各个领域，关系到每一个社会成员的物质生活和精神生活。民法是一门实践性很强的应用法律，通过学习民法能够运用民法的基本原理和具体规则，处理好民事流转中的各种关系，正确认识和分析各种民事纠纷，并且能够妥善处理，真正做到学以致用。

第一节　自 愿 原 则

案例 1-1　乘人之危索要钱财案

1999 年 7 月，长江上游连降大雨，致使江水泛滥成灾。张某所在的村庄也被大水淹没，由于张某逃避不及被大水围困于房顶上，眼看被大水浸泡的房屋即将垮塌。正在这一危机时刻，同村李某划着小船经过，张某大声疾呼并央求李某将其运到安全的地方。李某表示可以将张某运到安全的地方，但要求张某必须支付 2 000 元的劳务费（该村年人均收入 2 500 元），张某无奈，同意支付 2 000 元。李某将张某运到安全的地方后，双方签订了一份由张某向李某支付 2 000 元劳务费的协议。后因李某向张某索要 2 000 元不成发生纠纷，李某一纸诉状将张某告上法院。

李某认为，当时救张某时约定支付 2 000 元劳务费，是以双方自愿签订的协议为依据的，因此张某应遵守约定。而张某则认为，虽然协议是自己签订的，但当时是迫不得已而为之，而且现在也没有钱支付。

法院审理后认为，李某向张某索要 2 000 元是在违背张某真实意思的情况下所为的民事行为，当时达成的由被告支付 2 000 元人民币的协议无效。被告仅需向原告支付人民币 100 元作为劳务费。

法院判决生效后，对于张某与李某签订的协议是否违背张某的真实意思存在两种意见：一种意见认为张某当时处于非常危险的境地，李某救他，自身也有一定的危险，正因为如此张某才同意支付 2 000 元的，所以张某的行为并不违背自己的真实意思。另一种意见认为，正因为当时张某处于危险的境地，如不答应李某的条件就可能有生命危险，所以他是迫不得已答应的，明显是违背张某的真实意思的。

讨论题

1. 什么是自愿原则？
2. 对于法院的判决你认为是否正确，为什么？

一、自愿原则的概念和内容

所谓自愿原则是指民事活动的当事人有权按照自己的真实意思自愿地去设立、变更、终止民事权利和民事义务。自愿和平等是相辅相成的，没有自愿，谈不上平等；没有平等，也就无自愿可言了。

自愿原则的内容包括：(1)当事人有决定是否进行民事活动的自由；(2)当事人有选择民事行为相对人的自由；(3)当事人有决定行为的内容、形式的自由；(4)当事人进行民事活动的意思表示真实。

他人不得干涉当事人的这种自由。当然，自愿(自由)不是绝对的，只能是法律许可范围内的自愿。虚伪的意思或存在欺诈、胁迫、乘人之危等情况下表示出的意思都是无效或可撤销的。

二、案例分析

原告认为，我救被告的当时就讲明了得给报酬2 000元，因为我是冒着危险去救的；被告也同意给2 000元，并写了欠据，应当付给2 000元人民币。被告认为，自己虽写了欠据，但当时是迫不得已，而且现在也没有钱给。

当时达成的协议是否违背被告的真实意思？一种意见认为，张某当时处于非常危险的境况中，他也知道李某救他是冒着一定危险的，这才同意给2 000元的，并不违背自己的真实意思。另一种意见认为，当时张某处于非常危险的情况之中，如不答应李某的条件就可能有生命危险，所以他迫不得已答应了原告的条件，这是违背被告的真实意思的。

我们认为，原告救人索要人民币2 000元是乘人之危，是在违背被告真实意思的情况下所为的民事行为。根据《民法通则》第58条规定："乘人之危，使对方在违背真实意思的情况下所为的民事行为无效。"所谓乘人之危，是使对方在违背真实意思情况下所为的民事行为，是指趁对方危难之际或利用对方的迫切需要，强迫对方接受某种条件以从中获取巨大利益的行为。

相关法规链接

《中华人民共和国民法通则》

第4条 民事活动应当遵循自愿、公平、等价有偿、诚实信用的原则。

第58条 下列民事行为无效：

（一）无民事行为能力人实施的；

（二）限制民事行为能力人依法不能独立实施的；

（三）一方以欺诈、胁迫的手段或者乘人之危，使对方在违背真实意思的情况下所为的；

（四）恶意串通，损害国家、集体或者第三人利益的；

（五）违反法律或者社会公共利益的；

（六）经济合同违反国家指令性计划的；

（七）以合法形式掩盖非法目的的。

无效的民事行为，从行为开始起就没有法律约束力。

第二节 诚实信用原则

案例 1-2 卡车装运黄沙之争

2000 年 8 月，李某因建造房屋需要黄沙，与建筑材料供应公司刘经理签订一份合同。合同约定：李某购买 8 卡车黄沙，每卡车 400 元（当地以“车”作为计量单位时，均以装载 4 吨为标准）。合同签订以后，由于市场供求关系影响，建筑材料的价格大幅上涨，黄沙也从每卡车 400 元涨到 450 元。对此，建筑材料供应公司不愿如数供货，但又碍于合同的约束力，于是，他们以合同中没有特别指明计量单位为由，用 2 吨卡车给李某供货。运完 8 车后，建筑材料供应公司宣布合同已经履行完毕。李某当即提出异议并要求建筑材料供应公司继续供货。双方协商不成，李某诉至法院，要求判令建筑材料供应公司继续履行合同，并赔偿因停工待料、延误工期所造成的经济损失。建筑材料供应公司则辩称，合同中所说的“车”就是 2 吨卡车，因此，合同已完全履行。

关于本案中的被告是否构成违约，有几种观点。一种观点认为，被告没有构成违约。因为根据合同规定，被告供应给原告 8 卡车黄沙，并没有说明是什么卡车装载。被告以 2 吨卡车装载，也是符合合同规定的。另一种观点则认为，被告的行为已构成违约。尽管双方在合同中对标的物的数量规定不清，但根据当地的习惯，在以“车”为计量单位时，一般以 4 吨为标准。而被告在履行合同时却以 2 吨为标准，因此，被告已构成合同违约，应承担相应的民事责任。

讨论题

1. 民法规定的诚实信用原则的具体内容和要求是什么？
2. 如果你是法官，你会如何处理这一纠纷？为什么？

一、诚实信用原则的内容和要求

民事主体在从事民事活动时应当诚实守信。当事人要对他人诚实不欺、恪守诺言、讲究信用。民事活动当事人，应以善意方式行使权利，在获得利益的同时应充分尊重他人的利益和社会利益，不得滥用权利损害他人。

当事人应以诚实信用的方式履行义务。讲诚实，就是要实事求是，自觉履行义务。

二、案例分析

有人认为，被告的行为已构成违约。尽管合同中对计量标准规定不清，但根据当地的惯例，在用“车”作计量标准时，每车为4吨货物。然而，被告实际上将交货数量减少了一半，已构成违约，应承担责任。

我们认为，这种观点基本上是正确的，但是它并没有揭示出被告之所以构成违约的本质原因，即被告违背了诚实信用原则。所谓诚实信用原则，是指民事主体在从事民事活动时应当诚实守信，以善意方式行使权利，履行义务。根据这一原则，首先，任何当事人要对他人和广大消费者诚实不欺，恪守诺言，讲究信用；其次，当事人应以善意方式行使权利，在获得利益的同时应充分尊重他人的利益和社会利益，不得滥用权利，损害他人；最后，这一原则要求当事人对于约定的义务要忠实地履行，那种见利忘义、掺杂使假、欺诈蒙骗以及不讲信用、擅自撕毁合同的行为，都严重违背了诚实信用原则的要求。诚实信用原则作为市场活动的基本原则，是协调各方当事人之间的利益，保障市场有秩序、有规则地运行的重要法律原则。

从本案来看，被告的行为显然已违背了诚实信用的原则，没有按善意方式履行义务。在当事人对交货数量规定不明确的情况下,应当按照诚实信用这一商业道德准则来确定合理的交货数量。被告应当想到,作为一个诚实的、守信用的商人,在此种情况下,应当按当地的交易习惯来交货。然而,被告却受经济利益的驱使没有这样做。显然,被告的做法违背了一个诚实守信的商人所应遵循的商业道德准则。

相关法规链接

《中华人民共和国民法通则》

第 4 条 民事活动应当遵循自愿、公平、等价有偿、诚实信用的原则。

第三节 社会公共利益

案例 1-3 以次充好销售产品

2000 年 4 月,某市一家制鞋厂以人造牛皮为面料批量生产了健身鞋,并以每双 30 元的价格,出售给某贸易公司 5 000 余双。但是,由于这批鞋无论从工艺设计,还是到制作都存在着明显的质量问题。因此消费者买去使用后不久,鞋面就开裂无法再穿了。于是顾客纷纷要求退货。

可是制鞋厂在收到退货后,不是研究改进,而是又将这批鞋卖给了另一贸易公司,而且这次他们学"聪明"了,在与贸易公司所签订的合同中写明:"该鞋尚属试制阶段,工艺还不成熟,因而低价处理销售,每双 15 元,如消费者在使用过程中产生鞋面爆裂等问题,由需方负责。"贸易公司购进这批鞋后,又转售给其他商店销售。但不久大家又纷纷要求退货,而鞋厂则理直气壮地以合同已有明确约定为由拒不退货。消费者于是诉之法院。

法院受理后,即请有关的专家予以鉴定。专家确认该鞋的鞋面材料抗撕性能极差，属不合格产品，无使用价值。于是法院判决认为，鞋厂和贸易公司明知这批鞋是无使用价值的劣质产品，但为了牟利，多次转手、出售，侵害了消费者的利益，违反了社会公德，损害了社会公共利益。尽管合同中明确规定了“销售后鞋面发生爆裂，由需方负责”的条款，但合同还是无效。

讨论题

1. 什么是社会公共利益？
2. 在商品经济条件下，违反社会公共利益的表现形式有哪些？

一、社会公共利益的概念和特征

社会公共利益是全体社会成员的共同利益。法律保护社会公共利益，也就是保护全体人民的共同利益，保护每一个公民的自身利益。在商品生产和商品交换的条件下，社会公共利益与公民和法人的个体利益之间仍然是相对分离的，这就需要通过民法规范协调社会公共利益和公民、法人之间的利益，避免片面强调某一方面的利益而漠视另一方的利益。

在民事法律行为中，尊重社会公共利益是法律行为的有效条件之一。《民法通则》第 58 条第 5 款明确规定，违反社会公共利益的民事行为无效；第 49 条也明确规定，企业法人从事损害社会公共利益的行为，将依法追究企业法人及其法定代表人的责任。

二、案例分析

法院判决认为，鞋厂和贸易公司明知此种鞋是无使用价值的劣质产品，但为了牟利，多次转手、出售，损害消费者的利益，违反了法律，合同应属无效。

《民法通则》第 7 条规定：“民事活动应当尊重社会公德，不得损害社会公共利益，破坏国家经济计划，扰乱社会经济秩序。”

上述健身鞋买卖合同，由于违反了社会公德，损害了社会公共利益，尽管合同明文规定了“销售后鞋面发生爆裂，由需方负责”，但合同还是无效。

相关法规链接

《中华人民共和国民法通则》

第7条　民事活动应当尊重社会公德，不得损害社会公共利益，破坏国家经济计划，扰乱社会经济秩序。

第49条　企业法人有下列情形之一的，除法人承担责任外，对法定代表人可以给予行政处分、罚款，构成犯罪的，依法追究刑事责任：

……(六) 从事法律禁止的其他活动，损害国家利益或者社会公共利益的。

第四节　自　然　人

案例1-4　未成年人网上购物

刘某喜欢通过互联网订购商品。某日，某商场将一台价值近万元的健身器材送到刘某家中，但刘某声明自己并未上网订购这种商品。后来才知是刘某不在家时，其8岁的儿子在网上订购的，因平时刘某通过互联网订购商品时其子时常在旁观看，所以知道刘某的密码，了解一些网上购物的知识。刘某认为自己从未有购买健身器材的意向，并且没有进行过在网上购买该物品的操作，拒绝向商场付款和接受这台健身器材，而商场却认为自己是照单发货，刘某有义务接货付款。双方为此争执不下。

讨论题

1. 什么是自然人?
2. 自然人的权利能力?
3. 自然人的行为能力及其分类?
4. 什么是监护? 监护的职责是什么?
5. 刘某是否应接货付款?

一、自然人的概念

自然人是指基于自然生理规律出生的人,包括一国的公民、外国人和无国籍人。一个国家的公民是指具有该国国籍的自然人。我国公民就是具有我国国籍的自然人。《民法通则》第 8 条第 2 款规定,除法律另有规定外,《民法通则》关于公民的规定也适用于外国国籍的自然人和无国籍的自然人。

二、自然人的权利能力

自然人民事权利能力是指自然人享有民事权利、承担民事义务的资格,是自然人主体资格的集中表现。

我国自然人民事权利能力具有以下特征:(1)平等性。《民法通则》第 10 条规定:“公民的民事权利能力一律平等。”(2)民事权利与义务的统一性。自然人的民事权利能力既包括享受权利的资格,也包括承担义务的资格。自然人既是权利主体,又是义务主体,他们在享受法律所赋予的民事权利的同时,必须履行法律所要求的义务。(3)民事权利能力不可转让。

《民法通则》第 9 条规定:“公民从出生时起到死亡时止,具有民事权利能力,依法享有民事权利,承担民事义务。”也就是说,自然人的民事权利能力为公民终生享有,不受年龄和健康状况等的影响。

三、自然人的行为能力及其分类

自然人的民事行为能力,是指自然人通过自己的行为行使民事权利或履行民事义务的资格。

自然人的民事行为能力的分类:

1. 完全民事行为能力

完全民事行为能力是指自然人能够通过自己独立的行为行使民事权利,履行民事义务的能力。《民法通则》第 11 条规定:“18 周岁以上的公民是成年人,具有完全民事行为能力,可以独立进行民事活动,是完全民事行为能力人。16 周岁以上不满 18 周岁的公民，以自己的劳动收入为主要生活来源的，视为完全民事行为能力人。”

在理解该条规定时，要注意下面两点：第一，16周岁以上不满18周岁的公民，视为完全民事行为能力人，是有条件的。16周岁以上的公民只有能够以自己的劳动取得收入，并能维持当地群众一般生活水平的，才可以认定为以自己的劳动收入为主要生活来源的完全民事行为能力人。第二，并非所有的成年人都是完全行为能力人，判断一个公民的行为能力，除考虑其是否成年外，还要考虑其精神健康状况。

2. 限制民事行为能力

限制民事行为能力是指具有一定的民事行为能力，但为保护其合法权益和维护社会正常经济秩序对其行为给予一定的限制。所以，限制民事行为能力又称部分民事行为能力或不完全行为能力。

限制民事行为能力人包括两部分：一是10周岁以上的未成年人；二是不能完全辨认自己行为的精神病人（包括痴呆症人）。限制民事行为能力人可以进行与他们的年龄、智力（未成年人）或精神健康状况（精神病人）相适应的民事活动。限制行为能力人的其他民事活动，由他们的法定代理人代理进行，或者征得他们法定代理人的同意后自己进行。

根据最高人民法院《关于贯彻执行〈中华人民共和国民法通则〉若干问题的意见》第3条和第4条的规定，10周岁以上的未成年人进行的民事活动是否与其年龄、智力状况相适应，不能完全辨认自己行为的精神病人进行的民事活动，是否与其精神健康状况相适应，可以从行为与本人生活相关联的程度、本人的智力（未成年人）或精神状态（精神病人）能否理解其行为，并预见相应的行为后果，以及结合行为标的数额等方面认定。

3. 无民事行为能力

无民事行为能力，即不具有独立进行民事活动的能力。无民事行为能力人包括：不满10周岁的未成年人和不能辨认自己行为的精神病人。无民事行为能力人不能独立进行民事活动，由他的法定代理人代理民事活动。关于无民事行为能力和限制行为能力，尚需指出的一点是，无民事行为能力人、限制民事行为能力人接受奖励、赠与、报酬，他人不得以行为人无民事行为能力、限制民事行为能力为由，主张上述行为无效。

四、监护及其职责

监护是指对未成年人和精神病人的人身财产及其他合法权益进行监督和保护的一种民事法律制度。

监护人的职责包括：(1)保护被监护人的身心健康，照顾被监护人的生活，对被监护人进行管理和教育；(2)管理和保护被监护人的财产，除为被监护人的利益外，不得处理被监护人的财产；(3)代理被监护人进行民事活动，在被监护人合法权益受到侵害或者与人发生争议时，代理其进行诉讼；(4)对被监护人造成对他人的损害承担民事责任。

五、案例分析

本案的焦点在于该买卖合同是否有效。根据《民法通则》第 55 条的规定，有效的民事法律行为必须具有相应的民事行为能力。买卖合同是一种双方法律行为，需要双方当事人都具有相应的民事行为能力。根据《民法通则》第 12 条第 2 款的规定，刘某 8 岁的儿子属于无行为能力人，显然不具备购买健身器材的民事行为能力，应由他的法定代理人即其父母代理其进行民事活动。因此，根据《民法通则》第 58 条的规定，行为人不具有相应的民事行为能力的民事行为是无效民事行为，因此该买卖合同无效。

本案还涉及未成年人的监护责任问题。虽然该买卖合同无效，刘某可以拒绝向商场付款和接受这台健身器材，但根据最高人民法院《关于贯彻执行〈民法通则〉若干问题的意见》第 10 条的规定，作为监护人的刘某对其 8 岁的孩子负有管理和教育的监护职责，商场由于其子的行为所蒙受的损失归根结底是由于刘某对其子疏于管理和教育，没有完全履行监护职责所造成的，因而对这些损失由刘某根据《民法通则》第 133 条的规定而承担。

相关法规链接

《中华人民共和国民法通则》

第 9 条　公民从出生时起到死亡时止，具有民事权利能力，依法享有民事权利，承担民事义务。

第 10 条　公民的民事权利能力一律平等。

第 11 条　十八周岁以上的公民是成年人，具有完全民事行为能力，可以独立进行民事活动，是完全民事行为能力人。

十六周岁以上不满十八周岁的公民，以自己的劳动收入为主要生活来源的，视为完全民事行为能力人。

第 12 条　十周岁以上的未成年人是限制民事行为能力人，可以进行与他的年龄、智力相适应的民事活动；其他民事活动由他的法定代理人代理，或者征得他的法定代理人的同意。

不满十周岁的未成年人是无民事行为能力人，由他的法定代理人代理民事活动。

第 14 条　无民事行为能力人、限制民事行为能力人的监护人是他的法定代理人。

第 133 条　无民事行为能力人、限制民事行为能力人造成他人损害的，由监护人承担民事责任。监护人尽了监护责任的，可以适当减轻他的民事责任。

有财产的无民事行为能力人、限制民事行为能力人造成他人损害的，从本人财产中支付赔偿费用。不足部分，由监护人适当赔偿，但单位担任监护人的除外。

第五节 所 有 权

案例 1-5 山羊所有权的归属

某甲有山羊一只,因看管不善走失。某乙发现后将山羊牵至公安机关进行失物招领。招领期满后,公安部门依法对该山羊进行拍卖,某丙购得。后该山羊被小偷偷去,某丁从小偷处购得此山羊后不久又遗失,被人发现又送公安机关。公安机关招领失物时,某甲、某丙、某丁均到公案机关认领该山羊,三人发生争议,诉请法院。

讨论题

1. 所有权的概念与法律特征?
2. 所有权的内容?
3. 谁有权取得该山羊?为什么?

一、所有权的概念与特征

所有权,是指所有人依法对自己的财产享有占有、使用、收益和处分的权利。所有权作为最主要的基本的物权,具有物权的一切法律特征。和他物权相比,所有权具有以下特征:

(1) 所有权法律关系是一种最基本的民事法律关系,是债和合同、继承等其他民事法律关系的出发点和归宿。

(2) 所有权是唯一完全的物权。所有人依法对自己的财产享有占有、使用、收益和处分的权利,所有权人行使权利只受法律的限制。

(3) 所有权具有强烈的独占性、排他性。一物之上只能有一个所有权,即“一物不能有二主”。

(4) 所有权的客体仅限于物。

二、所有权的内容

1. 占有

占有,就是法人或个人对于财产的实际管领和控制。占有可分为所有人的占有和非所有人的占有。所有人占有是指所有人在事实上占据或控制属于自己所有的财产，是受到法律保护的合法占有，任何人都不得侵害其占有权。非所有人占有，又可分为合法占有和非法占有。合法占有的占有人尽管不是财产所有人，但是，他的占有权的取得是有法律根据的，受国家法律保护，任何人都不得侵犯，即使是所有权人也不得任意干涉或妨碍合法占有权。非法占有，是指非所有权人没有法律上的根据而占有他人财产，是一种侵犯所有权的行为，应当受到法律制裁。

2. 使用

使用，是指为发挥财产的使用价值而对财产的运用。它可分为所有权人的使用和非所有权人的使用。所有权人的使用是指财产所有人对自己所有的财产按照它的性能和用途加以合理利用，受到国家法律的保护。非所有人的使用包括合法使用和非法使用。使用人依照法律规定或约定取得使用权而以合法的目的和方法使用他人财产属合法使用，包括所有权人在内的任何人不得加以干涉。没有法律根据或未经所有权人同意使用他人财产，或者虽然使用权的取得是合法的，但使用目的或方法不合法，属于非法使用。对非法使用应当根据不同情况追究法律责任。

3. 收益

收益是指通过财产的占有、使用而取得经济效益。收益又叫孳息，包括天然孳息和法定孳息。前者如母牛生下小牛，后者如本金的利息。

应该说明的一点是，收益通常是和使用联系在一起的，但收益是所有权中一项独立的权能，不应包括在使用之中，在某些情况下，所有人虽然不直接占有、使用其财产，但仍然可以得到相应的收益。

4. 处分

处分是对某项财产在事实上或法律上的最终处置，是所有权中带有根本性的一项权能。处分权在大多数情况下由所有权人享有。经过处分,所有权人通常便丧失了对该项财产的所有权。非所有权人在某些情况下,也能依法享有财产处分权。

三、案例分析

某丙有权取得该山羊,某甲、某丁无权取得。理由如下:(1)该山羊虽然是某甲的,但经招领而未去认领,且依法被拍卖,其所有权被强制消灭;(2)某丙从拍卖场所购得此山羊,是合法取得,拥有所有权,且其所有权不因山羊被盗而消灭;(3)某丁虽为取得该山羊所有权支付了对价,但由于是从小偷处购买的,无论是善意还是恶意,均不能取得所有权。

相关法规链接

《中华人民共和国民法通则》

第 71 条　财产所有权是指所有人依法对自己的财产享有占有、使用、收益和处分的权利。

第 75 条　公民的个人财产,包括公民的合法收入、房屋、储蓄、生活用品、文物、图书资料、林木、牲畜和法律允许公民所有的生产资料以及其他合法财产。

公民的合法财产受法律保护,禁止任何组织或者个人侵占、哄抢、破坏或者非法查封、扣押、冻结、没收。

第六节　共　　有

案例 1-6　合伙经营财产的纠纷

甲、乙、丙三人合伙开设一家饭店。依合同的约定,甲以自己现有的 1 辆旧汽车出资,乙以其私有房屋和全部自有的设备出资,丙则投资 3 万元,三人按均等份额对全部合伙财产共有。一年后,三人由于利润分配发生矛盾,导致散伙。在剩余财产分配中,甲、乙、丙三人均要求自己分得汽车,而对破旧的家具设备、屯积多日的 4 000 斤煤和 600 斤大米则希望分给别人。其中甲主张按照合同约定汽车本来就归自己所有,而乙、丙仅对各自投入的设备和以资金购买的煤、米享有所有权,故财产分配不过是各人取回自己投入的财产。丙却坚决主张,所有的财产每个人均有份,索性将汽车拆开,将汽车零件与其他财产搭配分成 3 份,每人各取其一。三人无法达成一致意见,诉讼到法院。

讨论题

1. 共有的概念和特征?
2. 什么是按份共有与共同共有?
3. 甲和丙的主张是否有法律依据? 为什么?

一、共有的概念和特征

共有,是指两个以上的权利主体对同一项财产都享有所有权。其特征如下:(1)共有关系的主体总是两个以上。(2)共有关系的客体只能是同一项财产。(3)共有关系的内容包括双重权利、义务关系。在共有关系内部,共有人或是对共有财产共同享有权利,承担义务(共同共有),或是按照各自的份额,对其财产分享权利,分担义务(按份共有)。在共有关系外部,共有人作为单一的权利主体,同共有关系以外的单位或个人发生财产所有关系。(4)共有关系基于公民或法人共同的生产经营目的或生活的需要而形成。

二、按份共有与共同共有

1. 按份共有

按份共有,是指两个以上的共有人,按照各自的份额,对共有财产分享权利、分担义务的一种共有关系。其特征是:(1)共有人在共有关系中享有的权利和承担的义务,是以其在共有财产中一定的份额为依据的;(2)按份共有发生的根据是法律规定或当事人的协议。

按份共有人在行使按份共有权时，应遵循以下原则：

(1) 协商一致的原则。共有人事先有协议的，应当按照协议办理；没有协议或协议不明确的，应当在平等的基础上通过协商达成协议；经过协商仍无法达成协议，而又急需办理的，可以按照拥有共有财产份额50%以上的共有人的意见做出决定，但不得损害其他共有人的合法利益。

(2) 优先购买权的原则。《民法通则》第78条第3款规定："按份共有财产的每个共有人有权要求将自己的份额分出或者转让。但在出售时，其他共有人在同等条件下，有优先购买的权利。"这是适用于按份共有人处分属于自己份额的共有财产的原则。

(3) 按份共有财产的分割必须保持财产的使用价值。具体而言，一是当共有财产是不可分物时，应用作价补偿的方法分割。由愿意取得该项财产的共有人给予其他共有人以货币补偿。二是在各共有人都不愿意取得共有财产时，应将其变价，共有人按份额领取价金。三是只有在共有财产为可分物时，才能采取实物分割的方法。

2. 共同共有

共同共有，是指两个以上的所有人，对全部共有财产不分份额地享有平等的所有权。其基本特征是：第一，各共有人对共有财产共同地、平等地享有所有权，没有份额之分，各人的份额只有在分割时才能确定。第二，各个共有人对共有财产享有平等的权利，没有权利大小的区分。第三，财产共同共有关系随着共同关系的解除而消灭。这里所说的共同关系包括共同劳动、经营，共同生活关系。共同关系存续期间的财产为共同共有财产，如夫妻在婚姻关系存续期间和家庭成员共同生活期间所取得的收入，通常都是共同共有财产。

共同共有财产随共同关系的终止而分割。主要有下面几种情况：夫妻离婚；分家析产；遗产继承；合伙组织解体。

共同共有财产争议的处理原则：

第一，对于共有财产，不能确定为按份共有时，应当认定为共同共有。

第二，共同共有人只有在共有财产分割时才能确认自己的财产份额。

第三，对共同共有财产的分割，有协议的按协议处理；没有协议的，共有人应按照法律规定的原则，本着互谅互让的精神协商处理，在分割时应考虑共有人对共有财产贡献的大小以及共有人生产、生活的实际需要，并对幼、老、病、残者给予适当的照顾。

第四，共同共有财产的分割办法，或实物分割或作价补偿。对于夫妻或家庭共同生活期间的共同债务，或者用共同财产偿还，或者用分割债务的办法偿还。对于纯属个人的债务，则由本人偿还。

三、案例分析

本案中甲的主张没有法律依据。依本案事实，甲、乙、丙三人对合伙财产为均等份额的按份共有，每个共有人均按 1/3 的份额对共有财产享有权利，分享利润，分担责任。在共有财产分割时，每个共有人均有分配到 1/3 份额的权利，而不应由每人取回自己投入的资产。本案中丙的主张也没有法律依据。按照共同财产分割原则，对于甲、乙、丙三人的合伙财产分割不得损害物的使用价值。因此，对于该汽车和家具有财产分配不能采用拆卸分割或实物分割的方法进行。

相关法规链接

《中华人民共和国民法通则》

第 78 条　财产可以由两个以上的公民、法人共有。

共有分为按份共有和共同共有。按份共有人按照各自的份额，对共有财产分享权利，分担义务。共同共有人对共有财产享有权利，承担义务。

按份共有财产的每个共有人有权要求将自己的份额分出或者转让。但在出售时，其他共有人在同等条件下，有优先购买的权利。

第七节　担 保 物 权

案例 1-7　某小学定做学生套装案

某甲小学向某乙服装厂定做学生套装，共 200 套，每套 80 元，总价款共计 16 000 元。双方约定服装厂按学校要求选购布料及辅料，于 1998 年 3 月 1 日交货，同时，甲小学收货交款。1998 年 3 月 10 日，乙服装厂通知甲小学验货，甲小学对货的质量、设计等表示满意，但言明，由于资金紧张无法付款，要求先收货，一个月后付款，服装厂拒绝交货。一个月后，乙服装厂再次要求甲小学付款取服装，甲小学仍表示资金有问题。乙服装厂告知甲小学，若 1998 年 7 月 10 日前还不交款，服装厂将采取措施。7 月 25 日，甲小学到乙服装厂交款取服装，但服装厂已将套装以每套 80 元的价格卖出。甲小学诉至法院，要求乙服装厂交付套装。

讨论题

1. 担保物权的概念及其法律特征？
2. 担保物权的种类？
3. 法院应如何处理此案？

一、担保物权的概念及特征

担保物权，是为了担保债务的履行，在债务人或第三人的特定物或权利上所设定的物权。

其法律特征是：

(1) 担保物权是从属于所担保的债权的从物权。

(2) 担保物权是在他人的所有物上设定的他物权。

(3) 担保物权必须以特定物或权利为标的,以保证变价能满足债权。

(4) 担保物权是一种可以直接支配担保物的权利。在债务人不履行债务时,担保物权人可直接行使对担保物的处分权,优先受偿。

(5) 担保物权人有排除他人干涉的权利和追及权。

二、担保物权的种类

(1) 抵押权,是指债务人或者第三人向债权人提供一定的财产作为抵押物用以担保债务的履行,债务人不履行债务的,债权人有依照法律的规定以抵押物折价或者以变卖抵押物的价款优先得到偿还的权利。

(2) 质权也称质押权,是指为了担保债权的履行,债务人或第三人将其动产或权利移交给债权人占有,当债务人不履行债务时,债权人得以其占有财产的价值优先受偿的权利。质押权关系中,债务人或者第三人称为出质人;债权人称为质权人;移交的动产或权利称为质物或质权标的。

(3) 留置权是按照合同约定占有对方财产的一方,在对方不按照合同给付应付款项超过约定期限时所享有的留置该财产并依照法律的规定以留置财产折价或者以变卖该财产的价款优先得到偿还的权利。

三、案例分析

我国《担保法》第 82 条规定:“本法所称留置,是指依照本法第 84 条的规定,债权人按照合同约定占有债务人的动产,债务人不按照合同约定的期限履行债务的,债权人有权依照本法规定留置该财产,以该财产折价或者以拍卖、变卖该财产的价款优先受偿。”第 84 条第 1 款规定:“因保管合同、运输合同、加工承揽合同发生的债权,债务人不履行债务的,债权人有留置权。”结合本案的事实,在甲小学与乙服装厂的加工承揽合同关系中,甲小学未按合同约定按期付款,在宽限期内仍未付款,乙服装厂就有权行使留置权,以留置财产变卖的价款优先受偿。因此,本案中甲小学无权要求乙服装厂交付套装。

相关法规链接

《中华人民共和国担保法》

第 82 条 本法所称留置,是指依照本法第八十四条的规定,债权人按照合同约定占有债务人的动产,债务人不按照合同约定的期限履行债务的,债权人有权依照本法规定留置该财产,以该财产折价或者以拍卖、变卖该财产的价款优先受偿。

第 83 条 留置担保的范围包括主债权及利息、违约金、损害赔偿金,留置物保管费用和实现留置权的费用。

第 84 条 因保管合同、运输合同、加工承揽合同发生的债权,债务人不履行债务的,债权人有留置权。

法律规定可以留置的其他合同,适用前款规定。

当事人可以在合同中约定不得留置的物。

第八节 债

案例 1-8 肖某不当得利案

2005 年 4 月 7 日,被告肖某从信用社的储蓄所处借款 2 万元,借款日期自 2005 年 4 月 7 日至 2006 年 5 月 7 日,借款月利率 9.6‰,利息金额共计 2 496 元。2006 年 5 月 6 日上午 8 点 57 分,被告肖某到信用社的储蓄所还款。在其用面额为 3 840 元的定活储蓄存单支付了该笔借款的利息后,原告的工作人员便将借款凭证原件放到了柜台上,被告见机遂把应该归还本金的现金装回自己的口袋，并将已经放在柜台上的借款凭证原件拿走，离开储蓄所。后来，当原告派人向肖某索要 2 万元欠款时，肖某以其已经持有原始借款凭证为由，拒不归还借款。故而信用社请求法院判令被告偿还欠款 2 万元，并支付全部诉讼费用及损失。

讨论题

1. 债的概念及债的构成要素？
2. 债的发生根据？
3. 本案如何处理？

一、债的概念及其构成要素

1. 债的概念

债是按照合同的约定或者依照法律的规定，在当事人之间产生的特定的权利和义务关系。享有权利的人是债权人，负有义务的人是债务人。

2. 债的特征

（1）从反映的社会关系上看，债反映的是动态的财产关系，即财产由某一主体转移给另一主体的关系。物权反映的是静态的财产关系，即财产的归属、支配关系。它们之间的相互关系是：物权是财产流转的前提和结果；债是财产流转的法律表现。

（2）从法律关系的主体上看，由于债是特定当事人之间的法律关系，因此，债的权利主体、义务主体都是特定的。物权是确认财产所有人和所有人以外的一切人之间的法律关系，物权的权利主体是特定的，义务主体是不特定的。

（3）从法律关系客体的范围上看，债的客体不限于物，也包括行为等。而物权的客体则只限于物。

（4）从法律关系的内容的实现上看，债的权利主要表现在请求债务人为一定行为或不为一定行为；债权的实现须以债务人为一定行为为条件。而物权的权利主要是自己对财产的占有、使用、收益和处分，物权的实现不需他人为某种行为。

（5）从法律关系发生事实上看，产生债的法律事实，既可以是合法行为，也可以是不合法行为，而物权的取得只能是合法行为。

3. 债的构成要素

债的构成要素，包括主体、内容和客体三要素。缺乏任何一个要素，民事法律关系便不能成立。

债的主体，是指参与债的法律关系的当事人，包括权利主体和义务主体。它们之间的关系是相互对立、相互依存的；债的权利主体或者义务主体，都可以是一人，也可以是数人。公民、法人、个体工商户、个人合伙等都可成为债的主体，在一定情况下，国家也可成为债的主体（如发行国库券）。

债的内容包括债权、债务，即债权人享有的权利和债务人承担的债务。债权包括请求权和受领权，债务是根据债权人的请求，为一定行为或不为一定行为。

债的客体（或称标的）是债权人的权利和债务人的义务共同指向的对象。它可以是物、行为，也可以是知识产权等。

二、债的发生根据

1. 合同

合同是当事人之间设立、变更、终止民事关系的协议。合同是产生债的最常见、最主要的法律依据。因合同产生的债，称为合同之债。

2. 不当得利

不当得利是指没有法律或者合同上的根据致使他人受损失而自己获得的利益。发生不当得利的事实时，法律规定受损害的一方有权请求不当得利人返还所得利益，不当得利人有义务返还其所得，当事人之间便发生债权债务关系。因不当得利而发生的债，称为不当得利之债。

不当得利的成立，必须具备下列条件，缺一不可：(1)一方取得利益，包括财产增多和财产应减少而未减少两种情况；(2)另一方受到损失，包括财产减少和应增加财产而未增加两种情况；(3)取得利益和受损害之间有因果关系；(4)取得利益没有合法根据，包括取得利益时没有合法根据和取得利益时虽有合法根据，但嗣后合法根据不再存在两种情况。

3. 无因管理

无因管理是没有法定或者约定的义务，为避免他人利益受损失而进行管理或者服务的行为。无因管理的事实发生时，管理人有要求受益人偿付因管理而支付的费用的权利，受益人有偿还该费用的义务，从而发生债权、债务关系。因无因管理而产生的债，称为无因管理之债。

无因管理成立的条件：(1)无法定或者约定的义务，即所谓“无因”。管理人有义务管理而误认为无义务的，不构成无因管理；管理人本无义务管理而误认为有义务，则构成无因管理。管理人误将自己的事务作为他人事务或者误将他人的事务当作自己的事务进行管理，不能成立无因管理。(2)为他人利益管理他人的事务，即所谓管理。“为他人利益”的利益既包括使他人应得的利益能够得到，也包括使他人可能减少的利益而未减少。

4. 侵权行为

侵权行为是指行为人侵害他人财产或人身权利的不法行为。一方实施侵权行为时，依照法律的规定，受害人有要求侵害人予以赔偿的权利，侵害人有负责赔偿的义务，从而发生债权债务关系。因侵权行为而产生的债，称为侵权行为之债。

三、案例分析

本案中，肖某趁信用社工作人员工作繁忙之际，没有偿还 2 万元本金并拿走借款凭证，肖某本应减少的财产没有减少，银行的利益受到损失，肖某获得利益不存在法律上的根据。从形式上看，肖某拿走了借款凭证，债务从形式上得到免除，完全符合不当得利的四个构成要件，所以该案应认定为不当得利纠纷。肖某应当返还信用社 2 万元本金。

相关法规链接

《中华人民共和国民法通则》

第84条　债是按照合同的约定或者依照法律的规定，在当事人之间产生的特定的权利和义务关系，享有权利的人是债权人，负有义务的人是债务人。

债权人有权要求债务人按照合同的约定或者依照法律的规定履行义务。

第92条　没有合法根据，取得不当利益，造成他人损失的，应当将取得的不当利益返还受损失的人。

第93条　没有法定的或者约定的义务，为避免他人利益受损失进行管理或者服务的，有权要求受益人偿付由此而支付的必要费用。

第九节　人　身　权

案例1-9　店堂搜身案

1998年7月8日上午10时许，原告钱某携侄子进入被告某超市四川北路店，当原告从店堂正门出门时，店门口警报器鸣响，该店一女保安员上前阻拦钱某离店，并引导钱某穿越三处防盗门，但警报器仍鸣响，钱某遂被保安人员带入该店办公室内，女保安用手提电子探测器对钱某全身进行检查，确定钱某髋部带有磁信号。在女保安及另一女店员在场的情况下，钱某解脱裤扣接受女保安的检查。店方未检查出钱某身上有带磁信号的商品，遂允许钱某离店。但钱某向店方提出异议，要求店方赔偿经济损失，并表示将向有关部门投诉。

讨论题

1. 人身权与人身权的法律特征？

2. 人身权的种类?

3. 人身权侵权的法律责任有哪些?

4. 本案应如何处理?

一、人身权的概念及其特征

1. 人身权的概念

人身权,是指民事主体依法享有的,与其人身不可分离的,没有财产内容的民事权利。

2. 人身权的法律特征

(1) 人身权与权利主体的人身紧密相联。人身权的客体是人的精神上、躯体上、道德上的利益和幸福,存在于权利主体的人身。

(2) 人身权以特定人身利益为内容,没有财产内容。人身权没有财产内容,是指人身权本身不具有财产内容。在我国,人身不是财产,不能用金钱去衡量,只能从社会主义的精神和道德的观念去评价。人身权虽没有财产内容,但与人身权在一定条件下可以为主体带来一定的财产利益并不矛盾,公民、法人享有与财产权利权益有关的人身权,就可以获得一定的财产权利,如享有著作权中的人身权,相应地也就享有著作权中的财产权利;与财产权益无关的人身权,虽然不会给主体带来财产利益,但它们往往是享有财产权利的前提,如生命健康权。

(3) 人身权具有专属性质。具体地说,特定的人身权只能由特定的人享有。人身权除法律另有规定外,不能转让,也不能继承。《民法通则》第99条规定的"……企业法人、个体工商户、个人合伙有权使用、依法转让自己的名称"就是法律允许转让的情形。从某种意义上说,它正是"专属性"的一种体现,即不是依法转让,他人便无权使用。

(4) 人身权属绝对权。其权利主体是特定的,义务主体是不特定的。

二、人身权的种类

1. 人格权

人格权是指民事主体具有法律上的独立人格必须享有的民事权利。按权利主体的不同,可区分为公民的人格权和法人的人格权。人格权的种类:生命权、健康权、姓名权、肖像权、名誉权,法人的名称权。

2. 身份权

身份权是指民事主体因具有某种特定的身份而依法享有的权利。公民和法人都享有身份权。身份权的种类:荣誉权、公民在婚姻、家庭关系中的身份权。

人格权与身份权的主要区别在于:(1)人格权自民事主体产生(即公民出生、法人成立)时,就当然享有,而身份权只有在民事主体具有特定身份时才能享有。(2)人格权是公民或者法人同等享有的权利,而身份权则只有取得某种特定身份的公民或法人才能享有,每个公民和法人享有的身份权是各不相同的。

三、人身权侵权的法律责任

人身权侵权的法律责任可分为停止侵害,恢复名誉,消除影响,赔礼道歉,赔偿损失。

四、案例分析

本案所涉及的是侵犯人格尊严权和名誉权及其法律责任问题。

人格尊严权,是指与民事主体尊严密切相关的,以精神性人格利益为内容的人格权。人格尊严权的内容包括:(1)人格尊严保有权。每个民事主体的人格有权获得尊重,不受歧视和贬损。(2)人格尊严维护权。即当民事主体的人格尊严受到侵犯时,有权获得法律保护。名誉权,是公民或法人对自己在社会生活中所获得的社会评价即自己的名誉,依法所享有的不可侵犯的权利。名誉直接关系到公民的人格尊严和法人的信用,公正良好的社会评价会给民事主体从事民事活动创造出有利的社会氛围。因此,法律将名誉作为自然人或法人的重要人格利益加以保护。

四川北路店作为一家超市,因顾客穿越店门时引起警报器鸣响而怀疑其有从超市中带出未付款物品的行为,在这种情况下,超市无权单方面将顾客本人或财产扣留,或对顾客的人身财产进行检查。只有国家法定机关在法定条件下并经法定程序才能实施这样的行为,而店方在民事关系中与钱某处于平等的地位,并不享有这一权利。所以,四川北路店的女保安单方面将钱某带入办公室并对她人身进行检查的行为已经侵犯了钱某的人身权。

四川北路店的行为侵害了钱某作为人的权利,是对其人格尊严的严重侵害,同时使钱某的名誉受到毁损,精神遭受痛苦。四川北路店为上海屈臣氏日用品有限公司依法设立的非独立核算的分支机构,法院遂判决由上海屈臣氏日用品有限公司承担如下责任:

(1) 上海屈臣氏日用品有限公司应向钱某赔礼道歉。

(2) 上海屈臣氏日用品有限公司应对钱某精神损害赔偿人民币 1 万元(该款自本判决生效之日起 3 日内给付)。

以上判决是完全正确的。

相关法规链接

《中华人民共和国民法通则》

第 98 条　公民享有生命健康权。

第 99 条　公民享有姓名权,有权决定、使用和依照规定改变自己的姓名,禁止他人干涉、盗用、假冒。

法人、个体工商户、个人合伙享有名称权。企业法人、个体工商户、个人合伙有权使用、依法转让自己的名称。

第 100 条　公民享有肖像权,未经本人同意,不得以营利为目的使用公民的肖像。

第 101 条　公民、法人享有名誉权,公民的人格尊严受法律保护，禁止用侮辱、诽谤等方式损害公民、法人的名誉。

第102条 公民、法人享有荣誉权，禁止非法剥夺公民、法人的荣誉称号。

第103条 公民享有婚姻自主权，禁止买卖、包办婚姻和其他干涉婚姻自由的行为。

思考题

1. 试述民法调整的对象及民法的渊源。
2. 法人的概念、特征及民事能力。
3. 代理的概念、特征及分类。

第二章 婚 姻 法

婚姻家庭是两性、血缘关系的社会形式,具有不同的社会结构类型和历史样态,负载多种独特而不可或缺的社会作用和职能。婚姻家庭法是确认、规范和调整婚姻家庭关系的法律规范的总和,是婚姻家庭制度的集中表现形式,具有适用范围的广泛性、强烈的伦理性、鲜明的强制性等特点,在国家法律体系中具有重要的地位和广泛的关联。

第一节 婚约及其财产处理

案例 2-1 订婚彩礼索赔案

原告乔某和被告张某经人介绍认识,于2009年农历十二月二十一日订婚。订婚时,男方乔某给女方张某彩礼及买衣物款合计人民币3万元。就在乔某家准备筹办婚礼时,张某突然变卦,与乔某解除了婚约。乔某便要求张某退还彩礼,但张某坚持双方已订婚,在社会上产生了影响,不予全部退还。其间,乔某及家人多次找人前往调解未果,无奈之下,向忻府区人民法院奇村法庭提起诉讼,要求张某返还彩礼款及衣物款。

讨论题

1. 婚约的概念与性质?
2. 婚约财产的处理?
3. 本案如何处理?

一、婚约的概念与性质

婚约是指无配偶的男、女双方以结婚为目的达成的协议,又称订婚或定婚。但我国《婚姻法》对婚约没有具体规定，订婚不作为结婚的必经程序，法律既不提倡，也不保护。

婚约是关于人身关系方面的协议，所以婚约理应是一种契约。但人身关系方面的契约不同于一般的契约，应是一种特殊性质的契约，不具有履行人身关系的违约义务。

二、婚约财产的处理

目前关于婚约财产纠纷的处理是按照最高人民法院 2003 年 12 月 26 日出台的《关于适用〈中华人民共和国婚姻法〉解释(二)》中对婚约财产纠纷中的彩礼问题作出的原则性规定予以处理，即第 10 条："当事人请求返还按照习俗给付的彩礼的，如果查明属于以下情形，人民法院应当予以支持：

(1) 双方未办理结婚登记手续的；

(2) 双方办理结婚登记手续但确未共同生活的；

(3) 婚前给付并导致给付人生活困难的。

适用前款第(2)、(3)项的规定，应当以双方离婚为条件。"

三、案例分析

立案后，法庭审理这起因婚约引发的纠纷时，既注重法律规定的原则，又考虑到当地民风民俗，坚持以调解为主。法庭认为，本案双方没有领取结婚证，不能认定为有婚姻关系，是典型的农村婚约财产纠纷，只要认真做好当事人的工作，案件应该可以调解。

开庭审理后，结合原、被告双方的实际情况，审理法官再次采取背靠背的方式进行调解，分别给他们讲解法律知识，耐心细致地做双方思想工作。在法官的调解下，原、被告双方自愿达成了调解协议。协议约定由被告张某一次性酌情返还原告乔某彩礼款 1.5 万元，并于当日履行完毕。至此，一起因婚约财产而起的纠纷案得以调解解决。

相关法规链接

最高人民法院《关于适用〈中华人民共和国婚姻法〉解释(二)》

第 10 条　当事人请求返还按照习俗给付的彩礼的,如果查明属于以下情形,人民法院应当予以支持:

(1) 双方未办理结婚登记手续的;

(2) 双方办理结婚登记手续但确未共同生活的;

(3) 婚前给付并导致给付人生活困难的。

适用前款第(2)、(3)项的规定,应当以双方离婚为条件。

第二节　结婚与重婚

案例 2-2　王某重婚案

2006 年 3 月初,离异妇女史某在南昌市总工会婚介所刊登征婚广告。王某见到征婚广告后,通过广告上刊登的征婚电话主动与史某联系。王某自称叫王捷(假名),并隐瞒自己有配偶的事实,持假户口簿和假身份证于 2006 年 7 月 25 日与史某在南昌市西湖区民政局婚姻登记管理处骗领了结婚证。

讨论题

1. 结婚的法定条件?
2. 结婚的法定程序?
3. 婚姻无效的概念及种类?
4. 什么是重婚?

一、结婚的法定条件

结婚是男女双方依法定的条件和程序确定夫妻关系的法律行为。我国《婚姻法》规定的结婚条件,包括结婚的必备条件和结婚的禁止条件。前者是结婚必须具备的条件,后者是结婚必须排除的条件。

1. 结婚的必备条件

结婚的必备条件又称结婚成立的实质要件,主要包括:

(1) 必须男女双方完全自愿。不允许任何一方对他方加以强迫或任何第三者加以干涉。这是婚姻自由和男女平等原则的具体体现,也是结婚必须具备的首要条件。

(2) 必须达到法定年龄。法定年龄是指法律上规定的准予结婚的最低年龄。我国结婚法定年龄为:男性不得早于22周岁,女性不得早于20周岁。晚婚晚育应给予鼓励。

(3) 必须符合一夫一妻制。即婚姻当事人都必须在无配偶(即未婚、已离婚或丧偶)的情况下才能结婚。

2. 结婚的禁止条件

《婚姻法》规定,有下列情况之一者禁止结婚:

(1) 直系血亲和三代以内的旁系血亲,禁止结婚。直系血亲是指和自己有直接血缘关系的亲属,包括生育自己和自己生育的上下各代的亲属。三代以内的旁系血亲是指同源于祖父母、外祖父母的三代以内的旁系亲属。包括:兄弟姐妹,伯、叔、侄子、侄女、舅、姨、甥、甥女,堂兄弟姐妹,表兄弟姐妹。禁止一定范围内的近亲结婚,可避免把男女双方生理上的缺陷遗传给下一代,既符合优生学的要求,也符合社会伦理道德的要求。

(2) 患麻风病未经治愈或患其他医学上认为不应当结婚的疾病者,禁止结婚。所谓其他医学上认为不应当结婚的疾病主要是指重症精神病患者、先天性痴呆、传染病、遗传性疾病以及性病等未经治愈者。这一规定有助于保护夫妻及后代的身体健康和合法权益。实行婚前体检是贯彻这一规定的重要措施。

二、结婚的法定程序

1. 结婚的法定程序的含义

结婚的法定程序又称结婚成立的形式要件,它是指建立婚姻关系必须履行的法定手续。《婚姻法》规定，结婚的男女双方必须亲自到婚姻登记机关进行结婚登记。凡符合婚姻法规定的，婚姻登记机关经审核后予以登记，发给结婚证，婚姻关系即告成立。结婚登记是国家对婚姻关系的确立进行审查和监督的一项重要制度。

根据我国《婚姻登记管理条例》的规定，婚姻登记机关，在城市是街道办事处或市辖区、不设区的市人民政府的民政部门；在农村是乡、民族乡、镇的人民政府。

2. 结婚登记的程序

结婚登记的程序分为申请、审查和登记三个步骤。

3. 不予结婚的规定

《婚姻登记管理条例》规定不予结婚的有以下几种：(1)未到法定结婚年龄；(2)非自愿的；(3)已有配偶的；(4)属于直系血亲或者三代以内旁系血亲；(5)患有法律规定禁止结婚的疾病。

三、婚姻无效的概念及种类

婚姻无效是指当事人双方不具法定结婚条件或没有履行法定结婚程序而缔结的婚姻，不产生合法婚姻的法律效力。婚姻无效作为一种法律制度，是专门用来解决违法结婚问题的。作为《中华人民共和国婚姻法》中重点规定的无效婚姻条款，其与婚姻的成立要件(包括实体要件与程序要件)等形成对应关系。

《中华人民共和国婚姻法》第10条规定了婚姻无效的几种情形，其具体规定为："有下列情形之一的，婚姻无效：(一)重婚的；(二)有禁止结婚的亲属关系的；(三)婚前患有医学上认为不应当结婚的疾病，婚后尚未治愈的；(四)未到法定婚龄的。"满足其中的一项即可认定为婚姻无效。

四、重婚

任何人不得同时拥有两个以上的婚姻，有配偶者在前婚尚未解除的情况下，又缔结的婚姻，即后婚为无效婚姻。因为重婚行为严重地破坏了婚姻家庭制度，无论重婚者的后婚配偶是出于善意或恶意，明知或不知对方有配偶，都不能改变后婚的无效婚姻性质。

五、案例分析

结合本案的情况来看，史某得知王某有配偶的真相后向公安机关报案，法院根据事实认定为王某构成重婚罪，并追究其刑事责任。同时，根据王某重婚的事实，依照《中华人民共和国婚姻法》第10条第1款应当认定史某与王某的婚姻关系无效。

相关法规链接

《中华人民共和国婚姻法》

第5条　结婚必须男女双方完全自愿，不许任何一方对他方加以强迫或任何第三者加以干涉。

第6条　结婚年龄，男不得早于二十二周岁，女不得早于二十周岁。晚婚晚育应予鼓励。

第7条　有下列情形之一的，禁止结婚：

（一）直系血亲和三代以内的旁系血亲；

（二）患有医学上认为不应当结婚的疾病。

第8条　要求结婚的男女双方必须亲自到婚姻登记机关进行结婚登记。符合本法规定的，予以登记，发给结婚证。取得结婚证，即确立夫妻关系。未办理结婚登记的，应当补办登记。

第10条　有下列情形之一的，婚姻无效：

（一）重婚的；

（二）有禁止结婚的亲属关系的；

（三）婚前患有医学上认为不应当结婚的疾病，婚后尚未治愈的；

（四）未到法定婚龄的。

第11条　因胁迫结婚的，受胁迫的一方可以向婚姻登记机关或人民法院请求撤销该婚姻。受胁迫的一方撤销婚姻的请求，应当自结婚登记之日起一年内提出。被非法限制人身自由的当事人请求撤销婚姻的，应当自恢复人身自由之日起一年内提出。

第12条　无效或被撤销的婚姻，自始无效。当事人不具有夫妻的权利和义务。同居期间所得的财产，由当事人协议处理；协议不成时，由人民法院根据照顾无过错方的原则判决。对重婚导致的婚姻无效的财产处理，不得侵害合法婚姻当事人的财产权益。当事人所生的子女，适用本法有关父母子女的规定。

第三节　事实婚姻

案例2-3　非法同居案

庄某，男，1977年5月11日生。匡某，女，1977年10月12日生。庄某与匡某于1998年6月按农村习俗举办了婚宴，并以夫妻名义同居生活，事后并未履行结婚登记手续。1999年3月3日生育一男孩。由于匡某在婚后患“精神分裂症”，并于2003年3月离家出走，下落不明。庄某起诉到法院，要求与匡某离婚，所生小孩由其独自抚养成人。

讨论题

1. 事实婚姻的概念、特征及法律后果？
2. 非法同居与无效婚姻区别？

一、事实婚姻

1. 事实婚姻的概念

事实婚姻是指没有配偶的男女，未经结婚登记，便公开以夫妻名义同居生活，群众也公认其是夫妻关系的两性结合。

2. 事实婚姻的特征

(1) 未依法办理结婚登记手续而欠缺结婚的法定形式要件。

(2) 具有目的性和公开性。

(3) 符合结婚的实质条件,即符合结婚的法定条件和禁止条件,从而有别于非法同居关系。

根据我国法律的规定,1994 年 2 月 1 日民政部《婚姻登记管理条例》公布实施以前,男女双方已经符合结婚实质要件的,按事实婚姻处理。

3. 事实婚姻的法律后果

首先,事实婚姻只限于 1994 年 2 月 1 日前未经登记而共同生活,并符合结婚实质条件的男女双方。构成事实婚姻的,可确认其婚姻效力,不必非要补办结婚登记。

其次,我国法律采用承认补办登记具有溯及力的原则,即 1994 年 2 月 1 日后未经登记而共同生活的男女双方,如果当事人补办了结婚登记,其婚姻向前追溯为有效的婚姻。否则,视为同居关系。

4. 事实婚姻的处理应注意

(1) 事实婚姻关系具有婚姻的效力。凡认定为事实婚姻关系的,实际就是确认其婚姻关系有效。即事实婚姻关系双方当事人具有夫妻身份,彼此间的关系适用婚姻法关于夫妻权利义务的规定。

(2) 审理事实婚姻关系的离婚案件,在处理上与合法婚姻有所区别。第一,调解和好或撤诉的,确认婚姻关系有效.发给调解书或裁定书;第二,经调解不能和好的,只能判决准予离婚,而不能像合法婚姻那样以夫妻感情是否破裂为标准,还可以判决不准离婚。

(3) 事实婚姻关系离婚时,子女的抚养、财产的分割及对生活困难一方的经济帮助等问题,适用婚姻法的有关规定。注意照顾妇女和儿童的权益。

二、非法同居与无效婚姻的区别

非法同居有广义和狭义两种定义。广义上是指婚姻之外的一切不正当两性关系;狭义是指未婚男女没有办理结婚登记而以夫妻名义同居生活,但不符合事实婚姻构成要件的两性结合。在司法实践中非法同居一般是指狭义上的定义(本文也是指狭义的非法同居)。

无效婚姻是指符合结婚的形式要件即办理了结婚登记,但不符合结婚的实质要件,即重婚,有禁止结婚的亲属关系,婚前患有医学上认为不应当结婚的疾病且婚后尚未治愈,未到法定婚龄的婚姻。由此我们可以看出非法同居的构成要件为:(1)欠缺结婚的形式要件;(2)以夫妻名义同居但又不符合事实婚姻的实质要件;(3)共同生活一般为群众所知道。

在认定非法同居关系时,根据最高人民法院 1989 年 11 月 21 日出台的《关于人民法院审理未办结婚登记而以夫妻名义同居生活案件的若干意见》规定:“自 1994 年 2 月 1 日《婚姻登记管理条例》实施后,未经结婚登记即以夫妻名义同居的,一律按非法同居关系对待。”也就是说,自 1994 年 2 月 1 日《婚姻登记管理条例》实施后,男女双方不管是否符合结婚的实质要件,只要未经结婚登记即以夫妻名义同居的,因其违背婚姻的登记生效要件,而一律按非法同居关系进行处理。对无效婚姻的认定关键在于确定其在办理结婚登记时是否符合结婚的实质要件,如果符合就是合法有效的婚姻,如果有《婚姻法》第 10 条规定的情形就是无效的婚姻。两者的相同点是当事人都不符合结婚的实质要件,区别是看当事人是否办理了结婚登记。

三、案例分析

本案庄某在同居时还不到 22 周岁,不符合结婚的实质要件,匡某与庄某没有办理结婚登记,且其同居是发生在 1994 年 2 月 1 日之后,因此应按非法同居关系处理。

相关法规链接

最高人民法院《关于适用〈中华人民共和国婚姻法〉解释(一)》

第5条 未按婚姻法第8条规定办理结婚登记而以夫妻名义共同生活的男女,起诉到人民法院要求离婚的,应当区别对待:

(一)1994年2月1日民政部《婚姻登记管理条例》公布实施以前,男女双方已经符合结婚实质要件的,按事实婚姻处理;

(二)1994年2月1日民政部《婚姻登记管理条例》公布实施以后,男女双方符合结婚实质要件的,人民法院应当告知其在案件受理前补办结婚登记;未补办结婚登记的,按解除同居关系处理。

第四节 可撤销婚姻

案例2-4 胁迫婚姻案

1999年5月,女青年王某在一饭店打工期间,与比她大4岁的印刷厂职工初某相识并相恋。在经过一段时间的深入了解后,王某认为两人性格不合,遂提出终止恋爱关系。初某对此坚决反对,并多次扬言:王某如不与他结婚,就杀死她一家。慑于初某的淫威,2001年12月,王某违背自己意愿与初某办理了结婚登记手续。在共同生活期间,初某常因生活琐事对王某大打出手。随着矛盾的加剧,王某决定通过法律手段解除这一痛苦的婚姻关系,遂于2002年6月诉至法院,请求依法撤销与初某的婚姻关系。法院经调查后认为,王某与初某结婚前,初某确实存在威胁、恐吓等言行。根据婚姻法的有关规定,法院判决王某与初某的婚姻属可撤销婚姻,予以撤销。

讨论题

1. 可撤销婚姻的概念及撤销婚姻关系须具有哪些要件?
2. 可撤销婚姻请求权的行使期限?
3. 可撤销婚姻的行使程序?

一、可撤销婚姻的概念及其要件

可撤销婚姻,是指已成立的婚姻关系,因欠缺结婚的真实意思,受胁迫的一方当事人可依法向婚姻登记机关或人民法院请求撤销该婚姻的情形。婚姻自由是我国婚姻法的基本原则,结婚自由是其应有之义,因而婚姻的结合要求婚姻双方当事人应当具有结婚的真实意思。如果一方当事人因本人或其近亲属的生命、身体健康、名誉、财产等方面受到加害的威胁而产生恐惧,从而做出结婚的意思表示,基于其本人并不具有结婚的真实意愿,因而法律赋予其撤销该婚姻的权利。享有撤销权只能是受胁迫一方的婚姻关系当事人本人,是否行使撤销权由撤销权人自行决定。可撤销婚姻在撤销前,现存婚姻具有法律效力,一旦被撤销则自始不发生法律效力。

当事人一方以胁迫为由撤销婚姻关系须具有以下要件:(1)须有胁迫的故意,即胁迫行为人有通过胁迫行为使被胁迫人产生恐惧心理,并基于恐惧心理而为意思表示的故意;(2)须有胁迫的行为,即胁迫人须有以加害威胁被胁迫人的行为,并达到使被胁迫人产生恐惧的程度;(3)胁迫须具有违法性,包括目的非法和手段非法;(4)须被胁迫人因恐惧心理而为意思表示与胁迫行为之间具有因果关系。

二、可撤销婚姻请求权的行使期限

《婚姻法》对可撤销婚姻的请求权行使期限规定为一年。该法第 11 条规定:“受胁迫的一方撤销婚姻的请求,应当自结婚登记之日起一年内提出。被非法限制人身自由的当事人请求撤销婚姻的,应当自恢复人身自由之日起一年内提出。”该条所规定的受胁迫方行使请求撤销婚姻效力请求权的一年期限应为除斥期间，不发生中止、中断、延长。

三、可撤销婚姻的行使程序

1. 行政程序

根据《婚姻登记条例》第 9 条规定，因胁迫结婚的，受胁迫的当事人依据《婚姻法》第 11 条的规定向婚姻登记机关请求撤销其婚姻的，应出具下列证明材料：(1)本人的身份证、结婚证；(2)能够证明受胁迫而结婚的证明材料。婚姻登记机关经审查认为受胁迫结婚的情况属实且不涉及子女抚养、财产及债务的，应当撤销该婚姻，宣告结婚证作废。

2. 诉讼程序

根据《婚姻法》第 11 条规定，受胁迫一方婚姻关系当事人也可以向人民法院请求宣告撤销婚姻。根据《婚姻法司法解释(一)》第 11 条的规定，人民法院审理婚姻当事人因受胁迫而请求撤销婚姻案件，应当适用简易程序或普通程序。

四、案例分析

可撤销婚姻，是指婚姻双方当事人一方采取暴力、威胁、恐吓等手段，以给对方或对方的亲友的人身自由、健康、荣誉、名誉、财产等造成损害为要挟，迫使对方违背自己的真实意愿做出虚假的意思表示而与之结婚的婚姻关系。当事人因意思表示不真实而成立的婚姻，在结婚的要件上有欠缺。通过有撤销权的当事人行使撤销权，使已经发生法律效力的婚姻关系失去法律效力。本案中，初某采用威胁的手段与王某结婚，王某在法定期限内提出撤销婚姻的申请，完全符合上述法律规定，法院依法撤销这一婚姻的判决是正确的。应当指出的是，当事人自登记结婚之日起一年内，或者被非法限制人身自由的当事人自恢复人身自由之日起一年内未请求撤销婚姻的，就不能以胁迫为由请求撤销婚姻，而只能按离婚诉讼程序处理。

相关法规链接

《中华人民共和国婚姻法》

第11条　因胁迫结婚的，受胁迫的一方可以向婚姻登记机关或人民法院请求撤销该婚姻。受胁迫的一方撤销婚姻的请求，应当自结婚登记之日起一年内提出。被非法限制人身自由的当事人请求撤销婚姻的，应当自恢复人身自由之日起一年内提出。

《婚姻登记条例》

第9条　因胁迫结婚的，受胁迫的当事人依据婚姻法第11条的规定向婚姻登记机关请求撤销其婚姻的，应当出具下列证明材料：

（一）本人的身份证、结婚证；

（二）能够证明受胁迫结婚的证明材料。

婚姻登记机关经审查认为受胁迫结婚的情况属实且不涉及子女抚养、财产及债务问题的，应当撤销该婚姻，宣告结婚证作废。

最高人民法院《关于适用〈中华人民共和国婚姻法〉解释(一)》

第11条　人民法院审理婚姻当事人因受胁迫而请求撤销婚姻的案件，应当适用简易程序或者普通程序。

第五节　离　　婚

案例2-5　因第三者导致婚姻危机案

王某与李某于2003年结婚，婚后夫妻感情一直很好。2005年3月，王某在单位值夜班时与本单位女同事张某发生了不正当两性关系，被回单位取东西的同事肖某发现。后来此事被李某知道，虽然王某一再向李某承认错误，表示自己是一时冲动，以后决不会再做对不起李某的事了。但李某认为，自己一心一意爱着王某，但其却背叛自己，做出如此对不起自己的事情，极大地伤害了自己的感情。于是李某以王某对自己不忠实为由，向人民法院提起诉讼，请求与王某离婚。

讨论题

1. 什么是离婚？离婚的处理原则？
2. 离婚方式以及离婚程序？
3. 离婚的法律后果？

一、离婚及其处理原则

婚姻关系的终止，可以因离婚而人为解除，也可因配偶一方死亡而自然终止。离婚是夫妻双方依法解除婚姻关系的一种要式法律行为。离婚作为一项婚姻家庭制度中不可缺少的组成部分，它标志着一个家庭的解体，不仅会对夫妻双方的人身和财产关系引起一系列法律后果，而且还涉及子女的抚养教育和亲属关系的变更等一系列法律问题。对家庭乃至整个社会生活各个方面都将产生一定影响。因此，国家必须通过婚姻法来规范和调整这种行为，使它从整体上健康有序地进行。

处理离婚的基本原则：处理离婚问题必须坚持婚姻自由，一夫一妻，男女平等和保护妇女、儿童的合法权益的原则。反对封建的和资产阶级的婚姻观，提倡社会主义道德风尚，维护社会主义的婚姻家庭关系。既要保证离婚自由，又要反对草率离婚。

保证离婚自由，主要是指保护婚姻当事人的离婚合法权利。具体讲是保护公民有协议离婚的自决权和诉讼离婚的起诉权、抗辩权和胜诉权。但是，离婚自由的权利和其他权利一样，不是绝对的，而是相对的。保证离婚自由，决不意味着可以采取轻率的态度，脱离法律和道德的约束。闪婚闪离，朝三暮四，喜新厌旧，见异思迁，把婚姻当儿戏等种种不道德的行为都是和离婚自由的原则格格不入的。

二、离婚方式以及离婚程序

离婚分为协议离婚和诉讼离婚两种。

1. 协议离婚

第一,协议离婚的概念、特征和条件。

协议离婚也称"双方自愿离婚",是指婚姻关系当事人双方达成离婚合意并通过婚姻登记程序解除婚姻关系的法律制度。其主要特征,一是当事人双方在离婚以及子女和财产问题上意愿一致,达成协议;二是按照婚姻登记程序办理离婚登记,取得离婚证,即解除婚姻关系。协议离婚程序的条件:(1)当事人须为合法夫妻并且具有完全民事行为能力;(2)协议离婚当事人双方必须具有离婚的共同意愿;(3)协议离婚当事人双方对子女和财产问题已有适当处理。

第二,协议离婚程序的步骤。

协议离婚必须办理离婚登记。离婚登记是夫妻双方自愿离婚的必经程序。它是由婚姻登记机关依照行政程序办理的,其步骤如下:

(1) 申请。协议离婚当事人必须双方亲自到一方户口所在地的婚姻登记机关申请离婚登记,不得委托他人代理。否则,婚姻登记机关不予受理。我国办理离婚登记的机关,在城市是街道办事处或市辖区、不设区的市人民政府的民政部门;在农村是乡、民族乡、镇的人民政府。当事人申请离婚,应当持有下列证件和材料:①户口证明;②居民身份证;③所在单位、村民委员会或居民委员会出具的介绍信;④离婚协议书;⑤结婚证。此外,还应当交付办理离婚证及存档所需的单人免冠照片(根据不同地区的要求提供),并按照婚姻登记机关的要求填写《离婚申请书》。

(2) 审查。婚姻登记管理机关的工作人员在接受当事人离婚申请时,应把《婚姻法》及《婚姻登记管理条例》的规定向当事人讲清,而双方当事人应如实回答婚姻登记管理人员的提问。工作人员应查明:①离婚申请人是否是合法夫妻;②离婚双方申请人是否具有完全民事行为能力;③离婚是否确实出于双方自愿;④对子女问题的处理是否妥当；⑤对财产问题的处理是否妥当，等等。如登记机关发现离婚的当事人有违反婚姻法的行为，应给予批评教育或不准予登记。违反刑法的，要交由司法机关依法追究刑事责任。为防止轻率离婚和假离婚，工作人员应对感情尚未完全破裂的当事人进行思想教育和调解和好工作。婚姻登记管理机关对当事人的离婚申请应当进行认真审查，自受理申请之日起一个月内，对符合离婚条件的，应当予以登记，发给离婚证，注销结婚证。虽然这是法律为防止登记工作久拖不决而提出的时间要求，但客观上也给申请离婚的当事人以冷静考虑的时间。在审查期内，如果双方当事人对重归于好取得共识，应准许当事人撤回离婚申请。

（3）登记。婚姻登记管理机关经过审查后，对符合《婚姻法》和《婚姻登记管理条例》的离婚申请，予以登记并发给离婚证，注销结婚证。当事人从取得《离婚证》起，解除夫妻关系。对不符合《婚姻法》和《离婚登记管理条例》规定的，婚姻登记管理机关不予登记。婚姻登记管理机关对当事人的离婚登记申请不予登记的，应当以书面形式说明不予登记的理由。

男女登记离婚后，一方对已发生法律效力的离婚协议及子女和财产问题的处理反悔时，应当向原婚姻登记机关申请解决。只有在原婚姻登记机关撤销离婚登记的情况下，当事人向人民法院提出诉讼的，人民法院才能受理；在原婚姻登记机关未撤销离婚登记的情况下，向人民法院提出诉讼的，人民法院不应受理，但应告知当事人向原婚姻登记机关申请撤销离婚登记。如果申请离婚的当事人弄虚作假，骗取离婚登记的，婚姻登记管理机关应当撤销离婚登记，并对当事人宣布其解除婚姻关系无效，收回离婚证并对当事人处以 200 元以下的罚款。

2. 诉讼离婚

诉讼离婚，是婚姻当事人向人民法院提出离婚请求，由人民法院调解或判决而解除其婚姻关系的一项离婚制度。诉讼离婚制度，适用于当事人双方对离婚有分歧的情况，包括一方要求离婚而另一方不同意离婚而发生的离婚纠纷；或者双方虽然同意离婚，但在子女和财产问题上不能达成一致意见、做出适当处理的情况。

离婚诉讼程序的注意事项：

第一，诉讼离婚有着法定的必要条件，即“感情确已破裂，调解无效”。人民法院在审理案件中也必须执行法律规定的条件，并以此为据裁判是否许可当事人离婚。有下列情形在之一，调解无效的，视为感情确已破裂：

（1）重婚或有配偶者与他人同居的；

（2）实施家庭暴力或虐待、遗弃家庭成员的；

（3）有赌博、吸毒等恶习屡教不改的；

（4）因感情不和分居满两年的；

（5）其他导致夫妻感情破裂的情形。

一方被宣告失踪，另一方提出离婚诉讼的，应准予离婚。

第二，在诉讼活动中，人民法院对争议处理起主导作用，它要对当事人提出的离婚请求和理由进行审查，是否准予离婚取决于人民法院的依法裁量，它既可以判决准予离婚，也可以依法驳回当事人的请求。

第三，人民法院依法做出的调解和判决，在发生法律效力后，即具有强制执行力，当事人不履行调解书或判决书中所确定的义务的，人民法院可依另一方的申请予以强制执行。

三、离婚的法律后果

离婚的法律后果又叫离婚的法律效力。离婚是一种法律行为，必将产生一系列相应的法律后果。

1. 离婚对当事人的法律后果

（1）离婚使夫妻之间的身份关系消灭。离婚解除了夫妻因身份产生的一切权利义务。具体而言，包括以下内容：夫妻的称谓消除，双方因离婚即取得了再婚的权利；夫妻间相互扶养的义务解除；相互继承遗产的权利消灭；夫妻享有的共同财产权和约定财产权也告终止。

(2) 离婚对夫妻共同财产的分割。夫妻共同财产是指夫妻双方在婚姻关系续存期间所得的财产。它包括:①工资、奖金;②从事经营活动的收益;③知识产权的收益;④因继承或赠与所得的财产;⑤其他共同财产。对于以上的财产夫妻双方有约定的除外。如夫妻对婚姻关系存续期间所得的财产约定不明的,应认定为夫妻共同财产。

对有下列情形之一的,为夫妻一方的财产,双方另有约定的除外:①一方所有的婚前财产;②因一方身体受到伤害的医疗费、残疾人生活费等费用;③遗赠或赠与合同中指明归一方的财产;④一方专用的生活用品;⑤其他应当归一方的财产。

夫妻对婚姻关系存续期间财产约定归各自所有的,夫或妻一方对外所负的债务,并且第三人知道该约定的,以夫或妻一方的财产清偿。其他因共同生活或履行抚养、赡养义务等的债务是夫妻共同的债务,以夫妻共同财产清偿。

2. 对于子女的法律后果

父母离婚,不影响他们与子女的血亲关系。离婚后,子女无论由哪一方抚养,仍是父母双方的子女。因收养而成立的拟制血亲关系,除依法变更收养关系外,也不因养父母离婚而消除。离婚后,父母对子女仍有抚养教育的权利和义务。离婚后子女由一方直接抚养的,另一方有探视权和负担必要的生活费和教育费的一部分或全部的义务,负担费用的多少由双方协议,协议不成时,由人民法院根据子女的权益和双方的具体情况做出判决。

四、案例分析

首先,根据《婚姻法》第2条第1款规定:“实行婚姻自由、一夫一妻、男女平等的婚姻制度。”所谓婚姻自由,就既包括结婚自由,也包括离婚自由。只有保障了离婚自由,才能真正实现婚姻自由。离婚是男、女任何一方的权利,只要其中一方认为夫妻感情已经破裂，就可依法向人民法院提出离婚诉讼，人民法院应当受理。男女只要有一方要求离婚的，就可直接向人民法院提出离婚诉讼，因为这是法律赋予他们的权利。

其次，人民法院应当经审理后，如感情尚未完全破裂，判决驳回其诉讼请求；如感情确已破裂，调解无效，应准予离婚。

相关法规链接

《中华人民共和国婚姻法》

第2条第1款　实行婚姻自由、一夫一妻、男女平等的婚姻制度。

第31条　男女双方自愿离婚的，准予离婚。双方必须到婚姻登记机关申请离婚。婚姻登记机关查明双方确实是自愿并对子女和财产问题已有适当处理时，发给离婚证。

第32条　男女一方要求离婚的，可由有关部门进行调解或直接向人民法院提出离婚诉讼。

人民法院审理离婚案件，应当进行调解；如感情确已破裂，调解无效，应准予离婚。

有下列情形之一，调解无效的，应准予离婚：

（一）重婚或有配偶者与他人同居的；

（二）实施家庭暴力或虐待、遗弃家庭成员的；

（三）有赌博、吸毒等恶习屡教不改的；

（四）因感情不和分居满二年的；

（五）其他导致夫妻感情破裂的情形。

一方被宣告失踪，另一方提出离婚诉讼的，应准予离婚。

第34条　女方在怀孕期间、分娩后一年内或中止妊娠后六个月内，男方不得提出离婚。女方提出离婚的，或人民法院认为确有必要受理男方离婚请求的，不在此限。

第六节　探望子女的权利

案例 2-6　探望权的行使

杨先生与董女士原系夫妻关系，1998 年 1 月 17 日经法院判决离婚，婚生子小翔（1996 年 2 月 9 日出生）由董女士抚养，杨先生每月给付抚养费 200 元。杨先生每次交付抚养费时，探望小翔约 30 分钟。2001 年 5 月，杨先生以董女士侵犯其探视权为由诉至法院。法院依法判决：自本判决生效后的每月第一和第三个星期六上午 9 时，杨先生从董女士处将小翔接走，当天下午 5 时，杨先生将小翔送回董女士处，如遇特殊情况，接送时间可延长半小时；杨先生负责小翔在此期间的一切人身及财产安全，董女士在此期间负有协助杨先生探视小翔的义务。判决后，双方均未上诉。同年 11 月 8 日，杨先生向西城区法院申请执行。

讨论题

1. 什么是探望权及法律特征？
2. 探望权的主体与行使？
3. 探望权的中止及探望权的中止的法定理由？

一、探望权及其特征

1. 探望权概念

探望权，又称见面交往权，是指离婚后不直接抚养子女的父亲或母亲一方享有的对未成年子女进行探望、联系、会面、交往、短期共同生活的权利。

2. 探望权的法律特征

（1）探望权的主体是父母双方。父母离婚后，未成年子女只能由父亲或母亲一方抚养，与该方共同生活。与此同时，不直接抚养子女的父亲或母亲，则不能与子女共同生活，无法或难以与子女见面，照顾子女。因此，行使探望权的主体是不直接抚养子女的父亲或母亲一方，其义务主体则是直接抚育子女的母亲或父亲一方。直接抚养子女的父亲或母亲，对未直接抚育子女一方的探望，不得妨害和阻挠，且负有予以协助的义务，以使探望活动能顺利进行。

（2）探望权是一项法定权利。亲权是父母对未成年子女所享有和承担的法定权利和义务，父母双方平等地拥有亲权，但亲权的行使是以亲权人与未成年子女共同生活为前提。父母离婚后，亲权被一分为二，由父母双方分别行使。直接抚养子女的父亲或母亲行使了直接抚养权，照顾子女的生活，辅导子女的学习。而不直接抚养子女的父亲或母亲则依法享有了探望权，可探视子女，与子女交往，了解子女的情况，并监督对方对子女亲权的行使情况。因此，探望权是基于父母子女身份而产生的一项法定权利。

（3）行使探望权是无条件的。夫妻离婚后，当法院判决或夫妻商议，由父母一方对子女直接行使监护权时，法律同时赋予了不直接抚养子女的一方对该子女的探望权。行使探望子女权时，不必以该父亲或母亲支付子女抚育费为前提，即使因某种原因暂时未能支付抚育费，仍有探望子女的权利。不仅如此，行使探望权也不以父母一方或双方是否再婚为条件，直接抚养子女的父亲或母亲再婚，或者不直接抚养子女、行使探望权的父亲或母亲再婚，都不影响其探望子女的权利。虽然行使探望权是无条件的，但不表示该方父母可以任意行为，如果父母的行为损害子女的身心健康，人民法院可以依法中止探望权。

（4）探望权具有一定期限。探望权适用的期限仅限于父母离婚后，子女是未成年人。如果子女成年，探望权便随之消灭。

二、探望权的主体及行使

1. 探望权的主体是非直接抚养一方的父亲或母亲

直接抚养方父亲或母亲则是探望权的义务主体，应该履行协助探望权人实现探望的权利的义务。这种协助义务一般包括:直接抚养方父亲或母亲应该本着方便探望人的原则,协商确定合理的探望时间、方式,或者按照法院判决安排探望时间。当子女拒绝探望时,直接抚养一方的父亲或母亲应该进行说服工作。

2. 探望权的行使

根据《婚姻法》第38条第2款的规定,行使探望权的方式、时间由当事人协议;协议不成时,由人民法院判决。探望权的内容主要是会面和交往,也包括通信、通话等,以何种方式进行探望,须根据子女和父母的具体情况而定,可以是定时看望,也可以是周末共住或假日共住。无论采取何种方式,都要以不影响子女的学习、生活为前提。在行使探望权的方式上,当事人应积极达成协议,这样有利于双方配合实施。如达不成协议,则由法院判决。在实践中,对于以往的离婚中没有涉及子女探望权的,《婚姻法解释(一)》第24条规定,人民法院做出的离婚判决中未涉及探望权,当事人就探望权问题单独提起诉讼的,人民法院应予以受理。所以,不管是登记离婚还是诉讼离婚,都应当通过法律手段解决探望权问题。

三、探望权的中止及其法定理由

1. 探望权中止的概念

探望权的中止,是指探望人符合探望权中止的法定理由时,由法院判决探望权在一定时间内中止行使探望权的法律制度。

2. 探望权中止的法定理由

《婚姻法》第38条第3款规定:"父或母探望子女,不利于子女身心健康的,经人民法院判决可以中止探望权。"把"不利于子女身心健康"作为探望权中止的唯一法定理由,但没有列举"不利于子女身心健康"的具体情形,有待于最高人民法院在司法实践中积累经验后作出司法解释。人民法院在审理请求中止探望权的案件时,应本着保护子女身心健康的原则,根据具体的案情作出判决。

如果通过审理确认父亲或母亲探望子女，不利于子女身心健康，探望权就应该中止。如行使探望权的父母一方吸毒、赌博、酗酒、品行不端，有严重的传染病、精神疾病或对子女有暴力倾向，或有利于探视机会将子女藏匿起来等，就应该中止探望。一方不负担子女抚养费或未按期给付抚养费，或者是父母因犯罪被收监（父母对子女有犯罪行为而入狱除外），不是中止探望权的条件，不能作为中止探望权的法律依据。

探望权的中止，仅是暂时停止未直接抚养子女一方探望子女的权利，并非完全剥夺、消灭。恢复探望的权利，前提条件是中止探望权利的事由完全消失。被中止探望权利的人，即使中止事由消失，也不能自行恢复，而应向人民法院提出请求，由人民法院依法做出恢复探望权的决定。《婚姻法解释（一）》第 25 条的规定："中止探望的情形消失后，人民法院应当根据当事人的申请通知其恢复探望权的行使。"

四、案例分析

对于人民法院的判决，义务方不履行义务，不配合另一方探望子女的，《婚姻法》第 48 条将其纳入强行执行的范围之中。该条规定对拒不执行有关探望子女的判决或裁定的，人民法院依法强制执行。由于探望权涉及子女人身问题，为避免强制执行中的偏差，《婚姻法解释（一）》第 32 条又进一步规定，《婚姻法》第 48 条关于对拒不执行有关探望子女等判决和裁定的，由人民法院依法强制执行的规定是指对拒不履行协助另一方行使探望权的有关个人和单位采取拘留、罚款等强制措施，不能对子女的人身、探望行为进行强制执行。就是说，当子女不愿意对方探望或不愿意到对方住所居住时，人民法院不能强制将子女带走。

不直接抚养子女的一方享有探望权，另一方有协助义务，对于义务方无故拒绝另一方探望子女，或是实施阻碍另一方实现探望权的行为，人民法院可依探望权人的申请，要求被申请人排除妨碍，协助申请人实现权利。但是，探望权的执行涉及离婚双方和子女三方，其实现不仅仅在于权利人的作为，义务人的协助，而且还需要被探望对象子女的配合。作为一个独立的人格主体，被探望子女具有独立意志，享有选择是否接受探望的权利。在子女尚幼，不能独立表达意志的情况下，子女的意志往往可以忽略不计。但在子女可以独立表达意志的情况下，就必须兼顾子女的意志。另外，根据《最高人民法院关于适用〈中华人民共和国民事诉讼法〉若干问题的意见》第 254 条的规定，强制执行的标的只能是财物和行为，不能强制执行人身。因此，法院在执行探望权案件的时候，就不能像执行财产或其他行为案件一样，直接强制被探望对象即子女的人身以实现申请人的探望权。

本案的执行法院本着认真负责的态度，积极做杨先生和董女士的工作，促使双方和解，让董女士负责继续做小翔的工作，并积极配合杨先生在规定的时间内探望孩子。这样，既保护了申请人杨先生的探望权，又尊重了子女的意志，有利于孩子的身心健康。

相关法规链接

《中华人民共和国婚姻法》

第 38 条　离婚后，不直接抚养子女的父或母，有探望子女的权利，另一方有协助的义务。

行使探望权利的方式、时间由当事人协议；协议不成时，由人民法院判决。

父或母探望子女，不利于子女身心健康的，由人民法院依法中止探望的权利；中止的事由消失后，应当恢复探望的权利。

第 48 条　对拒不执行有关扶养费、抚养费、赡养费、财产分割、遗产继承、探望子女等判决或裁定的，由人民法院依法强制执行。有关个人和单位应负协助执行的责任。

最高人民法院《关于适用〈中华人民共和国婚姻法〉解释(一)》

第25条　当事人在履行生效判决、裁定或者调解书的过程中,请求中止行使探望权的,人民法院在征询双方当事人意见后,认为需要中止行使探望权的,依法作出裁定。中止探望的情形消失后,人民法院应当根据当事人的申请通知其恢复探望权的行使。

第26条　未成年子女、直接抚养子女的父或母及其他对未成年子女负担抚养、教育义务的法定监护人,有权向人民法院提出中止探望权的请求。

第32条　婚姻法第48条关于对拒不执行有关探望子女等判决和裁定的,由人民法院依法强制执行的规定,是指对拒不履行协助另一方行使探望权的有关个人和单位采取拘留、罚款等强制措施,不能对子女的人身、探望行为进行强制执行。

思考题

1. 我国的夫妻共同财产及夫妻一方的财产指哪些?

2. 根据我国法律的规定,哪些财产可以纳入夫妻共同财产的范畴?

第三章 继 承 法

继承法律制度是民法中财产法律制度和人身法律制度的集中体现，是民事权利发展中的最后一道权利区域。对于自然人而言，生和死是两个时间分水岭：权利能力始于出生，终于死亡，而民事权利是以权利能力的存在为基础的。出生之前需要承受已有的权利或利益作为生存的条件，死亡之后需要传承一身积累的成就。因此，继承制度是民事权利制度的必然内容。继承是一种行为，是生者从死者那里承受财产的行为；继承是一种制度，是因继承这种行为所引起的权利义务关系的法律规范所组成的制度群；继承法律规范总和起来就构成了继承法。继承法所要调整的是继承法律关系，继承法律关系的主体是继承人，继承法律关系的客体是遗产，继承法律关系的内容是继承权。通过以下内容的学习和研究为进一步掌握婚姻家庭继承法的各项制度打下理论基础。

第一节 继 承 权

案例 3-1 夫妻遗产继承案

王某（男）与张某（女）系夫妻，无子女，张某的父母已去世。2002 年 5 月他们外出旅游遇车祸，王某当场死亡，张某送医院后抢救无效死亡。3 个月后，王某的父母与张某的妹妹均起诉要求继承他们的遗产。

讨论题

1. 继承和继承法的概念和特征？
2. 继承开始的时间和地点？

3. 法定继承的概念和特征?

4. 法定继承的范围和顺序?

5. 王某的父母与张某的妹妹是否有继承权?

一、继承的相关概念和继承权的特征

1. 继承的相关概念

继承,即公民自然死亡或宣告死亡后,按照法定程序,把死者遗留的个人合法财产转移给他人的一种法律制度。在继承关系中,遗留财产的死者称为被继承人;接受财产的人称为继承人;公民死亡时遗留的个人合法财产称为遗产;继承人依法取得被继承人的遗产的权利称为继承权。继承法是调整和处理遗产关系的法律规范的总称。

2. 继承权的特征

(1) 继承权是一种财产权。继承权的标的只能是财产。继承权与财产所有权相联系,没有所有权,就不发生继承权,通过继承,所有权转移。所以说继承权是所有权的继承和延伸,所有权是继承权的基础和前提。

(2) 继承权是与一定的身份相联系的财产权。继承关系是公民之间基于既有的婚姻、血缘、家庭等方面的人身关系而产生的财产关系。因此,继承权以一定的身份关系的存在为前提。如我国《婚姻法》规定,夫妻有相互继承遗产的权利,父母和子女有相互继承遗产的权利。由此可见,继承人与被继承人之间必然存在一定的身份关系。

(3) 继承权的实现与一定的法律事实相联系。根据《继承法》的规定,继承权的实现是以被继承人的死亡和死者留有遗产等法律事实为前提的。财产继承权在被继承人死亡之前只是继承人享有的一种财产权益的期待权,只有被继承人死亡这一法律事实发生以后,继承权才成为一种现实的财产权利,即成为既得权。

(4) 继承权的最终实现取决于继承人的意志。财产继承权作为一种财产权,当继承开始之后,继承人可以完全按自己的意志决定接受还是放弃继承权，其他任何人不得干涉。

二、继承开始的时间和地点

1. 继承开始的时间

我国《继承法》规定，继承从被继承人死亡时开始。公民死亡，分为自然死亡和宣告死亡两种情形。自然死亡应以医疗单位或公安机关开出的死亡证明书上确定的时间为准，宣告死亡应以人民法院判决书上宣告死亡的时间为准。

准确地确认继承开始的时间，具有重要的法律意义。因为确认继承的法律效力，明确继承人的权利义务、继承人的范围、遗产的内容和价值都应以继承开始的时间为依据。但在现实生活中常常会出现一些意外事件，使被继承人的死亡时间无法确定或难以确定，从而使得继承权的开始时间也难以确定。

对此，根据最高人民法院的有关规定，相互有继承关系的几个人在同一事件中死亡，如不能确定他们死亡的先后时间，就推定其中无继承人的人员先死亡。死亡人各自都有继承人的，如几个死亡人辈分不同，就推定长辈先死亡。几个死亡人的辈分相同，就推定同时死亡，彼此不发生继承，由他们各自的继承人分别继承。

2. 继承开始的地点

继承开始的地点通常是以被继承人生前最后的住所地为准。被继承人最后的住所地不明确的，也可以以主要遗产所在地作为继承开始的地点。继承开始时，在继承地点的继承人应及时通知不在继承地的其他继承人。在其他继承人没有到达之前，在继承地点的继承人有义务妥善保管好遗产，不得隐匿、侵吞或擅自处理。

三、法定继承的概念和特征

1. 法定继承的概念

继承有法定继承和遗嘱继承两种形式。法定继承是指由法律直接规定继承人的范围、继承顺序、遗产分配原则的财产继承制度。

2. 法定继承的特征

（1）它是以继承人和被继承人之间的婚姻关系、血缘关系或收养关系等特定的人身关系为前提而确定的继承关系；

（2）法定继承人的范围、继承顺序和遗产分配原则都是由法律做出强制性规定，除被继承人生前依法以遗嘱方式改变外，其他任何人都无权变更。

四、法定继承的范围和顺序

1. 法定继承人的范围

法定继承人是按照继承法的规定，有资格继承死者遗产的人。法定继承人范围的确定依据主要是以血缘关系和婚姻关系为基础。

《继承法》规定的法定继承人的范围是被继承人的配偶、子女、父母和兄弟姐妹、祖父母、外祖父母。《继承法》中所说的“子女”，包括婚生子女、非婚生子女、养子女和有抚养关系的继子女；“父母”包括生父母、养父母和有扶养关系的继父母；“兄弟姐妹”，包括同父母的兄弟姐妹、同父异母或者同母异父的兄弟姐妹、养兄弟姐妹，有扶养关系的继兄弟姐妹。养祖父母、养外祖父母和有扶养关系的继祖父母、继外祖父母也属于法定继承人范围。

2. 法定继承的顺序

法定继承的顺序是指继承人在继承遗产时的先后顺序。在法定继承人范围内，并不是所有人都能同时继承遗产的，《继承法》根据他们同被继承人婚姻关系和血缘关系的亲疏远近以及扶养的不同情况，把法定继承分为第一、第二两个顺序。第一顺序继承人是配偶、子女和父母；第二顺序继承人是兄弟姐妹、祖父母和外祖父母。

继承开始时，有第一顺序继承人继承的，第二顺序继承人就不能继承；如果没有第一顺序继承人，或者有第一顺序继承人，但该继承人却放弃继承权或丧失继承权时，则由第二顺序继承人继承。

此外，《继承法》还规定，在第一顺序和第二顺序继承人都没有或者都放弃、都丧失继承权，而又没有受遗赠的情况下，该遗产就作为绝产，归国家或集体所有。

五、案例分析

王某的父母和张某的妹妹都有继承权。王某和张某是因意外事故死亡，生前未立遗嘱，因而其遗产的继承应当适用法定继承。根据我国《继承法》的规定，法定继承分为两个顺序，第一顺序继承人是配偶、子女、父母；第二顺序继承人是兄弟姐妹、祖父母、外祖父母。本案中，王某在车祸中当场死亡，其遗产应由其第一顺序继承人继承，其中包括王某的配偶张某和王某的父母。其后，张某送医院后抢救无效死亡，其遗产因没有第一顺序继承人（配偶和父母均死亡，又无子女），而由其妹妹作为第二顺序继承人继承。

王某死亡后，其遗产应由其第一顺序继承人王某的配偶张某和王某的父母继承，三人各得其三分之一。张某死亡后，因无第一顺序继承人，其遗产由作为第二顺序继承人的妹妹一人全部继承。

相关法规链接

《中华人民共和国继承法》

第 2 条　继承从被继承人死亡时开始。

第 5 条　继承开始后，按照法定继承办理；有遗嘱的，按照遗嘱继承或者遗赠办理；有遗赠扶养协议的，按照协议办理。

第 10 条　遗产按照下列顺序继承：

第一顺序：配偶、子女、父母。

第二顺序：兄弟姐妹、祖父母、外祖父母。

继承开始后，由第一顺序继承人继承，第二顺序继承人不继承。没有第一顺序继承人继承的，由第二顺序继承人继承。

本法所说的子女，包括婚生子女、非婚生子女、养子女和有扶养关系的继子女。

本法所说的父母，包括生父母、养父母和有扶养关系的继父母。

本法所说的兄弟姐妹，包括同父母的兄弟姐妹、同父异母或者同母异父的兄弟姐妹、养兄弟姐妹、有扶养关系的继兄弟姐妹。

第二节　公民遗产继承

案例 3-2　代位继承案

某甲妻子早亡，有子乙、丙；乙有子女 A、B，丙有子 C。乙早年去世，由其妻扶育 A、B，乙妻与甲住在一起时，对甲尽了主要赡养义务。某日丙外出因车祸重伤住院，生命垂危。甲得知后，悲痛万分，不幸猝死。甲死后 3 小时，丙因抢救无效死亡，遗下配偶和子 C，甲、丙均遗有遗产。

讨论题

1. 遗产的范围？
2. 我国继承法的基本原则？
3. 代位继承的概念及特征？
4. 甲、丙的遗产应如何处理？

一、公民遗产的范围

公民的遗产包括：

（1）公民的收入；

（2）公民的房屋、储蓄和生活用品；

（3）公民的林木、牲畜和家禽；

（4）公民的文物、图书资料；

（5）法律允许公民所有的生产资料；

（6）公民的著作权、专利权中的财产权利；

（7）公民的其他合法财产（如债权、债务、有价证券等）。

综上所述，可把遗产范围归纳为三大类：一是公民个人的合法财物；二是公民的著作权、专利权、商标权中的财产权利；三是公民的债权、债务和其他合法财产。

遗产的内容既包括债权，也包括债务。遗产中的债权，继承人有权要求债务人偿还；遗产中的债务，继承人有义务在所得遗产的实际价值中予以清偿，但超过遗产实际价值的债务，继承人不再负有法律责任。

二、我国继承法的基本原则

1. 保护公民私有财产继承权的原则

我国宪法明文规定，国家依照法律规定保护公民私有财产的继承权。保护公民的私有财产继承权，是我国继承法的根本任务，也是基本原则。这一原则是我国继承立法的基础和根据。

2. 继承权男女平等的原则

继承权男女平等就是继承人不分男女性别，都享有完全平等的继承权。这是宪法中男女平等原则在继承制度中的具体体现。坚持这一原则的实质就是反对歧视妇女的封建残余思想，保护妇女的合法继承权利免受侵犯。

这一原则包括以下内容：被继承人不分男女都有生前通过立遗嘱处分自己财产的权利；在继承的顺序上，只以亲属关系的亲疏远近来确定，而不是以男女性别差异来划分；夫妻双方有相互继承对方遗产的权利。丧偶的妇女，不仅有权获得遗产，而且可以带产改嫁，任何人不得干涉。

3. 保护老人和儿童合法权益的原则

在继承关系中坚持保护老人和儿童的合法权益，既是树立良好的社会风尚，促进社会主义精神文明建设的必然要求，也是为了更好地实现抚养子女和赡养老人的社会职能。

我国《继承法》规定，对没有独立生活能力的未成年人和已丧失劳动能力又无生活来源的老人，在分配遗产时，应予特别照顾；遗产分割时，应当保留胎儿的份额；老人可以与公民个人或集体组织签订遗赠抚养协议，抚养人承担老人的生养死葬的义务的，应享有接受遗赠的权利等充分体现了国家对老人和儿童合法权益的保护政策。

4. 权利和义务相一致的原则

权利和义务相一致，是社会主义法制的普遍原则。这一原则在《继承法》中主要体现为：继承人对被继承人在生前尽了主要扶养义务或者与被继承人长期共同生活的，在分配遗产时，可适当多分；有扶养能力和条件的继承人，不尽扶养义务的，分配遗产时，应当少分或者不分；继承人遗弃、虐待被继承人，情节严重的，人民法院可依法宣告其丧失继承权。

《继承法》还规定，丧偶的儿媳对公婆，丧偶的女婿对岳父母，尽了主要赡养义务的，可以作为第一顺序继承人继承被继承人的遗产。

5. 互谅互让、和睦团结的原则

互谅互让、和睦团结原则反映了我国建设社会主义家庭关系和道德风尚的要求。这一原则要求继承人在分割遗产时，应本着互谅互让、和睦团结的精神，通过协商处理遗产。《继承法》规定，同一顺序继承人继承遗产的份额一般应当均等。但各继承人之间由于经济状况不同，对家庭和对被继承人尽责不同，经各继承人协商一致，也可以不均等地分割遗产。

三、代位继承的概念及特征

1. 代位继承的含义

代位继承是指被继承人的子女先于被继承人死亡时，被继承人的子女的直系晚辈（不受辈分限制）有权代替其已经死亡的父母继承应继承的份额。在代位继承中，先于被继承人死亡的继承人叫被代位继承人，代替被代位人继承遗产的人叫代位继承人。

代位继承是法定继承中的一种特殊的继承方式，也是对法定继承的重要补充，它可以使先于被继承人死亡的继承人的晚辈直系血亲的合法权益得到保障。

2. 代位继承的特征

代位继承具有以下特征：

(1) 代位继承只能适用于法定继承，不适用于遗嘱继承；

(2) 代位继承人的人数不论多少，只能继承其父亲或母亲有权继承的那一份遗产的份额；

(3) 代位继承人包括被继承人的生子女、养子女和有扶养关系的继子女的晚辈，他们都有同等的代位继承权。

四、案例分析

甲、丙的遗产均按法定继承办理。甲的遗产分为三份，A、B得一份，乙妻得一份，丙妻和子C得一份。丙的遗产由其配偶和子C各得一半，理由如下：(1)甲的儿子乙先于甲死亡，其子女A、B得以代位继承甲的遗产；(2)乙妻作为甲的儿媳妇，在丈夫死后对公公甲尽了主要赡养义务，有权作为第一顺序法定继承人，她参加继承不能影响A、B代位继承；(3)甲的儿子丙死于甲之后，得继承甲的遗产，因丙未能直接实际取得遗产就死亡，发生转继承，其应得的甲的遗产由其法定继承人(妻子和儿子)继承；(4)代位继承不论有几人，一般只能取得其父(母)应得的份额，所以甲的遗产应分成三分。(5)丙死后，其妻和子为第一顺序法定继承人，丙的遗产分成两份，由妻和子C继承。

相关法规链接

《中华人民共和国继承法》

第3条　遗产是公民死亡时遗留的个人合法财产，包括：

(一) 公民的收入；

(二) 公民的房屋、储蓄和生活用品；

(三) 公民的林木、牲畜和家禽；

(四) 公民的文物、图书资料；

（五）法律允许公民所有的生产资料；

（六）公民的著作权、专利权中的财产权利；

（七）公民的其他合法财产。

第4条　个人承包应得的个人收益，依照本法规定继承。个人承包，依照法律允许由继承人继续承包的，按照承包合同办理。

第9条　继承权男女平等。

第11条　被继承人的子女先于被继承人死亡的，由被继承人的子女的晚辈直系血亲代位继承。代位继承人一般只能继承他的父亲或者母亲有权继承的遗产份额。

第12条　丧偶儿媳对公、婆，丧偶女婿对岳父、岳母，尽了主要赡养义务的，作为第一顺序继承人。

第13条　同一顺序继承人继承遗产的份额，一般应当均等。

对生活有特殊困难的缺乏劳动能力的继承人，分配遗产时，应当予以照顾。

对被继承人尽了主要扶养义务或者与被继承人共同生活的继承人，分配遗产时，可以多分。

有扶养能力和有扶养条件的继承人，不尽扶养义务的，分配遗产时，应当不分或者少分。

继承人协商同意的，也可以不均等。

第28条　遗产分割时，应当保留胎儿的继承份额。胎儿出生时是死体的，保留的份额按照法定继承办理。

第三节　遗嘱继承

案例3-3　遗嘱继承的纠纷

应哥和应妹系同胞兄妹，父亲早亡。母亲生前长期依靠应妹生活，并于1980年11月去世。死前有遗嘱：房屋3间半，由应妹继承2间，应哥继承1间半。应妹要求按遗嘱执行。应哥声称，这3间半房屋，是他出资与父共同建造，当时应妹尚在求学，未出分文，因此，这些房屋产权应全部归属应哥所有。双方争执不下，诉至法院。

讨论题

1. 遗嘱继承的概念和特征？
2. 遗嘱成立的必备条件？
3. 遗嘱的形式？
4. 以上的财产应如何处理，为什么？

一、遗嘱继承的概念和特征

1. 遗嘱继承的概念

遗嘱继承又称指定继承，是指被继承人死亡后，按他生前所立遗嘱的内容，将其遗产转移给指定的法定继承人中的一人或数人所有的一种继承方式。立遗嘱的被继承人叫遗嘱人，接受遗嘱指定继承的人叫遗嘱继承人。法律规定遗嘱继承优先于法定继承。继承开始后，被继承人生前立有遗嘱的，应先按遗嘱的规定和要求进行继承。

2. 遗嘱继承的特征

遗嘱继承具有以下特征：

(1) 遗嘱是立遗嘱人单方面的法律行为，无须继承人表示同意，而且遗嘱只能在遗嘱人死亡后才发生法律效力；

(2) 可以作为遗嘱继承人的只能是法定继承范围内的一人或数人；

(3) 遗嘱继承人在继承遗产时，不再受法定继承顺序的限制；

(4) 遗嘱继承人在接受遗嘱继承后，仍有权按照法定继承的顺序取得遗嘱未加处分或遗嘱无效部分所涉及的遗产。

二、遗嘱成立的必备条件

遗嘱是一种法律行为，所以必须在内容和形式上符合法定条件，才具有法律效力，否则无效。遗嘱成立的必备条件包括实质要件和形式要件两方面。

遗嘱成立的实质要件。我国《继承法》规定：(1)遗嘱人必须具有完全民事行为能力;(2)遗嘱必须是遗嘱人本人真实意思的表示;(3)遗嘱的内容必须合法。

对法定继承人中的未成年人、缺乏劳动能力又无生活来源的人以及尚未出生的胎儿,遗嘱不得减少或剥夺他们应继承的份额。

三、遗嘱的形式

遗嘱要有效成立,还必须在形式上符合法律规定。我国《继承法》规定,遗嘱的形式可以采取公证遗嘱、自书遗嘱、代书遗嘱、录音遗嘱、口头遗嘱五种不同形式,并必须符合相应的法律要求。

(1) 公证遗嘱是由遗嘱人生前亲自到国家公证机关办理遗嘱公证手续的遗嘱;

(2) 自书遗嘱是由遗嘱人亲自书写、签名的遗嘱;

(3) 代书遗嘱是遗嘱人委托他人书写的遗嘱;

(4) 录音遗嘱是遗嘱人采用录音形式所制作的遗嘱;

(5) 口头遗嘱是遗嘱人在生命垂危或遇到其他特殊紧急情况时,不得已而采取口头形式所立的遗嘱,一旦紧急情况排除或缓解后,必须再立其他形式的遗嘱,原口头遗嘱即告无效。

除公证遗嘱和自书遗嘱外,代书遗嘱、录音遗嘱和口头遗嘱都必须有两个以上的见证人在场作证才有效。与遗嘱内容有利害关系的人、无行为能力的人和限制行为能力的人都不能充当见证人。

遗嘱订立后如有必要,遗嘱人可以变更或撤销自己所立的遗嘱。如所立的前后几份遗嘱内容有抵触的,应以最后的遗嘱为准。《继承法》还规定自书遗嘱、代书遗嘱、录音遗嘱、口头遗嘱,都不得变更、撤销公证遗嘱。

四、案例分析

经法院查明,1950 年建房时,应家兄妹同父母共同生活,均属家庭成员。建房时应哥仅拿出少量资金,主要仍由父母负责建造,房屋建成后也属父母名下,并负责管理维修,所以应家房屋应认定为父母的共同财产。

应妹当时年幼求学，建屋时未拿出过分文，但在父亡后，其母长期由应妹赡养，共同生活，尽了很多义务。其母临终前的口述遗嘱，有双方之叔叔、婶婶及邻里居民见证，因此，对房屋分割之遗嘱是合法的、有效的，应受到法律的承认与保护。所以，应妹继承房屋 2 间，应哥继承房屋 1 间半，屋中家具双方各半所有。

相关法规链接

《中华人民共和国继承法》

第 16 条 公民可以依照本法规定立遗嘱处分个人财产，并可以指定遗嘱执行人。

公民可以立遗嘱将个人财产指定由法定继承人的一人或者数人继承。

公民可以立遗嘱将个人财产赠给国家、集体或者法定继承人以外的人。

第 17 条 公证遗嘱由遗嘱人经公证机关办理。

自书遗嘱由遗嘱人亲笔书写，签名，注明年、月、日。

代书遗嘱应当有两个以上见证人在场见证，由其中一人代书，注明年、月、日，并由代书人、其他见证人和遗嘱人签名。

以录音形式立的遗嘱，应当有两个以上见证人在场见证。

遗嘱人在危急情况下，可以立口头遗嘱。口头遗嘱应当有两个以上见证人在场见证。危急情况解除后，遗嘱人能够用书面或者录音形式立遗嘱的，所立的口头遗嘱无效。

第 19 条 遗嘱应当对缺乏劳动能力又没有生活来源的继承人保留必要的遗产份额。

第 20 条 遗嘱人可以撤销、变更自己所立的遗嘱。

立有数份遗嘱，内容相抵触的，以最后的遗嘱为准。

自书、代书、录音、口头遗嘱，不得撤销、变更公证遗嘱。

第四节　遗　　赠

案例 3-4　范某索取遗赠名画案

范某舅父李甲是个画家,离婚后与儿子李乙一起生活。范某10岁时离开父母到省城舅父家寄宿上学,并向舅父学画。1982年考上美术学院,后留洋任教。1987年6月10日李甲外出写生,因车祸负重伤。12日,李乙与范某赶到,由在场一名医生、两名护士作证,李甲留下口头遗嘱,将多年珍藏的10幅画赠给范某,范某未作任何表示。1990年,范某想起舅父遗嘱,遂向李乙索要10幅名画。李乙不给。范某起诉到人民法院,诉讼请求被驳回。

讨论题

1. 遗赠的概念?
2. 遗赠和遗嘱继承的区别?
3. 本案如何处理?

一、遗赠的概念

遗赠是指遗嘱人以遗嘱方式将其遗产的一部分或全部赠送给国家、集体、社会团体或者法定继承人以外的个人,并在遗嘱人死亡后才发生法律效力的单方法律行为。在遗赠关系中,立遗嘱人为遗赠人,接受遗赠的个人或单位为受赠人。

二、遗赠和遗嘱继承的区别

遗赠和遗嘱继承虽然都是用遗嘱方式处分自己的遗产的方式,但两者是有区别的,主要表现在以下几个方面:

(1) 主体范围不同。遗赠的受遗赠人可以是国家、集体,还可以是法定继承人以外的其他人;而遗嘱继承的继承人只能是法定继承人中的一人或数人。

(2) 主体承担的义务不同。受遗赠人原则上只享受遗赠财产的权利，而不必承担清偿遗赠人债务的义务；而遗嘱继承人既有继承被继承人遗产的权利，又有负责清偿被继承人债务的义务。

（3）取得遗产的方式不同。受遗赠人不直接参与遗产分配而是从遗嘱执行人那里取得遗赠财产。而遗嘱继承人则直接参加遗产分配。

（4）做出接受与否表示的法律效果不同。受遗赠人到期不做出接受的意思表示，即视为放弃。而遗嘱继承人如不表示放弃，即视为接受。

三、案例分析

本案中，李乙是李甲的法定继承人，范某是非法定继承人，即受遗赠人。当李甲于 1987 年 6 月 10 日留下遗嘱时，范某就已知道舅父赠给自己名画，但没有做出任何明确表示是否接受遗赠，在以后的两个月内，也未明确表示，直到 1990 年才向李乙索要舅父的名画，显然已超过法定的期限，应视为范某自动放弃受遗赠。因为，我国《继承法》第 25 条第 2 款规定："受遗赠人应当在知道受遗赠后 2 个月内，做出接受或放弃受遗赠的表示。到期没有做出表示的，视为放弃遗赠。"第 27 条第 1 款规定："遗嘱继承人放弃继承或受遗赠人放弃受遗赠的，按法定继承办理。"因此，人民法院驳回范某的诉讼请求是正确的。

相关法规链接

《中华人民共和国继承法》

第 25 条　继承开始后，继承人放弃继承的，应当在遗产处理前，作出放弃继承的表示。没有表示的，视为接受继承。

受遗赠人应当在知道受遗赠后两个月内，作出接受或者放弃受赠的表示。到期没有表示的，视为放弃受遗赠。

第 27 条　有下列情形之一的，遗产中的有关部分按照法定继承办理：

（一）遗嘱继承人放弃继承或者受遗赠人放弃受遗赠的；

（二）遗嘱继承人丧失继承权的；

（三）遗嘱继承人、受遗赠人先于遗遗嘱人死亡的；

（四）遗嘱无效部分所涉及的遗产；

（五）遗嘱未处分的遗产。

第五节 遗赠扶养协议

案例 3-5 遗赠扶养案

韩某中年丧夫，膝下只有一子。儿子大学毕业后分配在外地工作，从此极少回家。韩某年高无靠，多次催儿子调回，但遭到拒绝。无奈，韩某与侄子郭某签订了遗赠扶养协议：由郭某照顾韩某的生活，韩某死后将现居住的两套房赠给他。此后，郭某一直照顾韩某直至其因病去世。但韩某之子却拒绝将房屋交给郭某，声称自己是惟一的合法继承人，应继承韩某的全部财产。郭某起诉到法院要求交付房屋。

讨论题

1. 什么是遗赠扶养协议？
2. 遗赠扶养协议的效力任何？
3. 郭某的请求能否得到法院的支持？

一、遗赠扶养协议的概念和特征

遗赠扶养协议是指遗赠人与法定继承人以外的公民个人或集体组织之间订立的有关遗赠和扶养关系的协议。

按照遗赠扶养协议，扶养人承担遗赠人的生养死葬的义务，同时享有在遗赠人死后接受遗赠的权利。遗赠扶养协议实际上是一种权利和义务相一致的，扶养与遗赠结合起来的具有平等、协商、有偿、互利的双务合同关系，体现了继承法中的保护老人合法权益的立法精神，是发扬尊老爱幼、扶助病残的优良传统，促进社会主义精神文明建设的体现。

二、遗赠扶养协议的效力

遗赠扶养协议是遗赠人与扶养人自愿达成的协议，是有偿合同性质的双方法律行为，只要扶养人依据协议约定履行了义务即享有受遗赠的权利。根据《继承法》第 5 条及最高人民法院《关于贯彻执行〈中华人民共和国继承法〉若干问题的意见》第 5 条的规定，被继承人生前与他人订有遗赠扶养协议，同时又立有遗嘱的，继承开始后，如果遗赠扶养协议与遗嘱没有抵触，遗产分别按协议和遗嘱处理，如果有抵触，按协议处理，与协议抵触的遗嘱全部或部分无效。

三、案例分析

我国《继承法》第 31 条第 1 款规定："公民可以与扶养人签订遗赠协议，扶养人承担该公民生养死葬的义务，享有受遗赠的权利。"本案中，郭某履行了对韩某的生养死葬的义务，便有权取得韩某遗赠的房子。韩某之子虽然是惟一合法继承人，但因韩某与郭某签订了遗赠扶养协议，根据《继承法》第 5 条的规定："继承开始后，按照法定继承办理；有遗赠扶养协议的，按照协议办理。"对韩某遗留的房子的处理，应当依法按照遗赠扶养协议办理，由郭某继承房屋。

相关法规链接

《中华人民共和国继承法》

第 5 条　继承开始后，按照法定继承办理；有遗嘱的，按照遗嘱继承或者遗赠办理；有遗赠扶养协议的，按照协议办理。

第 31 条　公民可以与扶养人签订遗赠扶养协议。按照协议，扶养人承担该公民生养死葬的义务，享有受遗赠的权利。

公民可以与集体所有制组织签订遗赠扶养协议。按照协议，集体所有制组织承担该公民生养死葬的义务，享有受遗赠的权利。

思考题

1. 简述转继承的概念及、转继承与代位继承的区别。
2. 简述遗嘱的变更、撤销和执行。
3. 简述继承权的接受、放弃和丧失。

第四章　合　同　法

合同是产生私法上权利义务的重要依据，合同法充分体现了当事人意思自治原则。在不违反法律和公共利益的前提下，法律保障当事人享有充分的合同自由，以适应市场经济对法律调整的要求。在价值取向上，合同法既注重提高经济效率，促进生产力发展，又注重维护社会公益和市场经济的道德秩序；既体现现代化市场经济对交易便捷的要求，力求简便和迅速，又不因此损及交易安全。它确立了市场经济的基本交易原则，因此是一部非常重要的民事法律。通过本章的教学使学生基本掌握合同的基本原理，并灵活运用，以适应市场经济对人们在合同操纵方面的要求。

第一节　合　　同

案例 4-1　买卖合同纠纷

甲企业与乙企业达成口头协议，由乙企业在半年之内供应甲企业 50 吨钢材。三个月后，乙企业以原定钢材价格过低为由要求加价，并提出如果甲企业表示同意，双方立即签订书面合同；否则，乙企业将不能按期供货。甲企业表示反对，并声称，如乙企业到期不履行协议，将向法院起诉。

讨论题

1. 合同的概念和特征？
2. 合同法的基本原则？
3. 合同的形式？
4. 本案中，双方当事人签订的合同有无法律效力？

一、合同的概念和特征

1. 合同的概念

合同是平等主体的自然人、法人、其他组织之间设立、变更、终止民事权利义务关系的协议。《合同法》规定，婚姻、收养、监护等有关身份关系的协议，适用其他法律的规定。

2. 合同的法律特征

合同具有如下法律特征：

（1）合同是当事人协商一致的产物，是两个以上的意思表示相一致的协议。“协议”一词在民法中有时作为合同的同义语。

（2）合同在本质上属于合法行为，只有在合同当事人所做出的意思表示是合法的情况下，合同才具有法律约束力。

（3）合同的主体是民事主体，包括平等主体的自然人、法人和其他组织。

“自然人”包括具有中国国籍的自然人、具有外国国籍的自然人以及无国籍的自然人。

“法人”是具有民事权利能力和民事行为能力，依法独立享有民事权利和承担民事义务的组织。

“其他组织”是指那些不具备法人资格的单位团体，在我国主要有企业法人所属的分支机构，从事经营活动的非法人事业单位和科技性社会团体，非法人联营企业，等等。

（4）合同的内容是有关设立、变更、终止债权债务关系的规定。“债权债务关系”是指合同当事人之间因债权债务而发生的社会关系，这种关系的主体是合同当事人，客体是合同标的；内容是合同标的的给付和给付请求。“设立”是指债权债务关系的建立。“变更”是指有关债权债务关系的变化，如主体的变化、客体的变化、内容的变化。“终止”是指债权债务关系的消灭。

合同内容通过合同条款体现出来，合同条款包括当事人的名称、住所、标的、数量、质量、价款或者报酬、履行期限、履行地点和方式、违约责任、解决争议的方法，等等。

二、合同法的基本原则

合同法基本原则是合同立法的准则；解释和补充合同法的准则；解释、评价和补充合同的依据。具体原则有：

1. 合同自由原则

合同是两个以上当事人意思表示的合意。合意一经完成，合同宣告成立，当事人便受到合同的拘束。合同本质上就是当事人通过自由协商，决定其相互间权利义务关系，并根据其意志调整他们相互间的关系。

合同自由原则包括两个方面：

（1）确认当事人的合法的合意具有优先于法定的任意性规范适用的效力。

（2）尊重当事人在订立合同、确定合同内容和形式、确定违约责任等方面的选择自由。具体来说，当事人的选择自由表现在：第一，合同的订立方面，充分尊重当事人的意志自由；第二，在合同成立的效力认定方面，充分尊重当事人享有的合同自由，尽量减少政府不必要的行政干预；第三，在合同内容的确立方面，充分尊重当事人的意志自由；第四，在合同形式的确定方面，充分尊重当事人的意志自由；第五，在合同的变更和解除方面，充分尊重当事人的意志自由；第六，在违约责任方面，充分尊重当事人的意志自由。

2. 合同正义原则

合同正义，强调一方给付与对方给付之间的等值性；合同正义的另一重要内容为风险的合理分配。

合同自由和合同正义是合同法的基本原则，必须相互补充，彼此协力，才能充分实践合同法的机能。

3. 鼓励交易原则

合同法主要是调整交易关系的，其一般规则就是规范交易过程并维护交易秩序的基本规则，各类合同制度也是保护正常交换的具体准则。所以，鼓励交易自然成为合同法的基本原则。展开来说，第一，鼓励交易为促进市场发展所必需；第二，鼓励交易是提高效率，增加社会财富的手段；第三，鼓励交易与维护合同自由、实现合同当事人意志和订约目的是密切联系在一起的。

三、合同的形式

我国按照符合交易安全与交易便捷的要求设计合同的形式，法律兼采要式与不要式的原则。对某些重要的、关系复杂的合同强调书面形式，其他合同采取何种形式，则由当事人决定。

1. 口头形式

口头形式是指当事人只用语言为意思表示订立合同，而不用文字表达合同内容的形式。口头形式简便易行，在日常生活中经常被采用。集市的现货交易、商店里的零售等一般都采用口头形式。合同采取口头形式，毋须当事人特别指明。凡当事人无约定、法律未规定须采用特定形式的合同，均可采用口头形式。但发生争议时当事人必须举证证明合同的存在及合同关系的内容。合同采取口头形式并不意味着不能产生任何文字的凭证。但这类文字材料只能视为合同成立的证明，不能作为合同成立的要件。口头形式的缺点是发生合同纠纷时难以取证，不易分清责任。所以，对于不能即时履行的合同和标的数额较大的合同，不宜采用这种形式。

2. 书面形式

书面形式是指以文字表现当事人所订合同内容的形式。合同书以及任何记载当事人要约、承诺和权利义务内容的文件，都是合同的书面形式的具体表现。《合同法》第 11 条规定："书面形式是指合同书、信件以及数据电文（包括电报、电传、传真、电子数据交换和电子邮件）等可以有形地表现所载内容的形式。"书面合同必由文字凭据组成，但并非一切文字凭据都是书面合同的组成部分。成为书面合同的文字凭据，必须符合以下要求：有某种文字凭据，当事人或其代理人在文字凭据上签字或盖章，文字凭据上载有合同权利义务内容。

3. 推定形式

当事人虽未用语言、文字表达其意思表示，但用实际行为向对方发出要约，对方接受该要约，做出一定或指定的行为作承诺，合同成立。这样的合同形式就是推定形式。

四、案例分析

依据《合同法》第 10 条的规定，当事人订立合同可以采用口头形式，但法律、行政法规规定采用书面形式的，应当采用书面形式。买卖合同在《合同法》上属于不要式合同，不采取书面形式对买卖合同效力没有影响。依据《合同法》第 44 条的规定，依法成立的合同，自成立之时起生效。本案中双方当事人之间的买卖合同属于生效的买卖合同，双方当事人理应按照《合同法》的合同必须严格遵守的规则，履行自己的合同义务。

相关法规链接

《中华人民共和国合同法》

第 2 条　本法所称合同是平等主体的自然人、法人、其他组织之间设立、变更、终止民事权利义务关系的协议。婚姻、收养、监护等有关身份关系的协议，适用其他法律的规定。

第 3 条　合同当事人的法律地位平等，一方不得将自己的意志强加给另一方。

第 4 条　当事人依法享有自愿订立合同的权利，任何单位和个人不得非法干预。

第 5 条　当事人应当遵循公平原则确定各方的权利和义务。

第 6 条　当事人行使权利、履行义务应当遵循诚实信用原则。

第 10 条　当事人订立合同，有书面形式、口头形式和其他形式。法律、行政法规规定采用书面形式的，应当采用书面形式。当事人约定采用书面形式的，应当采用书面形式。

第 11 条　书面形式是指合同书、信件和数据电文（包括电报、电传、传真、电子数据交换和电子邮件）等可以有形地表现所载内容的形式。

第 44 条　依法成立的合同，自成立时生效。

法律、行政法规规定应当办理批准、登记等手续生效的，依照其规定。

第二节　合 同 条 款

案例 4-2　合同成立的确立

1990 年至 1992 年间，A 厂多次向 B 厂供应毛条，累计价款 1 194 万余元。双方每次供货、提货时，均记载了毛条的数量和价款，但始终未签订书面购销合同，也未约定付款的具体期限。其间，A 厂曾多次向 B 厂催收部分货款，但双方间供、提毛条的业务仍在继续进行；B 厂在提货时也曾多次向 A 厂支付过部分货款。至 1994 年 2 月，两厂间仍有 5 905 968. 05 元货款未结清。A 厂提出清偿全部货款及利息的主张，但遭拒绝，遂向法院提起诉讼。

讨论题

1. 合同的条款的概念和种类？
2. 该案依法怎样判决？

一、合同条款的概念和种类

当事人依程序订立合同，意思表示一致，便形成合同条款，构成作为法律行为的合同内容。合同条款规定了当事人各方的权利义务，成为法律关系意义上的合同的内容。合同条款的种类有：

1. 合同的提示性条款

《合同法》第 12 条规定，合同一般包括当事人的名称和住所、标的、数量、质量等八项条款，这就是合同的提示性条款，这些条款中有的是合同必备条款，有的是非必备条款。它包括：

(1)“当事人的名称或者姓名和住所”，是指自然人的姓名、住所以及法人和其他组织的名称、住所。自然人的姓名指经户籍登记管理机关核准登记的正式用名。自然人的住所是指自然人长期生活和活动的主要处所。法人、其他组织的名称是指经登记主管机关核准登记的名称，如公司必须以营业执照上的名称为准。法人和其他组织的住所是指它们的主要办事机构所在地。

(2)"标的"，是指合同当事人权利和义务共同指向的对象。标的既可以是物，包括实物或者货币，如买卖合同的标的(或买卖合同的标的物)是出卖物，借款合同的标的是货币；也可以是行为，包括某项工程或者劳务，如建设工程合同的标的是工程；标的还可以是智力成果，如技术转让合同的标的是技术成果。

(3)"数量"，是指衡量合同当事人权利义务大小的尺度，是以数字和计量单位来表示的尺度。以物为标的的合同，其数量主要表现为一定的长度、体积或者重量；以行为为标的的合同，其数量主要表现为一定的工作量；以智力成果为标的的合同，其数量主要表现为智力成果的多少、价值。

(4)"质量"，是指检验标的内在素质和外观形态优劣的标志。国家对质量规定了许多标准，此外，当事人还可以自行约定质量标准。

(5)"价款"，是指以物或者货币为标的的有偿合同中取得利益的一方当事人作为取得利益的代价而应向对方支付的金钱，如买卖合同中的价金、租赁合同中的租金、借款合同中的利息等。"报酬"，指以行为为标的的有偿合同中取得利益的一方当事人作为取得该利益的代价而应向对方支付的金钱，如建设工程合同中的工程费、保管合同中的保管费、运输合同中的运费等。

(6)"履行期限"，是指当事人履行合同和接受履行的时间。履行期限有履行期日和履行期间两种。履行期日是指履行时间为不可分或者视为不可分的特定时间，如在某年某月某日履行。履行期间指履行时间为一个时间区间，往往有始期和终期之分，如从某月某日至某月某日履行合同或者在某日之前或者之后履行。根据履行期限的不同，合同履行可分为即时履行、定时履行、分期履行。

(7)“履行地点”,是指合同当事人履行合同与接受履行的地方。履行地点的确定具有重要意义,它有时是确定标的验收地点的依据,有时是确定运费由谁负担、风险由谁承担的依据,有时是确定标的物所有权转移的依据。

(8)“履行方式”,是指当事人履行合同与接受履行的方式,包括交货方式、实施行为方式、验收方式、付款方式、结算方式,等等。

(9)“违约责任”,是指合同当事人不履行合同义务或者履行合同义务不符合约定而应承担的民事责任,它以支付违约金和损失赔偿金为主要承担责任方式。

2. 合同的主要条款

合同的主要条款,是指合同必须具备的条款,没有它合同就不成立,决定着合同的类型,确定着当事人各方的权利义务。不过,由当事人约定而形成的主要条款一般不能决定合同的类型。《合同法》第12条规定的合同条款中,当事人条款和标的条款是主要条款。已被废止的《经济合同法》第12条规定的合同条款其实不全是主要条款。

合同的主要条款,有时是法律直接规定的。当法律直接规定某种特定合同应当具备某些条款时,这些条款就是主要条款。例如,《合同法》要求借款合同应有借款币种的条款(第197条第2款),币种属于借款合同的主要条款。

合同的主要条款当然由合同的类型和性质决定。按照合同的类型和性质的要求,应当具备的条款,就是合同的主要条款。例如,价款条款是买卖合同的主要条款,却不是赠与合同的主要条款。

合同的主要条款也可以由当事人约定产生。例如,买卖合同中关于交货地点的条款,如一方提出必须就该条款达成协议,它就是主要条款;若双方均未提出必须在某地交货,则该条款不是主要条款。

3. 合同的普通条款

普通条款,是指合同中不是必须具备的条款,即使合同不具备这些条款也不应当影响合同的成立，如有关履行期限、数量、质量等条款在缺少这些条款情况下，完全可以根据《合同法》第61条、第62条的规定填补漏洞。

二、案例分析

本案中，A、B两厂之间，对双方自1990年至1992年间存在着意思表示真实、内容合法，所供标的物及标的数量、价款记载一致的口头购销毛条的事实均予以认可。双方虽未以书面形式签订购销毛条的合同，也未就毛条的供货时间、付款方式、供货方式等做出约定，但因双方对所供标的、标的数量等均无异议，故根据《经济合同法》第9条的规定，已具备了合同成立的必备条款，且双方对购销毛条及数量、价款等意思表示是一致的，因此，应认定双方口头购销毛条的合同成立。双方虽未就合同的付款期限做出约定，但并不影响该合同的成立。A、B两厂可在履行合同中，就付款的期限，通过再次协商的方式弥补不足。如双方协商不成，A厂仍可依照我国《民法通则》第88条第2款第2项之规定，随时向付款义务人B厂主张权利，要求清偿。法院依法应判决B厂及时付清未结的货款及延期付款的利息。

相关法规链接

《中华人民共和国合同法》

第12条　合同的内容由当事人约定，一般包括以下条款：

（一）当事人的名称或者姓名和住所；

（二）标的；

（三）数量；

（四）质量；

（五）价款或者报酬；

（六）履行期限、地点和方式；

（七）违约责任；

（八）解决争议的方法。当事人可以参照各类合同的示范文本订立合同。

第61条　合同生效后，当事人就质量、价款或者报酬、履行地点等内容没有约定或者约定不明确的，可以协议补充；不能达成补充协议的，按照合同有关条款或者交易习惯确定。

第三节　合同撤销

案例4-3　二手车买卖欺诈案

蒋某通过上网查询到吴某发布的出售二手“红旗”小轿车的交易信息，遂与之联系，双方经过协商，最后签订了《购车协议书》，以4万元的价格达成交易。后来蒋某发现吴某出售给自己的车曾经做过出租车，而该类车辆依有关车辆报废标准的规定，使用年限为8年，蒋某所购车辆已达到年限，在2006年会依法强制报废。

讨论题

1. 可撤销合同的概念和法律特征？
2. 可撤销合同的原因？
3. 撤销权及其行使？
4. 本案如何处理？

一、合同撤销的概念和特征

1. 合同撤销的概念

合同的撤销，是指因意思表示不真实，通过撤销权人行使撤销权，使已经生效的合同归于消灭。存在撤销原因的合同叫可撤销的合同。

2. 合同撤销的特征

（1）从撤销的对象看，是意思表示不真实的合同，如因重大误解而成立的合同,因欺诈而成立的合同,因胁迫而成立的合同等。我国现行法把因欺诈、胁迫而成立的合同一分为二,将其中具有“损害国家利益”特点的作为无效的对象,相对于传统民法而言,缩小了可撤销的范围。

(2) 合同的撤销,要由撤销权人行使撤销权来实现。但撤销权人是否行使撤销权由他自己决定。这是它与合同无效的不同点。

(3) 撤销权不行使,合同继续有效;撤销权行使,合同自始归于无效。

二、可撤销合同的原因

1. 欺诈

欺诈是指以使他人陷于错误并因此为意思表示为目的,故意陈述虚伪事实或者隐瞒真实情况的行为。

2. 胁迫

所谓胁迫,是以将来要发生的损害或以直接诱因加损害相威胁,使对方产生恐惧并因此而订立合同。

3. 乘人之危

所谓乘人之危,是指行为人利用他人的危难处境或紧迫需要强迫对方接受某种明显不公平的条件并做出违背其真实的意思表示。乘人之危的合同应具备如下要件:

(1) 一方乘对方危难或急迫之际逼迫对方。

(2) 受害人出于危难或急迫而订立了合同。

(3) 不法行为人所取得的利益超出了法律允许的限度。

4. 重大误解

重大误解,是指行为人做出意思表示时,对涉及合同法律效果的重要事项存在着认识上的显著缺陷,其后果是使行为人受到较大的损失,以至于根本达不到缔约目的。

5. 显失公平

显失公平,是指双方当事人的权利义务明显不对等,使一方遭受重大不利。一方当事人利用优势或者对方没有经验，致使双方的权利与义务明显违反等价有偿原则的，可以认定为显失公平。

三、撤销权及其行使

撤销权，是指撤销权人依其单方的意思表示使合同等法律行为溯及既往地消灭的权利。

我国现行法律要求撤销权人通过诉讼方式，请求人民法院或仲裁机构予以变更或者撤销。当事人请求变更的，人民法院或者仲裁机构应当予以变更，不得撤销。从理论上讲，合同和其他法律行为的变更涉及双方当事人权利义务的改变，不经过当事人的协商同意，直接由法院或者仲裁机构决定，既与意思自治原则相悖，又容易出现不合理的结果。

撤销权必须在除斥期间内行使。该除斥期间为1年。其起算点应当是自撤销权人知道或应当知道撤销事由之日。

四、案例分析

在本案中，出卖方故意隐瞒了影响车辆交易价格的重要的车辆事实情况，导致买方在不知情的情况下购买了该车，其行为具有明显的欺诈性质，蒋某可以请求法院对该合同的价格等予以变更；也可以请求撤销该合同，要求吴某返还购车款，同时可以要求赔偿自己由此受到的损失。

相关法规链接

《中华人民共和国合同法》

第52条　有下列情形之一的，合同无效：

（一）一方以欺诈、胁迫的手段订立合同，损害国家利益；

（二）恶意串通，损害国家、集体或者第三人利益；

（三）以合法形式掩盖非法目的；

（四）损害社会公共利益；

（五）违反法律、行政法规的强制性规定。

第54条　下列合同，当事人一方有权请求人民法院或者仲裁机构变更或者撤销：

（一）因重大误解订立的；

（二）在订立合同时显失公平的。

一方以欺诈、胁迫的手段或者乘人之危，使对方在违背真实意思的情况下订立的合同，受损害方有权请求人民法院或者仲裁机构变更或者撤销。

当事人请求变更的，人民法院或者仲裁机构不得撤销。

第四节　违 约 行 为

案例4-4　借贷合同纠纷案

甲公司为开发新项目，急需资金，遂于2000年3月12日向乙公司借钱15万元。双方谈妥，乙公司借给甲公司15万元，借期6个月，月息为银行贷款利息的1.5倍，至同年9月12日本息一起付清，甲公司向乙公司出具了借据。甲公司因新项目开发不顺利，未盈利，到了9月12日无法偿还欠乙公司的借款。某日，乙公司向甲公司催促还款无果，但得到一信息，某单位曾向甲公司借款20万元，现已到还款期，某单位正准备还款，但甲公司让某单位不用还款。于是，乙公司向法院起诉，请求甲公司以某单位的还款来偿还债务，甲公司辩称该债权已放弃，无法清偿债务。

讨论题

1. 什么是违约行为、违约行为的特点？
2. 违约行为的形态？
3. 甲公司的行为是否构成违约？为什么？
4. 乙公司是否可针对甲公司的行为行使撤销权？为什么？

一、违约行为的概念及其特点

1. 违约行为的概念

违约行为是指合同当事人违反合同义务的行为，我国合同法采用了“当事人一方不履行合同义务或者履行合同义务不符合约定的”表述来阐述违约行为的概念。

2. 违约行为的特点

（1）违约行为的主体是合同关系的当事人。违约行为仅限于合同关系的当事人，也就是违约行为的主体具有特定性。这一特点从根本上说，是由合同的相对性原则决定的。根据合同的相对性原则，只有合同当事人才有可能构成违约，而第三人的行为不构成违约行为。

（2）违约行为是以有效的合同关系的存在为前提的。也就是说，在违约行为发生时当事人已经受到有效合同关系的拘束。如果合同关系不存在，则不可能发生违约行为，任何一方当事人也不能基于合同请求另一方承担违约责任。

（3）违约行为在性质上违反了合同义务。合同义务主要是由当事人通过协商而约定的，但法律为维护公共秩序和交易安全，也为当事人设定了一些必须履行的义务。尽管这些义务大多具有任意性特点，但对确定当事人义务也具有重要意义。尤其应看到，自20世纪特别是第二次世界大战以来，大陆法系的判例和学说，依据诚实信用原则提出了附随义务的概念。附随义务是合同当事人依据诚实信用原则所产生的，根据合同的性质、目的和交易习惯所应当承担的通知、协助、保密等义务。此种义务虽附随于主给付义务，但违反这种义务也会产生违约责任。例如，违反使用方法的告知义务致使他人受到损害，亦应负损害赔偿责任。可见，违约行为都在不同程度上导致了对合同义务的违反。

（4）违约行为在后果上导致了对合同债权的侵害。违约行为不同于侵权行为的一个重要特点在于，侵权行为是对绝对权（如物权、人身权）的侵害，而违约行为则是对相对权即合同债权的侵害。由于债权是以请求权为核心的，债权的实现有赖于债务人切实履行其合同义务，债务人违反合同义务必然会使债权人依据合同所享有的债权不能实现。所以，任何违约行为都导致了对债权人的债权的侵害。

二、违约行为的形态

所谓违约行为形态，是指根据违约的行为违反义务的性质、特点而对违约行为作出的分类。一般来说，可以根据履行期限是否届满而将违约行为区分为预期违约和实际违约两种类型。

1. 预期违约

预期违约也称为先期违约，是指在履行期限到来之前一方无正当理由而明确表示其在履行期届满后将不履行合同，或者其行为表明其在履行期届满以后将不可能履行合同。预期违约具有如下特点：

(1) 预期违约是在履行期届满之前的违约；

(2) 预期违约侵害的是期待的债权而不是现实的债权；

(3) 预期违约在责任后果上与实际的违约责任是不同的。

2. 实际违约

在履行期限届满以后，当事人不履行或不完全履行合同义务的，将构成实际违约。实际违约行为具有如下几种类型：

(1) 拒绝履行。拒绝履行是指在合同期限届满以后，一方当事人无正当理由拒绝履行合同规定的全部义务。我国《合同法》第107条所提及的“一方不履行合同义务”就是拒绝履行的行为。

拒绝履行的特点是：一方面，一方当事人明确表示拒绝履行合同规定的主要义务。如果仅仅是表示不履行部分义务则属于部分不履行。另一方面，一方当事人拒绝履行合同义务无任何正当理由。在学理上通常认为，一方严重违反合同使另一方订约目的不能实现，或者造成期待利益的重大损失，此种根本违约行为也等同于拒绝履行行为。

(2) 迟延履行。迟延履行是指合同当事人的履行违反了履行期限的规定。履行迟延在广义上包括债务人的给付迟延和债权人的受领迟延，狭义上仅指债务人的给付迟延。我国《合同法》第 96 条规定的迟延履行采纳了广义的概念，因此，凡是违反履行期限的履行都可以称为迟延履行。

(3) 不适当履行。不适当履行是指当事人交付的标的物不符合合同规定的质量要求，也就是说履行具有瑕疵。我国合同法没有采取大陆法系的瑕疵担保责任，而认为不适当履行是一种独立的违约行为，违约当事人应当承担违约责任，而非违约方可以选择各种违约的补救方式维护其权利。根据我国《合同法》第 111 条的规定："质量不符合约定的，应当按照当事人的约定承担违约责任。对违约责任没有约定或者约定不明确，依照本法第 61 条的规定仍不能确定的，受损害方根据标的的性质以及损失的大小，可以合理选择要求对方承担修理、更换、重作、退货、减少价款或者报酬等违约责任。"这就是说，在不适当履行的情形下，如果合同对责任形式和补救方式已经做出了明确规定(如规定产品有瑕疵应当首先实行修理、替换)，则应当按照合同的规定确定责任。如果合同没有做出明确规定或者规定不明确，受害人可以根据具体情况，选择各种不同的补救方式和责任形式。可见，我国法律对瑕疵履行的受害人采取了各种方式进行保护。

在不适当履行行为中，有一种特殊的不适当履行行为即加害给付行为，是指债务人的不适当履行行为造成债权人的履行利益以外的其他损失。例如，因交付不合格的汽化炉而造成火灾，致使债权人受伤等。

加害给付具有如下特点：

第一，债务人的履行行为不符合合同的规定。这就是说，债务人虽然履行了合同，但履行不适当。

第二，债务人的不适当履行行为造成了债权人的履行利益以外的损害。所谓履行利益以外的其他利益，学理上又称为固有利益或维护利益，是指债权人享有的不受债务人和其他人侵害的现有财产和人身利益。例如交付的财产有缺陷，造成他人的人身伤害。交付财产属于履行利益，人身伤害属于履行利益以外的损失。

第三，加害给付是一种同时侵害债权人的相对权和绝对权的不法行为。

从上述分析可见，债权人享有的履行利益实际上是债权人享有的债权，而债权人享有的履行利益以外的其他利益，主要是债权人享有的绝对权，这两种权利分别受到合同法和侵权法的保护。由于加害给付的行为将同时构成违约行为和侵权行为，因此该行为同时侵犯了债权人的相对权和绝对权。但是这并不是说在出现加害给付行为以后，受害人可以同时请求加害人承担违约责任和侵权责任，而只能根据责任竞合的规定选择一种请求权，提出诉讼请求。

(4) 部分履行。所谓部分履行，是指合同虽然履行但履行不符合数量的规定，或者说履行在数量上存在着瑕疵。在部分履行的情况下，非违约方首先有权要求违约方依据合同规定的数量条款继续履行，交付尚未交付的货物、金钱，非违约方也有权要求违约方支付违约金。如果因部分履行造成了损失，非违约方有权要求违约方赔偿损失。由于在一般情况下，对部分不履行，债务人是可以补足的，因此不必要解除合同。如果因部分履行而导致合同的解除，则对已经履行的部分将要做出返还，从而会增加许多不必要的费用。所以，除非债权人能够证明部分履行已构成根本违约，导致其订约目的不能实现，否则一般不能解除合同。

(5) 其他不完全履行的行为。按照合同法的规定，债务人应当按照法律和合同的规定，全面、适当地履行合同。因此，当事人在履行合同时，除在标的、质量、数量、期限上符合法律和合同规定外，在履行的地点、方式等也应符合法律和合同的规定。因此，履行地点、方法等不适当，也属于违约行为。

三、案例分析

甲公司的行为已构成违约。甲公司与乙公司之间的借贷合同关系，系自愿订立，无违法内容，又有书面借据，是合法有效的。甲公司系债务人，负有按期清偿本息的义务。乙公司为债权人，享有按期收回本金、收取利息的权利。甲公司因新项目开发不顺利，不能如约履行清偿义务，构成违约。

乙公司可行使撤销权。请求法院撤销甲公司的放弃债权行为。债权人对于自己享有的债权，完全可以根据自己的意志，决定行使或者放弃。但是，当该债权人另外又属其他债权债务关系中的债务人时，如果他放弃债权的行为使他的债权人的权利无法实现时，他的债权人享有依法救济的权利。本案中，甲公司放弃对某单位享有的债权，表面上是处分自己的权益，但实际上却损害了乙公司的债权，依照我国合同法的规定，乙公司可以行使撤销权，撤销甲公司放弃债权的行为。

相关法规链接

《中华人民共和国合同法》

第 94 条　有下列情形之一的，当事人可以解除合同：

（一）因不可抗力致使不能实现合同目的；

（二）在履行期限届满之前，当事人一方明确表示或者以自己的行为表明不履行主要债务；

（三）当事人一方迟延履行主要债务，经催告后在合理期限内仍未履行；

（四）当事人一方迟延履行债务或者有其他违约行为致使不能实现合同目的；

（五）法律规定的其他情形。

第 111 条　质量不符合约定的，应当按照当事人的约定承担违约责任。对违约责任没有约定或者约定不明确，依照本法第六十一条的规定仍不能确定的，受损害方根据标的的性质以及损失的大小，可以合理选择要求对方承担修理、更换、重作、退货、减少价款或者报酬等违约责任。

第五节　违约责任

案例 4-5　合同履行中的违约责任

1987 年 7 月，T 市电视机厂因生产萧条，仓库闲置，故将该厂 1 号仓库租给相邻的 T 市纺织厂使用，双方于 1987 年 7 月 15 日签订了租赁合同。合同约定租期为一年半。履行期限从 1987 年 8 月初至 1989 年 2 月底，租金 53 000 元。租赁期间承租人负责仓库的保养，出租人负责修缮。双方均按约履行了合同，但到 1989 年 2 月底合同终止时纺织厂没有找到新仓库，也无力兴建，因而要求延长租期 3 个月。但 1989 年 1 月电视机厂拟用该仓库兴建一新车间，于是多次催告纺织厂重新找仓库，但纺织厂直到 1989 年 10 月才找到新库，迁出电视机厂，因此影响了电视机创新项目的上马，双方发生争议。电视机厂声称，纺织厂逾期不交还仓库属违约行为，应给付违约金，补交租金。纺织厂逾期迁出长达 8 个月又影响了电视机创新项目的上马，损失可得利益 17 万元，因而纺织厂应赔偿损失。纺织厂认为超合同期占用仓库补交租金合理，违约亦须交付违约金，但新项目推迟投产的损失不应由纺织厂全部负担。双方协商不成，电视机厂诉至法院。

讨论题

1. 违约责任以及特点？
2. 违约责任的构成要件？
3. 违约责任的主要形式？
4. 本案如何处理？

一、什么是违约责任

1. 违约责任的概念

违约责任也称为违反合同的民事责任，是指合同当事人因违反合同义务所承担的责任。合同一旦生效，即在当事人之间产生法律拘束力，当事人应按照合同的约定全面、严格地履行合同义务。任何一方当事人因违反合同所规定的义务均应承担违约责任。所以，违约责任是违反有效合同所规定的义务的后果。我国《合同法》第107条规定："当事人一方不履行合同义务或者履行合同义务不符合约定的，应当承担继续履行、采取补救措施或者赔偿损失等违约责任。"

2. 违约责任的特点

(1) 违约责任的产生以合同当事人不履行合同义务为条件。违约责任是以合同的有效存在为前提的，它与合同债务有密切联系，这表现在：一方面，债务是责任发生的前提，债务是因，责任是果，无债务则无责任，责任是债务不履行的后果。因此，只有在债务合法存在的情况下才能发生债务不履行的责任。如果债务关系本身不存在或被宣告无效、被撤销，则一般不发生违约责任问题。另一方面，违约责任是在债务人不履行债务时，国家强制债务人履行债务和承担法律责任的表现。也就是说，一旦债务人不履行债务，则债务在性质上转为一种强制履行的责任。强制履行从表面上看，仍是继续履行原债务，但实际上已不同于原债务，因为强制履行已不仅是对债权人的责任，它也是对国家应承担的责任。由此可见，责任与债务相比较，包含了一种国家的强制性。就是说，责任的实现并不以违约当事人的意思为转移，不论违约者是否愿意，均不影响违约责任的实现。可见，责任体现了强烈的国家强制性。正是由于责任制度的存在，才能有效地督促债务人履行债务，并在债务人不履行债务时，给予债权人充分的救济。

(2) 违约责任具有相对性。合同关系的相对性决定了违约责任的相对性。这种相对性是指违约责任只能在特定的当事人之间即合同关系的当事人之间发生。合同关系以外的人，不负违约责任，合同当事人也不对其承担违约责任。例如，甲、乙之间订立了买卖合同，在甲尚未交付标的物之前，该标的物被丙损毁，致使甲不能向乙交付该标的物，甲仍然应当向乙承担违约责任，而不得以标的物不能交付是因为第三人(丙)的侵权行为所致为由，要求免除其违约责任。

(3) 违约责任主要具有补偿性。违约责任的补偿性，是指违约责任旨在弥补或补偿因违约行为造成的损害后果。从违约责任的发展趋势来看，古代法曾允许对债务人的人身实施限制。现代民法则彻底废除了这种措施，而以损害赔偿作为违约责任的主要承担方式，并且特别强调当事人约定的赔偿金应具有补偿性质。我们认为，违约责任主要应体现补偿性。例如，约定的违约金或赔偿金不能过高，否则一方当事人有权要求法院减少数额。作为违约责任主要形式的损害赔偿，应当主要用于补偿受害人因违约所遭受的损失，而不能将损害赔偿变成为一种惩罚，也不能因违约方承担责任而使受害人获得额外的、不应获得的补偿。违约责任具有补偿性，从根本上说是民法的平等、等价原则的体现，也是商品交易关系在法律上的内在要求。根据平等、等价原则，在一方违约使合同关系遭到破坏，当事人利益失去平衡时，法律通过违约责任的方式要求违约方对对方当事人所遭受的损失给予充分的补偿，从而使双方的利益状况达到平衡。

当然，强调违约责任的补偿性不能完全否认违约责任所具有的制裁性。因为违约责任和其他法律责任一样，都具有一定的强制性，此种强制性也体现了一定程度的制裁性。在债务人不履行合同时，强迫其承担不利的责任，本身就体现了对违约行为的制裁。所以，债务的成立与履行，在一定程度上体现了债务人的意愿，但是违约责任则体现了强制性与制裁性。正是通过这种制裁性，使得这种责任能够有效地促使债务人履行债务，保证债权实现。

(4) 违约责任可以由当事人约定。尽管违约责任有明显的强制性特点，但仍有一定的任意性，即当事人可以在法律规定的范围内，对一方的违约责任作出事先的安排。

我国《合同法》第 114 条规定："当事人可以约定一方违约时应当根据违约情况向对方支付一定数额的违约金，也可以约定因违约产生的损失赔偿数额的计算方法。"此外，当事人还可以设定免责条款以限制和免除其在将来可能发生的责任。

二、违约责任的构成要件

违约责任的构成要件是指违约当事人应具备何种条件才应承担违约责任。这些要件主要包括：

1. 违约行为

违约行为是指合同当事人违反合同义务的行为，我国合同法采用了“当事人一方不履行合同义务或者履行合同义务不符合约定的”表述来阐述违约行为的概念。在学理上，违约行为也被称为不履行合同债务的行为。我国许多学者认为，违约就意味着不履行合同。但严格地说，违约与不履行的概念仍然是有区别的。一方面，不履行通常指一种独立的违约形态，从这个意义上说，不履行只是违约的一种形式。另一方面，不履行通常特指不给付或未依债务的本旨做出给付。而违约的概念则包括了违反各种法定的、约定的以及依诚实信用原则产生的义务。

2. 不存在法定和约定的免责事由

实际上，违约行为都具有客观性。它是指合同当事人的行为不符合约定的和法定的义务的一种状态，而并不包括当事人的主观过错。尤其应当指出的是，在违约行为发生以后，违约当事人并不是在任何情况下都应当承担违约责任。如果其具有法定的和约定的免责事由，则虽然其实施了违约行为，也不一定承担违约责任，所以，违约行为并不是违约责任的惟一构成要件。

三、违约责任的主要形式

1. 实际履行

实际履行也称为强制实际履行、依约履行、继续履行。作为一种违约后的补救方式，实际履行是指在一方违反合同时，另一方有权要求其依据合同的规定继续履行。我国《合同法》第 107 条规定，当事人一方不履行合同义务或者履行合同义务不符合约定的，应当承担继续履行等违约责任。我国《合同法》第 109 条和第 111

条针对金钱债务和非金钱债务两种情况中的实际履行问题也分别作出了规定。实际履行具有如下特点：

（1）实际履行是一种违约后的补救方式；

（2）实际履行的基本内容是要求违约方继续依据合同规定作出履行；

（3）实际履行可以与违约金、损害赔偿和定金责任并用，但不能以解除合同的方式并用。

2. 损害赔偿

损害赔偿又称为违约损害赔偿，是指违约方因不履行或不完全履行合同义务而给对方造成损失，依据法律和依据合同的规定应承担的赔偿损失的责任。我国《合同法》第 107 条规定，当事人一方不履行合同义务或者履行合同义务不符合约定的，应当承担赔偿损失等违约责任。违约损害赔偿具有如下特点：

（1）损害赔偿是因债务人不履行合同债务所产生的责任；

（2）损害赔偿原则上仅具有补偿性而不具有惩罚性；

（3）损害赔偿具有一定程度的任意性。当事人在订立合同时，可以预先约定一方当事人在违约时应向对方当事人支付一定的金钱；

（4）损害赔偿以赔偿当事人实际遭受的全部损失为原则。

3. 支付违约金

所谓违约金，是指由当事人通过协商预先确定的，在违约发生后作出的独立于履行行为以外的给付。我国《合同法》第 114 条规定："当事人可以约定一方违约时应当根据违约情况向对方支付一定数额的违约金。"可见，违约金具有如下特点：

（1）违约金是由当事人协商确定的；

（2）违约金的数额是预先确定的；

（3）违约金是一种违约后生效的责任方式；

（4）违约金的支付是独立于履行行为之外的给付。

4. 定金责任

所谓定金，指合同双方当事人约定的，为保证合同的履行，由一方预先向对方给付的一定数量的货币或其他代替物。

《合同法》第115条规定:“当事人可以依照《中华人民共和国担保法》约定一方向对方给付定金作为债权的担保。债务人履行债务后,定金应当抵作价款或者收回。给付定金的一方不履行约定的债务的,无权要求返还定金。收受定金的一方不履行约定的债务的,应当双倍返还定金。”

四、案例分析

本案中,纺织厂与电视机厂双方约定的标的物是仓库,而非生产车间,双方签约时,承租人不可能预见到其违约行为会给电视机厂带来新项目不能投产的损失。

法院受理此案后,认为纺织厂不按合同规定归还租赁物理应补交租金,并依法交纳违约金。双方签约时纺织厂不可能预见到其违约行为会给电视机厂造成新项目不能投产的损失,因而电视机厂要求赔偿可得利益损失的要求不予支持,做出判决:(1)纺织厂给付电视机厂违约金3 200元;(2)纺织厂补交1989年3月初至10月底的租金18 000元。

相关法规链接

《中华人民共和国合同法》

第107条　当事人一方不履行合同义务或者履行合同义务不符合约定的,应当承担继续履行、采取补救措施或者赔偿损失等违约责任。

第108条　当事人一方明确表示或者以自己的行为表明不履行合同义务的,对方可以在履行期限届满之前要求其承担违约责任。

第109条　当事人一方未支付价款或者报酬的,对方可以要求其支付价款或者报酬。

第112条　当事人一方不履行合同义务或者履行合同义务不符合约定的，在履行义务或者采取补救措施后，对方还有其他损失的，应当赔偿损失。

第114条　当事人可以约定一方违约时应当根据违约情况向对方支付一定数额的违约金，也可以约定因违约产生的损失赔偿额的计算方法。

约定的违约金低于造成的损失的，当事人可以请求人民法院或者仲裁机构予以增加；约定的违约金过分高于造成的损失的，当事人可以请求人民法院或者仲裁机构予以适当减少。

当事人就迟延履行约定违约金的，违约方支付违约金后，还应当履行债务。

第六节　定　　金

案例4-6　定金责任的承担

1992年12月1日，徐某与钟某协议将徐某的东风牌旧汽车作价1.5万元卖给钟，徐提出先交付3 000元定金，钟同意，遂交给徐3 000元，同时约定徐再跑一次长途运输后，将车交付给钟，钟再付给徐1.2万元，办理汽车过户手续。徐回来后，与钟一起去车辆管理所办理过户手续，车辆管理所告知该车已经报废，不得再转卖。钟向徐追索定金，徐不予返还，发生争执。钟以徐违约为由，起诉要求徐双倍返还定金。

审理中有不同意见：

第一种意见认为，本案汽车买卖合同因标的物汽车自始交付不能，致使合同没有成立。主合同没有成立，作为从合同的定金合同当然也没有成立。故对本案应以缔约过失原理，适用《民法通则》第61条规定，双方各自返还从对方取得的财产，被告只返还定金即可。

第二种意见认为，本案的汽车买卖合同因买卖标的物汽车报废而无法履行，导致合同无效，但作为该合同担保条款的定金合同并非无效，因被告一方的原因而不能履行合同，属于被告违约，故应适用定金罚则，被告应双倍返还定金。

讨论题

1. 定金的概念、种类及效力？
2. 定金合同成立的要件？
3. 定金与违约金的区别？
4. 定金与预付款的区别？
5. 本案应如何处理？

一、定金的概念、种类及效力

1. 定金的概念

定金是合同双方当事人一方为确保合同的履行而预先交付于他方的金钱或其他代替物。

2. 定金的种类

（1）成约定金。所谓成约定金是指定金为合同成立的要件，即因定金的交付，合同始告成立，这是德国法所采用的制度（《德国民法典》第 336 条）。

（2）证约定金。所谓证约定金是指以定金的交付作为合同成立的证据。这是罗马法所采用的制度，并为近代各国民法所沿用。

（3）违约定金。所谓违约定金是指以定金作为合同不履行的赔偿。即给付定金的一方不履行合同时，不得请求返还定金；接受定金的一方不履行合同时，应当加倍返还定金。我国《担保法》及《民法通则》即采取这一做法。

（4）解约定金。所谓解约定金是指以定金作为保留合同解除权的代价，即给付定金的一方得抛弃定金而解除合同；接受定金的一方得加倍返还定金而解除合同。日本民法典即采取此制度。

（5）立约定金。立约定金是指为保证正式合同的订立而于其订立前交付的定金。

3. 定金的效力

（1）证约效力。当事人一方交付定金后即发生证明主合同成立的效力。

（2）定金于合同履行后，应当返还或抵作价款。定金合同是为担保主合同履行的从合同，它不是主合同的组成部分，故定金不是债务人应当给付的部分。在合同履行后，给付定金的一方有权收回定金，接受定金的一方有返还的义务，也可抵作价款。在定金抵作价款时，实际上是一种抵消。

（3）丧失定金或双倍返还定金。丧失定金或双倍返还定金，又称为定金罚则，即交付定金的一方不履行债务时，无权要求返还定金；接受定金的一方不履行债务的，应双倍返还定金。

二、定金合同成立的要件

除应具备合同成立的一般要件外，还应当具备以下特殊要件：

（1）当事人一方必须向对方实际交付定金；

（2）当事人给付定金的数额必须符合法律的规定或当事人的约定；

（3）当事人交付定金的标的物必须为自己所有；

（4）定金合同以主合同的有效成立为其成立的必要前提；

（5）定金合同应采用书面形式。

三、定金与违约金的区别

（1）定金一般是于主合同履行前交付与成立的，而违约金是在合同履行过程中发生违约行为而产生并交付的。

（2）定金主要起担保作用，是担保的一种形式，而违约金是一种合同责任形式。

（3）定金有证约作用，而违约金无此作用。

（4）定金一般为当事人约定的，并且为一固定金额；而违约金既可以是当事人约定的，也可以是法律规定的，法律规定违约金比较常见，而且常常是按违约部分的标的额的一定比例确定的。

四、定金与预付款的区别

从时间上看，定金与预付款都是由一方先交付给对方的一定金额，但两者在性质上有重大区别：

（1）定金是一种担保手段，它本身不是主合同应支付货款的一部分，不是债的履行；预付款是一种支付手段，它属于债务履行的一部分。

（2）定金的双方当事人在不履行合同时，使用定金罚则，而预付款交付后，发生合同不履行的情况时，当事人并不因此而损失预付款或加倍返还的问题。

（3）定金有证约作用，而预付款无此作用。

五、案例分析

本案的定金合同已经具备了定金成立的一般要件，即定金合同成立的要约、承诺都符合法律要求，但是，在定金成立的特殊要件上，则只具备了四个要件，不具备定金所依附的主合同有效成立的要件，缺少了这样一个必要的前提要件，故定金合同没有有效成立。既然如此，就不能责令被告双倍返还定金，只能依照缔约过失责任原理，由被告返还所得定金即可。

相关法规链接

《中华人民共和国合同法》

第 115 条　当事人可以依照《中华人民共和国担保法》约定一方向对方给付定金作为债权的担保。债务人履行债务后，定金应当抵作价款或者收回。给付定金的一方不履行约定的债务的，无权要求返还定金；收受定金的一方不履行约定的债务的，应当双倍返还定金。

第 116 条　当事人既约定违约金，又约定定金的，一方违约时，对方可以选择适用违约金或者定金条款。

第七节　买 卖 合 同

案例 4-7　赵某卖房案

中学生赵某,15 周岁,身高 175 公分,但面貌成熟,像二十七八岁。赵某为了买一辆摩托车,欲将家中一套闲房卖掉筹购车款。后托人认识李某,与李某签订了购房合同,李某支付定金 5 万元,双方遂到房屋管理部门办理了房屋产权转让手续。赵某父亲发现此事后,起诉到法院。

讨论题

1. 买卖合同的概念和特点?
2. 买卖合同的效力?
3. 本案应如何处理?

一、买卖合同的概念和特点

1. 买卖合同的概念

买卖合同是出卖人转移标的物的所有权于买受人,买受人支付价款的合同。依约定应交付标的物并转移标的物所有权的一方称为出卖人,应支付价款的一方称为买受人。

2. 买卖合同的特点

(1) 买卖合同是一方当事人移转标的物的所有权,另一方当事人支付价款的合同。

(2) 买卖合同是双务合同,买卖合同的双方当事人在享有合同权利的同时,也要承担相应的义务。因此,买卖合同是典型的双务合同。

(3) 买卖合同是有偿合同。合同双方都负担相应的约定义务,在买卖合同中,出卖人所负担的交付标的物并转移其所有权于买受人的义务,与买受人所负担的支付价款的义务互为对价,因此,买卖合同是典型的有偿合同。

(4) 买卖合同是诺成合同。买卖合同自双方当事人意思表示一致之时起成立,并不以一方当事人标的物的交付或一定行为的进行作为合同的成立要件。因此,买卖合同为诺成合同。

(5) 买卖合同为不要式合同。除法律、行政法规另有规定外,当事人之间的买卖合同关系一般无须采用特定形式。因此,买卖合同为不要式合同。

二、买卖合同的效力

买卖合同的效力是指生效买卖合同所具有的法律效力。由于买卖合同是典型的双务有偿合同,一方当事人所负担的合同义务往往是对方当事人所享有的合同权利,所以买卖合同的对内效力可以通过双方当事人所负担的合同义务来体现。

1. 出卖人的义务

(1) 交付标的物并转移标的物的所有权于买受人。交付标的物并转移标的物的所有权于买受人是出卖人的主合同义务,它由两个方面的内容组成:其一为交付标的物;其二为转移标的物的所有权于买受人。

(2) 物的瑕疵担保义务。根据《合同法》第 153 条的规定,出卖人应当按照约定的质量要求交付标的物。出卖人提供有关标的物质量说明的,交付的标的物应当符合该说明的质量要求。这一义务被称为物的瑕疵担保义务。

(3) 权利的瑕疵担保义务。根据《合同法》第 150 条的规定,除非法律另有规定,出卖人就交付的标的物负有保证第三人不得向买受人主张任何权利的义务。这一义务称为出卖人权利的瑕疵担保义务。违反权利的瑕疵担保义务,出卖人应对买受人承担违约责任。

(4) 交付有关单证和资料。出卖人还应当按照约定或者交易习惯向买受人交付提取标的物的单证以外的有关单证和资料。

2. 买受人的义务

(1) 支付价款。支付价款是买受人的主要义务。买受人支付价款应按照合同约定的数额、地点、时间为之。

(2) 受领标的物。买受人有依照合同约定或者交易惯例受领标的物的义务，对于出卖人不按合同约定条件交付的标的物，如多交付、提前交付、交付的标的物有瑕疵等，买受人有权拒绝接受。

(3) 及时检验出卖人交付的标的物。根据《合同法》第 157 条、158 条的规定，买受人收到标的物时，有及时检验义务。

(4) 暂时保管及应急处置拒绝受领的标的物。在特定情况下，买受人对于出卖人所交付的标的物，虽可做出拒绝接受的意思表示，但有暂时保管及应急处置标的物的义务。这项义务属于买受人应负担的附随义务。

三、案例分析

因为当事人一方赵某年龄未满 16 周岁，不是以自己的劳动作为生活来源，是限制行为能力人。限制行为能力人不能实施重大的民事行为。房屋买卖属于重大民事行为，赵某不具备这种民事权利能力，无权处分房屋产权。因缔约主体资格不合格，导致该合同无效，加上赵某的父亲事后并未予以追认，所以该房屋买卖合同是无效合同。

相关法规链接

《中华人民共和国合同法》

第 130 条　买卖合同是出卖人转移标的物的所有权于买受人，买受人支付价款的合同。

第 150 条　出卖人就交付的标的物，负有保证第三人不得向买受人主张任何权利的义务，但法律另有规定的除外。

第 153 条　出卖人应当按照约定的质量要求交付标的物。出卖人提供有关标的物质量说明的，交付的标的物应当符合该说明的质量要求。

第157条　买受人收到标的物时应当在约定的检验期间内检验。没有约定检验期间的，应当及时检验。

第158条　当事人约定检验期间的，买受人应当在检验期间内将标的物的数量或者质量不符合约定的情形通知出卖人。买受人怠于通知的，视为标的物的数量或者质量符合约定。

当事人没有约定检验期间的，买受人应当在发现或者应当发现标的物的数量或者质量不符合约定的合理期间内通知出卖人。买受人在合理期间内未通知或者自标的物收到之日起两年内未通知出卖人的，视为标的物的数量或者质量符合约定，但对标的物有质量保证期的，适用质量保证期，不适用该两年的规定。

出卖人知道或者应当知道提供的标的物不符合约定的，买受人不受前两款规定的通知时间的限制。

第八节　租 赁 合 同

案例 4-8　房屋租赁案

2008年9月2日，某市市民王某与个体户刘某签订了房屋租赁合同，约定王某将其自有房屋3间租给刘某开办饭馆，租赁期限为2年，自2008年9月3日至2010年9月2日；每月由承租人刘某向出租人王某交纳租金4 500元，必须在每月1至3日内交纳，超过规定期限不交，王某有权收回房屋使用权；在房屋租赁期间，房屋的修缮费用由承租人承担；所租房屋只准承租人使用，不允许转租；此合同自签订之日起生效，如果有一方违约，违约方要付给对方违约金5 000元。合同签订后，王某即将出租的3间房屋腾出交与承租人刘某，刘某同时也向王某交纳了第一个月的房租4 500元。2009年1月，王某通知刘某准备将租赁房屋转让给赵某，刘某未表示异议，同年4月，王某与赵某办理了房产登记过户手续。2009年6月，承租人刘某由于在别处另开设了一处发廊，遂将其承租的3间房屋转给他的一个朋友郝某使用，郝某每月向刘某交纳租金5 000元。赵某得知此情况后，便找刘某交涉，要求刘某解除其与新承租人郝某的租赁关系，刘某以其房屋是租赁自王某，与赵某无关而置之不理。赵某只好诉至法院，要求收回房屋。

讨论题

1. 租赁合同的概念定义及法律特征？
2. 租赁合同的主要条款？
3. 本案如何处理？

一、租赁合同的概念和特征

1. 租赁合同的概念

我国《合同法》第 212 条规定，租赁合同是指出租人将租赁物交付承租人使用、收益，承租人支付租金的合同。交付租赁物的一方为出租人，接受租赁物的一方为承租人，被交付使用的财产即为租赁物，租金就是承租人向出租人交纳的使用租赁物的代价。

2. 租赁的特征

（1）租赁合同是转让财产使用权的合同，物的所有人对物享有占有、使用、收益、处分之权能，若物的所有人将其对物的四项权能全部转移，收取价款，这是买卖行为；若物的所有人或依法有使用权及收益权者将对物的使用权、收益权在一定时期内有偿转让，即为租赁。在租赁期内，承租人享有租赁物的使用权、收益权（根据《合同法》第 225 条的规定，承租人的收益权可依约排除），所有权依然归出租人享有，在租赁期满时，承租人应将租赁物返还给原主。

（2）租赁合同为双务有偿合同。在租赁合同中出租人负担使承租人为物之使用收益之义务，承租人负担支付租金之义务，其各自之义务即对方所享有的权利，故此合同为双务有偿合同。

（3）租赁合同在当事人之间既引起债权法律关系，又引起物权法律关系，即导致承租人获得物权性质的租赁权和先买权。租赁合同作为债权发生原因的一种，在当事人之间产生债权债务关系。同时，出租人与承租人之间还会产生物权法律关系。这种物权性质的法律关系表现在以下两个方面：一是在租赁合同存续期间，出租方不得将该租赁物再出租给第三人，即就同一物上只能设立一个租赁权；二是出租人租赁合同存续期间出售租赁物的行为不影响租赁合同的效力，承租人同买受人之间的租赁合同自买卖成交后继续有效，即买卖不破租赁。承租人的先买权是指出租人出卖其出租物时，在同等条件下，承租人有优先购买的权利。

二、租赁合同的主要条款

根据我国《合同法》第213条规定，租赁合同包括以下条款：

1. 租赁物的名称

租赁物即租赁合同的标的物，它是合同双方的权利义务指向的对象，是合同双方当事人权利、义务的核心。没有租赁物，租赁合同就无法付诸实施，它是租赁合同的必要条款。

2. 租赁物的数量和质量

数量和质量是交付财物的合同中的必备条款，只有在租赁合同中明确租赁物的数量和质量，出租人才能准确地履行交付租赁物的义务，承租人才能准确接受租赁物并妥善保管租赁物。

3. 租赁物的用途

租赁合同中约定租赁物的用途，对于双方当事人正常履行合同、合理确认双方的法律责任有着重要作用。合同中明确租赁物的用途，也可以使承租人按照承租物的性能正确合理地加以使用，避免使用不当而使承租物受到损失。

4. 租赁期限

财产租赁合同一般都要明确租赁期限，因为它决定了租赁物价值的回收，租金数额的确定问题。我国《合同法》规定，当事人约定的租赁期限不得超过20年。超过20年的，超过部分无效。租赁期限届满，当事人可以续订租赁合同，但约定的租赁期限自续订之日起不得超过20年。租赁期限6个月以上的，应当采用书面形式。当事人未采用书面形式，可视为不定期租赁。

5. 租金的支付期限和方式

租金是财产承租人依约因使用出租人财产而应当向出租人支付的费用。租金的约定，是合同应具备的重要条款，倘若没有租金条款，那将与借用合同无异，背离了租赁合同的有偿的基本特征。因此，租金的规定，是租赁合同与其他合同的主要区别。但并不是说有租金规定就必然是财产租赁合同。有些合同当事人为了规避法律，达到自己非法的目的，采取名为租赁实为买卖或其他合同的约定，在法律上就不应认定为租赁合同。

租金支付期限是承租人交纳租金的时间界限，完全是合同双方当事人自由约定的结果，但该条款一经确定，就成为承租人的一种强制性义务，倘若承租人未按期限交纳租金，那么承租人就应承担违约责任，同时出租人还有权解除合同。但在承租人有正当理由没有按期交纳或者虽无正当理由，但已征得出租方同意变更交纳期限、交纳方式的，不在违约之列。

6. 租赁物的维修

出租人是出租财产的所有人，一般情况下有义务保证承租人的使用，但合同约定由承租人进行维修、保养的也普遍存在。因此，租赁物的维修、保养应从合同中找出根据。通常情况下，出租人对合同标的物负有瑕疵担保责任，在因租赁物的使用性能不符约定要求时，出租人应当负责维修。属于平时日常的维修和保养，可由承租方负责。就是说，在承租期间，承租人有使租赁物处于完好状态及正常使用的义务，以保证租赁到期时依约将租赁物交还出租人。

三、案例分析

王某作为出租人，有权出卖被租赁的房屋，但应当在出卖之前的合理期限内通知承租人，承租人享有以同等条件优先购买的权利。所谓优先购买权的条件是：(1)出租人要出卖租赁房屋；(2)出卖行为必须发生于租赁期间；(3)承租人可以满足出租人与第三人所订买卖合同的条件；(4)承租人享有该权利的时间是在出租人所确定的合理期限内。

刘某明知王某将租赁房屋转让给赵某而未表异议，因此，当王某与赵某办理房产登记过户手续后，赵某与刘某之间形成出租人与承租人的法律关系。刘某未经出租人赵某的同意，将其承租的3间房屋转租给郝某，此转租行为是不合法的，赵某有权解除租赁合同，将3间房屋收回。

赵某有权要求刘某承担违约责任，因为王某与刘某有约定："所租房屋只准承租人使用，不允许转租，否则违约方要付给对方违约金5 000元。"

相关法规链接

《中华人民共和国合同法》

第212条　租赁合同是出租人将租赁物交付承租人使用、收益，承租人支付租金的合同。

第213条　租赁合同的内容包括租赁物的名称、数量、用途、租赁期限、租金及其支付期限和方式、租赁物维修等条款。

第215条　租赁期限六个月以上的，应当采用书面形式。当事人未采用书面形式的，视为不定期租赁。

第221条　承租人在租赁物需要维修时可以要求出租人在合理期限内维修。出租人未履行维修义务的，承租人可以自行维修，维修费用由出租人负担。因维修租赁物影响承租人使用的，应当相应减少租金或者延长租期。

第222条　承租人应当妥善保管租赁物，因保管不善造成租赁物毁损、灭失的，应当承担损害赔偿责任。

思考题

1. 简述合同的订立。
2. 简述合同的有效要件。
3. 简述双务合同履行中的抗辩权。

第二编

刑事法律制度

刑法是人类最古老的法律之一，随着阶级和国家的产生而产生。刑法是规定犯罪、刑事责任和刑罚的法律，是掌握政权的统治阶极为了维护本阶级政治上的统治和经济上的利益，根据其阶级意志，规定哪些行为是犯罪并应当负何种刑事责任，给予犯罪人何种刑事处罚的法律。

刑法有广义与狭义刑法之分。广义刑法是指一切规定犯罪、刑事责任和刑罚的法律规范的总和，包括刑法典、单行刑法以及非刑事法律中的刑事责任条款等；狭义刑法仅指刑法典，即《中华人民共和国刑法》。

学习刑法，可以帮助我们了解什么是犯罪、刑法中规定了哪些犯罪；什么是刑事责任；刑法中的刑罚有哪些。从而增强法律意识，更好地保护自身的合法权益，并积极地同犯罪作斗争。

第五章 刑法概述

我国现行《刑法》分为总则、分则和附则三个部分。其中总则、分则各分为一编。《刑法》的第一编是总则部分，共分为五章，主要规定了我国刑法制定的根据、任务和适用范围，以及关于定罪、量刑的一般原理、原则。第一章是“刑法的任务、基本原则和适用范围”；第二章是“犯罪”；第三章是“刑罚”；第四章是“刑罚的具体运用”；第五章是“其他规定”。

第一节 刑法的概念、任务及基本原则

案例 5-1 “二王”盗窃案

王甲和王乙到某富商的家中行窃，共窃取了价值约 4 万元的财物，经销赃后，赃款由二人平分。但王甲在行窃中瞒着王乙偷偷地把一个价值 0.8 万元的钻戒装入兜中据为己有。案发后，公安机关迅速侦破此案，后由检察院向法院提起了公诉。一审法院判决王甲 5 年有期徒刑，判决王乙 4 年有期徒刑。王甲不服，认为对其判决偏重，遂提起上诉。二审法院经审理后，驳回王甲的上诉，维持原判。

讨论题

如何看待本案中法院的判决？

一、刑法的概念

刑法是关于犯罪、刑事责任和刑罚的法律规范的总称。

刑法有广义和狭义之分，广义上的刑法是指一切有关规定犯

罪、刑事责任和刑罚的规范性文件。一般包括三种：

第一种是刑法典。它是专门地、系统地、全面地规定犯罪、刑事责任和刑罚的规范性文件，是狭义上的刑法。我国现行刑法典——《中华人民共和国刑法》(以下简称《刑法》)，是 1979 年 7 月 1 日第五届全国人民代表大会第二次会议通过，1981 年 1 月 1 日起施行，1997 年 3 月 14 日第八届全国人民代表大会第五次会议修订，1997 年 10 月 1 日施行的。在此之后，全国人民代表大会常务委员会主要是通过修正案的形式对刑法加以完善。

第二种是单行刑法。它是专门规定某种犯罪及其刑事责任、刑罚的规范性文件。

第三种是附属刑法。它是指民法、行政法、经济法等非刑事法律规范性文件中有关具体犯罪及其刑事责任、刑罚的条款。

狭义上的刑法被称为普通刑法，单行刑法和附属刑法被称为特别刑法。

二、刑法的任务

我国《刑法》第 2 条对刑法的任务作了明确的规定："中华人民共和国刑法的任务，是用刑罚同一切犯罪行为作斗争，以保卫国家安全，保卫人民民主专政的政权和社会主义制度，保护国有财产和劳动群众集体所有的财产，保护公民私有的财产，保护公民的人身权利、民主权利和其他权利，维护社会秩序、经济秩序，保障社会主义建设事业的顺利进行。"

因此，刑法的任务可以概括为：

(1) 保护国家安全，保卫人民民主专政的政权和社会主义制度；

(2) 保护国有财产和劳动群众集体所有的财产；

(3) 保护公民的私有财产、人身权利、民主权利和其他权利；

(4) 维护社会秩序、经济秩序，保障社会主义建设事业的顺利进行。

三、我国刑法的基本原则

刑法的基本原则是指刑法所固有的，贯穿于刑法始终，对刑事立法和刑事司法都具有指导和制约意义的根本性准则。我国《刑法》规定了如下几项基本原则：

1. 罪刑法定原则

罪刑法定原则，又称罪刑法定主义，其基本要求是“法无明文规定不为罪，法无明文规定不处罚”，即法律明文规定为犯罪行为的，依照法律定罪处刑；法律没有明文规定为犯罪行为的，不得定罪处刑。罪刑法定原则意味着什么行为是犯罪，对犯罪科处什么刑罚，都要预先由法律加以规定，否则就不存在犯罪和刑罚。

罪刑法定原则要求禁止类推。所谓类推，就是对刑法没有明文规定为犯罪的行为，可以比照刑法中最相类似的条文定罪判刑。罪刑法定原则还禁止溯及既往。所谓溯及既往，是指对于未经审判的行为或者判决尚未确定的行为适用审判时的法律，而不是适用行为时的法律。

2. 适用刑法人人平等原则

适用刑法人人平等原则，即对任何犯罪人，在适用刑事法律上一律平等，不允许任何人有超越法律的特权。该原则的基本要求包括：(1)对任何犯罪行为都要依法追究，任何人不得有超越法律的特权，在适用刑法的过程中不得因犯罪嫌疑人、被告人的社会地位或社会关系而给予不同的待遇；(2)在对犯罪人进行量刑过程中，应根据其所犯之罪的社会危害性及其有关情节，全面均衡，严格依法判处刑罚，不允许因特权的存在而使犯罪人逃脱惩罚。

3. 罪责刑相适应原则

罪责刑相适应原则，又称罪责刑相当原则，是指刑罚的轻重应当与犯罪分子所犯罪行和承担的刑事责任相适应。罪责刑相适应意味着所犯罪行的严重程度应与其所承担的刑事责任、所判处的刑罚相对称，重罪重罚，轻罪轻罚，罪刑相称，罚当其罪。适用刑罚，既要以犯罪行为和结果为根据，又要考虑犯罪分子的具体情况，包括他的一贯表现和罪后态度等，只有在全面考虑，综合分析的基础上，才能科学地确定整个犯罪案件的社会危害性程度，从而也才能真正贯彻罪责刑相适应原则。

四、案例分析

根据我国《刑法》第 5 条的规定："刑罚的轻重，应当与犯罪分子所犯罪行和承担的刑事责任相适应。"这就是我们常说的罪责刑相适应原则。该原则要求，犯多大的罪，就应承担多大的刑事责任，法院也应判处相应轻重的刑罚，做到轻罪轻罚，重罪重罚，罚当其罪，罪刑相称。本案中，王甲除了与王乙均分所得赃款外，还私自窃取了一枚价值 0.8 万元的钻戒，因而其盗窃数额明显高于王乙。法院在审理中考虑到二人盗窃数额的差异，故对二人作出了不同的量刑。王甲承担更重的刑事责任是理所当然的，这符合罪责刑相适应原则的要求。

相关法规链接

《中华人民共和国刑法》

第 3 条　法律明文规定为犯罪行为的，依照法律定罪处刑；法律没有明文规定为犯罪行为的，不得定罪处刑。

第 4 条　对任何人犯罪，在适用法律上一律平等。不允许任何人有超越法律的特权。

第 5 条　刑罚的轻重，应当与犯罪分子所犯罪行和承担的刑事责任相适应。

第二节　我国刑法的体系和适用范围

案例 5-2　驻外大使馆司机盗窃案

徐某，男，中国公民，我国驻 A 国大使馆的汽车司机。徐某先后利用驾车去机场接送外国人员、代表团成员的机会，在 A 国首都机场行李处多次进行盗窃，陆续窃得大量外币现钞、手表、照相机等财物，共折合人民币 20 万余元。

讨论题

徐某在 A 国实施的犯罪能否应依我国刑法论处？

一、我国刑法的体系

刑法的体系是指刑法的组成和结构，也就是刑法编章的构成和刑法规范的表现形式。我国现行《刑法》分为总则、分则和附则三个部分。其中总则、分则各分为一编，每编之下，又根据法律规范的性质和内容有次序地划分为章、节、条、款、项等层次。

《刑法》的第一编是总则部分，这部分主要规定的是我国刑法制定的根据、任务和适用范围，以及关于定罪、量刑的一般原理、原则。《刑法》的第二编是分则部分，这部分主要规定的是各种不同的具体犯罪行为的罪名，以及对各种犯罪行为确定的罪名规定了应当判处的相应的刑罚处罚。第三部分是附则。附则部分以一个条文规定了两项内容：一是修订后的《刑法》自 1997 年 10 月 1 日起施行；二是规定以往的单行刑法除有关行政处罚和行政措施的规定有效外，刑事规范失效或予以废止。

二、我国刑法的适用范围

刑法的适用范围又称刑法的效力范围，是指刑法在什么范围、对什么人、在什么时间内有效。

1. 各国刑法空间效力的一般规定

在刑法理论上，通常把刑法在什么地域范围内有效和对什么人适用的问题合并称为刑法的空间效力问题，即刑事管辖权问题。刑事管辖权是国家主权的一个组成部分，任何一个独立自主的国家，均会在其刑法中对刑法的空间效力即刑事管辖权问题作出明确规定。

由于各国政治经济条件的不同以及历史传统习惯的差异，在规定刑法的空间效力上所采用的原则也各不相同。概括起来有如下原则：

(1) 属地原则，即以地域为标准来判断刑法的适用范围，凡是在本国领域内犯罪，无论是本国人还是外国人，都适用本国刑法；反之，在本国领域外犯罪，则不适用本国刑法。

(2) 属人原则，即以行为人的国籍为标准来判断刑法的适用范围，凡是本国人犯罪，不论是在本国领域内还是在本国领域外，都适用本国刑法；反之，都不适用本国刑法。

(3) 保护原则，即以保护本国利益为标准来判断刑法的适用范围，凡是侵犯本国国家或者公民利益的犯罪，不论犯罪发生在本国领域内还是领域外，也不论犯罪的人是本国人还是外国人，都使用本国刑法；反之，则都不适用。

(4) 普遍管辖原则，即以保护国际社会的共同利益为标准，凡是发生国际条约所规定的侵犯国际社会共同利益的犯罪，不论犯罪发生在本国领域内还是领域外，也不论犯罪是本国人还是外国人，都适用本国刑法。

目前，各国大都采取以属地原则为主，兼采其他原则的主张，我国也不例外。

2. 我国《刑法》的地域效力

关于刑法在何地域范围内有效，我国《刑法》采用属地原则，即以地域为标准，凡是在中华人民共和国领域内犯罪，无论是本国人还是外国人，都适用我国《刑法》，法律有特别规定的除外。

中华人民共和国领域包括：领陆，即国境以内的陆地，包括地下的底层；领水，即国境以内的水域，包括内水、领海及其地下层；领空，即领陆、领水之上的空间。此外在我国的船舶、航空器内犯罪，也被认为是在我国领域内犯罪。

而“法律有特别规定”的情形则包括：(1)享有外交特权和豁免权的外国人在我国领域内犯有刑事责任的犯罪行为，通过外交途径解决；(2)在民族自治地方不能全部适用《刑法》规定的，可以制定变通或补充的规定的特别规定；(3)香港、澳门特别行政区基本法的特别规定。

3. 我国《刑法》对人的效力

我国《刑法》对人的效力，是指刑法对什么人有效。我国《刑法》对人的效力是按照中国公民和外国人（指外国籍人和无国籍人）在我国领域内犯罪或在我国领域外犯罪而分别加以规定的。

（1）对中国人的适用问题。我国公民在中国领域内犯罪的，除法律有特别规定的以外，都适用我国刑法。我国公民在中国领域外犯罪的，《刑法》第7条规定："中华人民共和国公民在中华人民共和国领域外犯本法规定之罪的，适用本法，但是按本法规定的最高刑为三年以下有期徒刑的，可以不予追究。中华人民共和国国家工作人员和军人在中华人民共和国领域外犯本法规定之罪的，适用本法。"

（2）对外国人的适用问题。外国人在我国领域内犯罪的，除享有外交特权和外交豁免权的以外，根据属地原则，均适用我国《刑法》。对于在我国领域外犯罪的外国人采用保护原则，即如果其犯罪行为危害到我国国家或公民的合法利益，其所犯之罪按犯罪地的法律也要受到处罚，并且其所犯之罪的法定刑必须是我国《刑法》规定的最低刑为3年以上有期徒刑的，该行为适用我国《刑法》。

4. 我国《刑法》的时间效力

我国刑法的时间效力，是指我国刑法的生效时间、失效时间和是否具有溯及既往的效力。

（1）刑法的生效，即刑法从什么时候开始发生法律效力。法律的生效时间有两种情况：一是从法律被批准或公布之日起施行；二是在公布一段时间后再行实施，一般有明确的法律规定生效时间。如我国《刑法》于1979年7月1日五届全国人大二次会议通过，1979年7月6日公布，并规定"自1980年1月1日起生效"，后经1997年3月14日八届全国人大五次会议修订、颁布，自1997年10月1日起施行（即生效）。

（2）刑法的失效，即刑法从什么时候开始不再具有法律效力。法律的失效一般也有两种情况：一种是由立法机关明确宣布废止，即新法公布后，在新法条文中或者在有关新法实施的法律中明文宣布，与新法相抵触的旧法即行废止或者失效。另一种是自然失效，即由于新法代替了同类内容的旧法，该旧法自然失去了效力；或者由于原有的立法特殊条件已经消失，这一法律也就自然失效。

（3）刑法的溯及力，即刑法生效后，对其生效之前未经审判或者判决尚未确定的行为是否适用的问题。如果予以适用，则具有溯及力；如果不予以适用，则没有溯及力。我国《刑法》第 12 条规定，中华人民共和国成立以后本法实施以前的行为，如果当时的法律不认为是犯罪的，适用当时的法律（从旧）；如果当时的法律认为是犯罪的，依照本法应当追诉的，按照当时的法律追究刑事责任（从旧），但是如果本法不认为是犯罪或者处刑较轻的，适用本法（从轻）。本法施行以前，依照当时的法律已经作出的生效判决，继续有效。可见，我国《刑法》在溯及力的问题上采用从旧兼从轻原则。

三、案例分析

根据我国刑法第 7 条的规定："中华人民共和国公民在中华人民共和国领域外犯本法规定之罪的，适用本法，但是按本法规定的最高刑为三年以下有期徒刑的，可以不予追究。中华人民共和国国家工作人员和军人在中华人民共和国领域外犯本法规定之罪的，适用本法。"

本案中，徐某系中国公民，并且属于国家工作人员，其实施的行为已经构成刑法所规定的盗窃罪，且盗窃数额特别巨大，依照我国《刑法》第 264 条规定，其法定最低刑为 10 年。因此，对于徐某的行为，能够适用我国刑法，追究其刑事责任。

相关法规链接

《中华人民共和国刑法》

第 6 条　凡在中华人民共和国领域内犯罪的，除法律有特别规定的以外，都适用本法。

凡在中华人民共和国船舶或者航空器内犯罪的，也适用本法。

犯罪的行为或者结果有一项发生在中华人民共和国领域内的，就认为是在中华人民共和国领域内犯罪。

第 7 条　中华人民共和国公民在中华人民共和国领域外犯本法规定之罪的，适用本法，但是按本法规定的最高刑为三年以下有期徒刑的，可以不予追究。

中华人民共和国国家工作人员和军人在中华人民共和国领域外犯本法规定之罪的，适用本法。

第 8 条　外国人在中华人民共和国领域外对中华人民共和国国家或者公民犯罪，而按本法规定的最低刑为三年以上有期徒刑的，可以适用本法，但是按照犯罪地的法律不受处罚的除外。

第 9 条　对于中华人民共和国缔结或者参加的国际条约所规定的罪行，中华人民共和国在所承担条约义务的范围内行使刑事管辖权的，适用本法。

思考题

1. 什么是罪刑法定？
2. 简述我国刑法的地域效力。

第六章　犯　　罪

犯罪是由刑法明文规定的，具有社会危害性、刑事违法性和应受刑罚处罚性的行为。理解犯罪应当重点关注其构成要件，包括犯罪客体、犯罪客观方面、犯罪主体及犯罪主观方面。

第一节　犯罪概述

案例 6-1　张某投毒案

张某(男)与王某(女)系夫妻关系，生有一女张甲(16 个月)。张某有外遇吴某，欲与其妻离婚，达到与吴某结婚的目的，其妻不同意。张某为达到与吴某结婚的目的，遂产生杀死王某的意图。张某知道其妻常与女儿一同吃饭。某日张某购得砒霜，欲毒死其妻，将毒物下在王某所食用的食物里后离家。王某在吃饭的时候，与女儿一同吃，结果王某和张甲双双中毒身亡。

讨论题

对王某和张甲的死亡，张某持何种心理态度？

一、犯罪的概念

按照我国《刑法》的规定："一切危害国家主权、领土完整和安全，分裂国家、颠覆人民民主专政的政权和推翻社会主义制度，破坏社会秩序和经济秩序，侵犯国有财产和劳动群众集体所有的财产，侵犯公民私人所有的财产，侵犯公民的人身权利、民主权利和其他权利，以及其他危害社会的行为，依照法律应当受刑罚处罚的，都是犯罪，但是情节显著轻微危害不大的，不认为是犯罪。"这是我国《刑法》对社会上各种各样的犯罪现象所作的概括，是我们认定犯罪、划分罪与非罪界限的基本依据。根据我国《刑法》关于犯罪概念的规定，犯罪行为具有以下三个基本特征：

1. 犯罪行为具有社会危害性

犯罪行为具有社会危害性，即犯罪是一种具有社会危害性的行为。这是犯罪最本质、最基本的特征，犯罪的本质就在于它危害了国家和人民的利益，危害了社会主义社会，而且这种危害性必须达到一定的程度，否则会因为情节显著轻微危害不大而不被认为是犯罪。

2. 犯罪行为具有刑事违法性

犯罪行为具有刑事违法性，即犯罪是违反刑法的行为。违法行为有各种各样的情况，违反的法律不同，违法行为的性质也不一样。犯罪也是一种违法行为，但不是一般的违法行为，而是违反刑事法律的行为。可见，只有当危害社会的行为触犯了刑律的时候，才能构成犯罪。行为的社会危害性是刑事违法性的基础；刑事违法性是社会危害性在刑法上的表现。只有当行为不仅具有社会危害性，而且违反了刑法，具有刑事违法性，才能被认定为犯罪。

3. 犯罪行为具有应受刑罚处罚性

犯罪行为具有应受刑罚处罚性。任何违法行为都要承担相应的法律后果，对于违反刑法的犯罪行为来说，则要承担接受刑罚处罚的法律后果。犯罪是适用刑罚的前提，刑罚是犯罪的法律后果。如果一个行为不应当受到刑罚处罚，也就意味着它不是犯罪。所以，应受刑罚处罚性也是犯罪的一个基本特征。

犯罪的以上三特征是紧密结合的。一定的社会危害性是犯罪最基本的属性，是刑事违法性和应受刑罚处罚性的基础。社会危害性如果没有达到违反刑法、应受刑罚处罚的程度，也就不构成犯罪。因此，这三个特征都是必要的，是任何犯罪行为都必须具备的。

二、犯罪构成

1. 犯罪构成的概念

犯罪构成与犯罪概念是两个既有密切联系又有区别的概念。犯罪概念是犯罪构成的基础,犯罪构成是犯罪概念的具体化。犯罪概念回答的是什么是犯罪?犯罪有哪些基本属性?犯罪构成则回答犯罪的成立必须具备哪些法定条件?

所谓犯罪构成,是指我国刑法所规定的,决定某一具体行为的社会危害性及其程度而成为该行为构成犯罪所必需的一切客观和主观要件的总和。任何一个犯罪构成都是包括诸多要件的,这些要件的总和就形成某种罪的犯罪构成。

2. 犯罪构成的要件

任何一种犯罪的成立都必须具备四个方面的构成要件,即犯罪客体、犯罪客观方面、犯罪主体及犯罪主观方面。

(1) 犯罪客体,是指刑法所规定的而为犯罪行为所侵犯的社会关系。社会关系是人们在生产和生活活动过程中所形成的人与人之间的相互关系。作为犯罪客体的社会关系不是一般的社会关系,而是我国刑法所保护的社会关系。它们一旦为犯罪行为所侵犯,就成为犯罪客体。犯罪客体是犯罪构成的必要要件。犯罪行为之所以具有社会危害性,首先是由犯罪侵犯的客体所决定的,一个行为不侵犯任何客体,不侵犯任何社会关系,该行为就不具有社会危害性,则不会构成犯罪。

根据社会关系的范围和性质不同,在刑法理论上,我们把犯罪客体分为三类,即一般客体、同类客体和直接客体。它们之间是一般与特殊、共性与个性的关系。犯罪的一般客体,又称犯罪的共同客体,是一切犯罪行为所共同侵犯的客体,即刑法所保护的社会关系整体。犯罪的同类客体,是某一类犯罪行为所共同侵犯的客体,即某一类犯罪行为所共同侵犯的、而为刑法所保护的社会关系,是一般客体的某一部分或某一个方面。犯罪的直接客体,是某一种犯罪行为所直接侵犯的客体,即某一特定犯罪行为所侵害的、而为刑法所保护的社会关系,是同类客体中的某一个具体的社会关系。

根据犯罪所侵犯的直接客体的数量不同，直接客体还可以分为简单客体和复杂客体。简单客体又称单一客体，是指一个犯罪行为仅仅侵犯一种具体的社会关系，即只有一个直接客体。复杂客体，又称复合客体，是指一个犯罪行为同时侵犯两种以上的具体社会关系。

（2）犯罪客观方面，是指犯罪活动的客观外在表现。行为人的犯罪活动可以分为两个方面：一是主观方面有意识、有意志的思维活动；二是将主观心理活动客观化，即表现为某种特定的犯罪行为，这就是犯罪的客观方面。犯罪客观方面的事实特征是多样化的，这可以归纳为危害行为，犯罪的时间、地点、方法以及危害结果，危害行为与危害结果之间的因果关系等。其中，危害行为是一切犯罪行为构成的必备要件，危害结果是绝大多数犯罪构成的必备要件，犯罪的时间、地点、方法仅仅是某些犯罪构成的必要要件。犯罪的客观方面是一切犯罪构成必备的基本要件，是行为人构成犯罪并进而承担刑事责任的客观基础，它在犯罪构成诸要件中占据核心地位。

一是危害行为。犯罪首先是人的一种危害行为，没有危害行为，或者没有以行为表现出来，而仅仅有思想活动，不可能危害社会，也就不可能构成犯罪。危害行为的表现形式是多种多样的，但它的基本形式只有两种，即作为和不作为。所谓作为，是积极的行为，是指犯罪人用积极的行为所实施的我国刑法所禁止的危害社会行为，即刑法禁止做而积极去做的情况。所谓不作为，是消极的行为，是指犯罪人有义务实施并且能够实施某种积极的行为而未实施的行为，即应该做且能够做而不去做的情况。不作为犯罪在客观方面需要具备三个条件：第一，行为人负有实施某种积极行为的义务，这是构成不作为犯罪的前提。特定义务一般有三个来源：一是法律明文规定的义务，二是职务上或业务上要求履行的义务，三是由行为人先行的行为而使法律所保护的某种利益处于危险状态所产生的义务。第二，行为人有履行特定义务的可能。如果行为人虽有某种特定义务，但由于某种原因而不具备履行该项义务的实际可能性，则不构成犯罪的不作为。第三，不作为犯罪侵犯了刑法所保护的社会关系。

二是危害结果。刑法上的危害结果是指危害行为给犯罪客体即刑法所保护社会关系所造成的损害。如杀人行为造成被害人死亡的结果；伤害行为造成被害人健康损害的结果，等等。我国刑法规定的犯罪，多数要求有实际的危害结果；但也有的并不要求发生实际的危害结果。只要实施了刑法分则条文规定的某种行为或者实施了具有发生某种严重后果的危险性行为即构成犯罪。

三是危害行为与危害结果之间的因果关系。一个人只能对自己的危害行为及其造成的危害结果承担刑事责任。因此，当危害结果发生时，要求行为人对该结果负责，就必须查明行为人所实施的危害行为与该结果之间具有因果关系。这种因果关系是在危害结果发生时要求行为人负刑事责任的必要条件。

四是犯罪的时间、地点和方法。任何犯罪行为都是在一定时间、一定地点、以一定方法或手段实施的。但是，多数犯罪构成并不以特定的时间、地点、方法、手段为要件的。因为时间、地点、方法和手段一般不能决定犯罪的危害性质。但对于某些犯罪行为而言，是否符合刑法规定的时间、地点、方法手段，决定着该行为是否具有社会危害性以及社会危害性的程度，直接关系着是否构成这些犯罪。在这种情况下，犯罪的时间、地点和方法就是构成犯罪的不可缺少的条件。

(3) 犯罪主体，是指实施危害社会的行为，依法应当负刑事责任的自然人和单位。犯罪主体可以区分为一般主体与特殊主体。一般主体，是指具有一般犯罪主体所要求的构成要件的自然人和单位。自然人一般犯罪主体，是指达到刑事责任年龄并具有刑事责任能力的人；单位一般犯罪主体，是指具有刑事责任能力的合法组织。特殊主体，是指除了具有一般犯罪主体所要求的构成要件外，还必须具有某些犯罪所要求的特殊身份作为其构成要件的自然人和单位。

一是自然人犯罪主体。这是指达到刑事责任年龄，具有刑事责任能力，实施了犯罪行为的人。自然人必须具备刑事责任年龄与刑事责任能力两个基本条件，才可能成为犯罪主体。

刑事责任年龄，是刑法所规定的行为人对自己的犯罪行为负刑事责任必须达到的年龄。在我国，刑事责任年龄可以分为三个阶段：①完全负刑事责任年龄阶段：已满 16 周岁的人犯罪，应当负刑事责任。②相对负刑事责任年龄阶段：已满 14 周岁不满 16 周岁的人，犯故意杀人、故意伤害致人重伤或者死亡、强奸、抢劫、贩卖毒品、放火、爆炸、投毒罪的，应当负刑事责任。③完全不负刑事责任年龄阶段：不满 14 周岁的人，完全不负刑事责任。

刑事责任能力，是指行为人所具备的辨认自己行为的社会性质并控制自己行为的能力。一个人只有具备刑事责任能力，才能成为犯罪主体，承担刑事责任。刑事责任能力以一定的年龄为前提，没有达到法定责任年龄的，当然不具备刑事责任能力。但是，达到刑事责任年龄的人，由于生理上、心理上的特殊原因可能导致刑事责任能力的丧失或者减弱。

我国《刑法》第 18 条规定："精神病人在不能辨认或者不能控制自己行为的时候造成危害结果，经法定程序鉴定确认的，不负刑事责任，但是应当责令他的家属或者监护人严加看管和医疗；在必要的时候，由政府强制医疗。间歇性的精神病人在精神正常的时候犯罪，应当负刑事责任。尚未完全丧失辨认或者控制自己行为能力的精神病人犯罪的，应当负刑事责任，但是可以从轻或者减轻处罚。醉酒的人犯罪，应当负刑事责任。"

另外，《刑法》第 19 条规定："又聋又哑的人或者盲人犯罪，可以从轻、减轻或者免除处罚。"

二是单位犯罪主体。这是指实施了危害社会的、依法应受刑法处罚行为的公司、企事业单位、机关、团体。单位犯罪，理论上又称法人犯罪。单位犯罪具有以下特征：第一，单位犯罪的主体，是公司、企事业单位、机关、团体。第二，单位犯罪必须是以单位名义实施的危害社会的行为。第三，单位犯罪是为单位谋取利益而实施。第四,单位犯罪必须是经过单位决策机构或主要负责人的决定,表现为单位整体意志。第五,单位犯罪既有故意犯罪,又有过失犯罪。多数是故意犯罪,少数属于过失犯罪。

我国刑法规定,对于单位犯罪,一般采取"双罚制",即对单位判处罚金,并对其直接负责的主管人员和其他直接责任人员判处刑罚。少数单位犯罪采取"单罚制",即只处罚单位,或者只处罚单位直接负责的主管人员和其他直接责任人员。

(4) 犯罪主观方面,是指犯罪主体对其所实施的犯罪行为及其危害结果的心理状态,包括罪过、犯罪动机和犯罪目的等因素。其中,罪过是任何犯罪构成所必备的主观要件,犯罪目的是某些犯罪构成所必备的主观要件。

一是罪过。罪过是行为人对自己所实施的行为的危害社会结果所持的一种故意或者过失的心理态度。罪过的表现形式有两种,即故意和过失。

犯罪故意,是指行为人明知自己的行为会发生危害社会的结果,并且希望或者放任这种结果发生的一种心理状态。根据认识因素和意志因素的不同,故意可以分为直接故意和间接故意。所谓直接故意,是指行为人明知自己的行为会发生危害社会的结果,并且希望这种结果的发生的心理状态。所谓间接故意,是指行为人明知自己的行为可能会发生危害社会的结果,并且放任这种结果的发生的心理状态。

犯罪过失,是指行为人应当预见自己的行为可能会发生危害社会的结果,因为疏忽大意而没有预见,或者已经预见而轻信能够避免的一种心理状态。据此,过失也可以分为两种:过于自信的过失和疏忽大意的过失。所谓过于自信的过失,是指行为人预见到自己的行为可能发生危害社会的结果,但轻信能够避免以致发生这种结果的心理状态。所谓疏忽大意的过失,是指行为人应当预见自己的行为可能会发生危害社会的结果,因为疏忽大意而没有预见,以致发生这种结果的心理状态。

对于过失犯罪,法律有规定的才负刑事责任。只有过失行为造成了严重后果，而且法律将之规定为犯罪的，才能追究行为人的刑事责任。

行为在客观上虽然造成了损害结果，但是不是出于故意或者过失，而是由于不能抗拒或者不能预见的原因所引起的，不是犯罪。这种情况，刑法理论上称之为意外事件。

二是犯罪目的。这是犯罪主观方面的选择要件。犯罪目的是行为人主观上要通过实施犯罪行为达到某种结果的希望。犯罪目的只存在于直接故意犯罪之中，因为在这种犯罪中，才包含有希望犯罪结果发生的特点。希望也就意味着犯罪人积极追求一定结果的发生。至于间接故意犯罪和过失犯罪，由于犯罪的结果并不是犯罪人希望达到的，因此也无所谓犯罪目的。刑法条文中，有的将犯罪目的特别列出，作为犯罪构成的要件，对于这些犯罪而言，犯罪目的就是犯罪构成的必备要件。但对所有犯罪而言，并非每个犯罪，刑法均要求有特定的目的。所以，从犯罪构成而言，犯罪目的是犯罪构成的选择要件。

三是意外事件。我国《刑法》第 16 条规定："行为在客观上虽然造成了损害结果，但是不是出于故意或者过失，而是由于不能抗拒或者不能预见的原因所引起的，不是犯罪。"对于这种情况，刑法理论上称之为意外事件。

三、案例分析

张某明知在其妻的食物中下毒会导致其妻中毒死亡的结果，并且希望这种结果的发生，符合我国《刑法》关于犯罪的故意的规定，是直接故意，构成故意杀人罪。张某明知在其妻的食物中下毒，其妻可能与其女一起吃饭，导致其女也中毒死亡的结果，但由于杀妻心切，对其女可能中毒死亡的结果持不关心、听之任之的态度，使得其女死亡与否均不违背他的愿望。后因王某与张甲一起吃饭，导致母女双双死亡的结果发生，这符合我国《刑法》关于犯罪故意的规定，张某对其女死亡所持的是间接故意的心理态度，也构成故意杀人罪。

相关法规链接

《中华人民共和国刑法》

第14条　明知自己的行为会发生危害社会的结果，并且希望或者放任这种结果发生，因而构成犯罪的，是故意犯罪。

故意犯罪，应当负刑事责任。

第15条　应当预见自己的行为可能发生危害社会的结果，因为疏忽大意而没有预见，或者已经预见而轻信能够避免，以致发生这种结果的，是过失犯罪。

过失犯罪，法律有规定的才负刑事责任。

第16条　行为在客观上虽然造成了损害结果，但是不是出于故意或者过失，而是由于不能抗拒或者不能预见的原因所引起的，不是犯罪。

第17条　已满十六周岁的人犯罪，应当负刑事责任。

已满十四周岁不满十六周岁的人，犯故意杀人、故意伤害致人重伤或者死亡、强奸、抢劫、贩卖毒品、放火、爆炸、投毒罪的，应当负刑事责任。

已满十四周岁不满十八周岁的人犯罪，应当从轻或者减轻处罚。

因不满十六周岁不予刑事处罚的，责令他的家长或者监护人加以管教；在必要的时候，也可以由政府收容教养。

已满七十五周岁的人故意犯罪的，可以从轻或者减轻处罚；过失犯罪的，应当从轻或者减轻处罚。

第18条　精神病人在不能辨认或者不能控制自己行为的时候造成危害结果，经法定程序鉴定确认的，不负刑事责任，但是应当责令他的家属或者监护人严加看管和医疗；在必要的时候，由政府强制医疗。

间歇性的精神病人在精神正常的时候犯罪，应当负刑事责任。

尚未完全丧失辨认或者控制自己行为能力的精神病人犯罪的，应当负刑事责任，但是可以从轻或者减轻处罚。

醉酒的人犯罪，应当负刑事责任。

第19条　又聋又哑的人或者盲人犯罪，可以从轻、减轻或者免除处罚。

第二节　正当防卫与紧急避险

案例6-2　吴某自卫杀人案

2012年9月某日，吴某途经公交车站时，遇到沈某等人向其催讨欠款，双方发生争执。后沈某对吴某追打，吴某即摸出随身携带的水果刀边挥边逃，逃跑中遭沈某电话联系赶来的王某、杨某等四人的拦截。王某等人对吴某拳打脚踢，吴某遂再次拿出水果刀边乱捅边逃，致使杨某左手臂被划伤，王某被刺两刀倒地。吴某逃脱后向公安机关投案。王某因心脏被刺抢救无效死亡。

讨论题

吴某行为的性质应当如何认定？

一、正当防卫

为了使国家、公共利益、本人或者他人的人身、财产和其他权利免受正在进行的不法侵害，而采取的制止不法侵害的行为，对不法侵害人造成损害的，属于正当防卫，不负刑事责任。

正当防卫须具备以下条件：

第一，具有正当防卫意图。正当防卫必须是为了保护国家、公共利益、本人或者他人的人身、财产和其他权利。这是成立正当防卫的首要条件，也是刑法规定正当防卫不负刑事责任的重要根据。如果为了保护非法利益，而加害他人，或者为了达到某种目的，故意挑逗对方进行不法侵害，而后借口防卫而加害对方，以及双方都有非法侵犯对方的意图而发生的互相侵害等，因主观上均不具有正当防卫的意图，不属于正当防卫。

第二，防卫起因必须有危害社会的不法侵害行为存在。所谓不法侵害，是指对法律所保护的公共、本人、他人的合法权益的侵害。

第三，具有正当防卫对象。正当防卫必须是对不法侵害的行为人所实施的。正当防卫的目的是制止不法侵害，保护合法权益。因此，防卫行为所造成的损害只能加给不法侵害者本人，而不能加给第三者，否则就不能达到制止不法侵害的效果和保护合法权益的目的，也就不能成立正当防卫。

第四，具有明确的正当防卫时间。正当防卫必须是对正在进行的不法侵害所实施的行为。对于尚未开始的侵害和已结束的侵害行为，不得实行正当防卫行为。

第五，严格的正当防卫限度。防卫限度是指正当防卫不能明显超过必要限度，造成重大损害。正当防卫如果明显超过必要限度造成重大损害的，就是防卫过当，应当负刑事责任。但是在刑罚适用时应当减轻或者免除处罚。同时，我国刑法规定，对正在进行行凶、杀人、抢劫、强奸、绑架以及其他严重危及人身安全的暴力犯罪，采取防卫行为，造成不法侵害人伤亡的，不属于防卫过当，不负刑事责任。

二、紧急避险

紧急避险是指为了使国家、公共利益、本人或者他人的人身、财产和其他权利免受正在发生的危险，不得已采取的损害另一个较小的合法权益，以保护较大的合法权益的行为。

紧急避险是采用损害一种合法利益的方法来保全另一种遭到危险的合法利益的行为。它必须符合一定的法定条件，才能排除其社会危害性，成为对社会有益的、合法的行为。其条件是包括：

第一，具有紧急避险意图。紧急避险必须是为了国家、公共利益、本人或者他人的人身、财产和其他权利免受正在发生的危险，才能实行紧急避险。

第二，具有紧急避险起因。避险起因是指合法权益正在遭受损害的危险。紧急危险是现实存在的。

第三，具有明确的紧急避险时间。紧急避险必须是面临正在发生的紧急危险。如果危险尚未到来或者已经过去，实行所谓紧急避险，这在刑法理论称为避险不适时。

第四，具有确定的紧急避险对象。紧急避险所针对的对象不是危险的来源，而是第三人的合法权益，如果行为人的行为是对危险的直接对抗，那么该行为就不是紧急避险。

第五，严格的紧急避险限制。紧急避险必须是在迫不得已的情况下才允许实施。

第六，紧急避险主体的禁止。紧急避险中关于避免本人危险的规定不适用职务上、业务上负有特殊责任的人。

第七，紧急避险的限度。紧急避险不能超过必要的限度造成不应有的损害。紧急避险是以损害一个合法权益来保护另一个合法权益，因此法律对紧急避险行为规定了必要限度。所谓必要限度，应理解为紧急避险所引起的损害结果应小于所避免的损害结果。如果所引起的损害结果等于或大于所避免的损害结果，就有悖于紧急避险的目的和意义，成为对社会有害的行为，也就失去了合法性。紧急避险行为超过必要限度造成不应有的损害的是避险过当，应当负刑事责任，但是应当减轻或者免除处罚。

三、案例分析

根据《刑法》第 20 条第 2 款的规定，防卫过当是指正当防卫明显超过必要限度造成重大损害的行为。一般来说，防卫过当的构成须具备四个要件：一是防卫过当的客体必须是不法侵害人的生命权和健康权；二是防卫过当的客观方面必须是防卫行为明显超过了制止不法侵害所必需的限度造成了重大损害；三是防卫过当的主体必须是具有刑事责任能力的单个公民；四是防卫过当的主观方面必须是防卫人对过当结果持疏忽大意、过于自信或者放任的态度。

本案中，吴某刚逃脱沈某等人的追打，又遭王某等四人追打，为摆脱王某等人的不法侵害，吴某实施正当防卫，用水果刀乱捅刺王某，造成王某死亡的严重后果，显然，吴某的行为构成防卫过当。

相关法规链接

《中华人民共和国刑法》

第20条　为了使国家、公共利益、本人或者他人的人身、财产和其他权利免受正在进行的不法侵害，而采取的制止不法侵害的行为，对不法侵害人造成损害的，属于正当防卫，不负刑事责任。

正当防卫明显超过必要限度造成重大损害的，应当负刑事责任，但是应当减轻或者免除处罚。

对正在进行行凶、杀人、抢劫、强奸、绑架以及其他严重危及人身安全的暴力犯罪，采取防卫行为，造成不法侵害人伤亡的，不属于防卫过当，不负刑事责任。

第21条　为了使国家、公共利益、本人或者他人的人身、财产和其他权利免受正在发生的危险，不得已采取的紧急避险行为，造成损害的，不负刑事责任。

紧急避险超过必要限度造成不应有的损害的，应当负刑事责任，但是应当减轻或者免除处罚。

第一款中关于避免本人危险的规定，不适用于职务上、业务上负有特定责任的人。

第三节　故意犯罪过程中的犯罪状态

案例6-3　何某等人预谋抢劫案

何某出狱后和以前的狱友陆某、于某、黄某等人预谋策划抢劫。经过调查，缜密策划，多次踩点，最后确定抢劫李某。四人一起准备好作案工具，人员布置安排到位后即将行动前，被巡逻民警发现抓获。

讨论题

本案中何某等人的行为是犯罪预备还是犯罪未遂？

故意犯罪过程，是指故意犯罪由发生、发展直至完成的全部过程。一般说来，一个完整的故意犯罪，要经过一个犯罪的起意、准备、实行、完成的发展过程。但是犯罪是一个极其复杂的社会现象，各种犯罪在它的发展过程中，由于各种原因，所形成的状态不完全相同，表现为不同的犯罪形态，这包括犯罪预备、犯罪未遂、犯罪中止和犯罪既遂。

一、犯罪既遂

犯罪既遂，是指行为人所故意实施的行为已经具备刑法分则规定的某一犯罪构成的全部要件的行为状态。我国《刑法》分则对具体犯罪的规定，是以既遂为标准的。刑法分则规定的各种罪的刑事责任，就是既遂的刑事责任，因此对于既遂犯应当根据其所犯的罪名直接按照刑法分则有关条文的规定定罪判刑。

犯罪既遂有如下几种类型：

（1）结果犯，是指不仅要实施具体犯罪构成客观要件的行为而且必须发生法定的犯罪结果，才构成既遂的犯罪，即以法定的犯罪结果的发生与否作为犯罪既遂与未遂区别标志的犯罪。

（2）行为犯，是指以法定的犯罪行为的完成作为既遂标志的犯罪。这类犯罪的既遂并不要求造成物质性的和有形的犯罪结果，而且这些行为又不是一着手即告完成的。按照法律的要求，这种行为要有一个实行过程，要达到一定程度，此才能视为行为的完成。例如，刑讯逼供罪就是行为犯，即只要实施刑讯逼供行为即构成该罪。

（3）危险犯，是指以行为人实施的危害行为造成法律规定的发生某种危害结果的危险状态作为既遂标志的犯罪。这类犯罪的既遂不要求发生一定的物质性的危害结果。例如，破坏交通工具罪，只要行为人实施了破坏交通工具的行为，造成了足以使交通工具发生倾覆、毁坏的危险状态，即使交通工具实际上并没有发生倾覆、毁坏的事实，也构成犯罪既遂。

(4) 举动犯，是指按照法律规定，行为人一着手犯罪实行行为即告犯罪完成和完全符合构成要件，从而构成既遂的犯罪。从犯罪构成性质上分析，举动犯大致包括两种情况：一是原本为预备性质的犯罪构成，如参加恐怖组织罪；二是教唆煽动性质的犯罪构成，如传授犯罪方法罪等。

二、犯罪预备

犯罪预备是指为了实施犯罪而准备工具、制造条件的行为状态。其基本特征是：已经进行犯罪的准备，由于行为人意志以外的原因而未着手实行犯罪。

我国刑法规定，对于预备犯可以比照既遂犯从轻、减轻或者免除处罚。

三、犯罪未遂

犯罪未遂是指已经着手实行犯罪，由于犯罪分子意志以外的原因而没有完成犯罪的行为状态。

犯罪未遂的成立必须具备以下几个条件：(1)犯罪分子已经着手实行犯罪，这是犯罪未遂与犯罪预备的根本区别。(2)犯罪没有得逞，即犯罪分子的犯罪行为没有完成刑法分则规定的某一犯罪的全部构成要件，即没有完成犯罪。这是犯罪未遂与犯罪既遂的根本区别。(3)犯罪没有得逞是由于犯罪分子意志以外的原因造成的。这是犯罪未遂与犯罪中止的根本区别。

对于未遂犯，可以比照既遂犯从轻或者减轻处罚。

四、犯罪中止

犯罪中止是指在犯罪过程中，犯罪分子自动放弃犯罪或者自动有效地防止犯罪结果发生的行为状态。

犯罪中止是一种特殊的犯罪形态，它既可以发生在犯罪的准备过程中，也可以发生在犯罪实行过程中，还可以发生在犯罪行为实行终了而结果尚未发生前。犯罪中止也有两种情况：一是自动中止犯罪，即在犯罪过程中犯罪分子自动中止犯罪行为，因而没有发生犯罪结果；二是自动有效地防止犯罪结果的发生。

犯罪中止的成立必须具备以下条件：(1)及时性。即必须是在犯罪过程中停止犯罪行为。(2)自动性。即必须是犯罪分子自动停止犯罪。(3)彻底性。即必须彻底停止、放弃犯罪。(4)有效性。即必须有效地防止了犯罪结果的发生。如果行为人虽然采取了防止犯罪结果发生的积极措施，但实际并未能阻止结果的发生，不能视为犯罪中止，而是犯罪既遂。

对于中止犯，没有造成损害的，应当免除处罚；造成损害的，应当减轻处罚。

五、案例分析

就犯罪预备而言，行为人客观上实施了为犯罪创造条件的预备行为，如准备作案工具、勘察路线、伺机等候等。但一般来说，在预备阶段对侵犯客体尚未有实质上的损害。最终是由于行为人意志以外的原因而停止在犯罪预备阶段。

就犯罪未遂而言，行为人已经开始实行刑法分则条文规定的某种具体犯罪构成要件的行为。在犯罪未遂阶段行为人已经对侵犯的客体有实质的损害。最终是由于犯罪分子意志以外的原因而未得逞。

本案中，何某等四人只不过将犯罪预备阶段的所有行为实施完毕，未对被害人有实质性损害，其行为尚未达到一定的度，因此本案应属于犯罪预备。

相关法规链接

《中华人民共和国刑法》

第 22 条　为了犯罪，准备工具、制造条件的，是犯罪预备。

对于预备犯，可以比照既遂犯从轻、减轻处罚或者免除处罚。

第 23 条 已经着手实行犯罪，由于犯罪分子意志以外的原因而未得逞的，是犯罪未遂。

对于未遂犯，可以比照既遂犯从轻或者减轻处罚。

第 24 条 在犯罪过程中，自动放弃犯罪或者自动有效地防止犯罪结果发生的，是犯罪中止。

对于中止犯，没有造成损害的，应当免除处罚；造成损害的，应当减轻处罚。

第四节 共 同 犯 罪

案例 6-4 网吧抢劫案

2012 年 7 月 17 日下午 6 时许，犯罪嫌疑人刘某伙同杨某、吴某来到一网吧，与正在上网的王某发生口角，三人采取围殴的方式，将王某打成轻伤并抢走王某身上的 900 元现金。王某报案后，公安机关很快找到这三人并将其缉拿归案。在本案侦查的过程中，承办人顾某发现刘某刚满 20 周岁，而杨某和吴某在作案时均未满 14 周岁。

讨论题

本案中刘某等三人是否构成共同犯罪？

一、共同犯罪的概念和条件

共同犯罪，是指二人以上共同故意犯罪。构成共同犯罪，必须同时具备如下条件：

（1）在犯罪主体上，共同犯罪必须是二人以上且均达到刑事责任年龄、具有刑事责任能力的人。

（2）在犯罪的客观方面，各共同犯罪人必须具有共同犯罪的行为。所谓共同犯罪行为，有两层含义：一是共同犯罪人都共同参与实施了某种犯罪活动，各共同犯罪人的行为都必须是犯罪行为，他们的犯罪行为是紧密联系、互相配合，为了完成同一个共同的犯罪目的而实施的；二是每个共同犯罪人的犯罪行为都是整个共同犯罪活动的有机组成部分，都同犯罪结果之间有因果关系。

（3）在犯罪主观方面，各共同犯罪人必须具有共同犯罪的故意。所谓共同犯罪的故意，也有两层含义：一是每个共同犯罪人都不仅认识到自己在实施某种犯罪，而且认识到还有其他共同犯罪人和自己一起在共同实施某种犯罪；二是每个共同犯罪人对他们的共同犯罪行为会发生的犯罪结果，都是明知并且抱着希望或者放任其发生的态度。

倘若是二人以上共同过失犯罪，不以共同犯罪论处。应当负刑事责任的，按照他们所犯的罪分别定罪处罚。

二、共同犯罪的形式

共同犯罪的形式，是指二人以上共同犯罪的结构或者共同犯罪人之间的结合形式。共同犯罪的形式往往具有一定的复杂性，从不同角度、用不同的标准，可有不同的分类：

（1）根据共同犯罪人之间有无分工上划分，可以把共同犯罪分为简单的共同犯罪和复杂的共同犯罪。简单的共同犯罪是指各共同犯罪人都直接实施了某一具体犯罪构成的行为。这种行为可以是同类行为，也可以是不同类行为。复杂的共同犯罪是指各共同犯罪人并不都直接实施某一具体犯罪构成的行为，而是互有明显不同的分工。其中实施直接引起犯罪结果发生的行为的，是共同犯罪中对犯罪起决定作用的实行犯；实施为实行犯罪创造条件的行为的，是帮助犯；实施教唆他人实行犯罪的行为的，是教唆犯。

（2）根据共同犯罪人之间有无组织形式上划分，可以把共同犯罪分为一般的共同犯罪和有组织的共同犯罪（即犯罪集团）。一般的共同犯罪是指二人以上没有特殊的组织形式的共同犯罪。它的特点是共同犯罪人只是为了实施某种犯罪而事前或临时纠合起来，在完成一次或数次犯罪后，即行解散。犯罪集团是多数人以实施某种或多种犯罪为目的而建立起的犯罪组织，是事前通谋的共同犯罪中的一种特殊形式，是一种有组织的、社会危害性极大的共同犯罪。

三、共同犯罪人的种类及其刑事责任

在共同犯罪中，各共同犯罪人所处的地位和所起的作用以及对社会的危害程度不同，因而每个人应承担的刑事责任也不一样。为确定各共同犯罪人的刑事责任，正确定罪量刑，需要对共同犯罪人进行分类。

（1）主犯。主犯是指组织、领导犯罪集团进行犯罪活动的或者在共同犯罪中起主要作用的犯罪分子。

主犯有两种：一是在犯罪集团中起组织、领导作用的犯罪分子，即犯罪集团的组织者、领导者；二是在共同犯罪中起主要作用的犯罪分子。

对组织、领导犯罪集团的首要分子，应按照集团所犯的全部罪刑处罚；对于其他主犯，应当按照其所参与的或者组织、指挥的全部罪刑处罚。

（2）从犯。从犯是指在共同犯罪中起次要或者辅助作用的犯罪分子。从犯在共同犯罪中，只起促进或者帮助作用，而主犯则起决定性作用。从犯的犯罪行为表现为协助完成犯罪，或者协助隐匿犯罪。

从犯也有两种：一是在共同犯罪中起次要作用的从犯。相对于主犯而言，虽然他直接参加了实施犯罪构成要件的行为，但是罪刑较轻、情节不严重，没有直接造成严重后果。二是在共同犯罪中起辅助作用的从犯，即帮助犯，是指没有直接参加实施犯罪构成要件的行为，而是以供给犯罪工具，指示犯罪目标，窥探被害人行踪，排除障碍，事前应允帮助窝藏，包庇，消灭罪证，窝赃，销赃等方法，为实行共同犯罪活动创造条件。

根据我国刑法的规定，对于从犯应当从轻、减轻或者免除处罚。

（3）胁从犯。胁从犯是指被胁迫而参加犯罪活动的犯罪分

子。胁从犯主观上明知是在进行犯罪,但在被胁迫之下,不完全自愿地参加了某些犯罪活动,在这种情况下,行为人还有一定的意志自由,因而其行为仍是有意志的,是犯罪行为。客观上在整个犯罪活动过程中处于被动的地位,所起的作用比较小,罪行比较轻。

胁从犯是共同犯罪中社会危害性最小的共同犯罪人。所以我国刑法规定,对于胁从犯,应当按照他的犯罪情节减轻或者免除处罚。

(4) 教唆犯。教唆他人犯罪的犯罪分子是教唆犯。教唆犯的一个突出特点是本人不亲自实行犯罪,而是故意唆使他人产生、坚定犯罪意图并进而实行犯罪。构成教唆犯必须具备主、客观两方面的要件:在客观方面,必须有教唆他人犯罪的教唆行为,即引起他人实行决意的行为。在主观方面,必须有教唆他人实施犯罪的故意,即只能是故意唆使他人实行犯罪。如果行为人主观上不具有教唆他人犯罪的故意,即使他的言行引起了他人去实行犯罪,也不应认为是教唆犯。

由于教唆犯是教唆他人犯罪,其犯罪意图只有通过被教唆人去实行犯罪才能实现。因此,教唆犯的刑事责任一般要根据被教唆人的犯罪情况来确定;但是,由于教唆犯是犯罪的发动者,教唆犯是否实施教唆行为本身,并不受被教唆人任何约束和限制,因而教唆犯的刑事责任又具有独立的一面。

根据我国刑法的规定:(1)被教唆人犯了被教唆的罪,教唆犯应当按照他在共同犯罪中的作用处罚。(2)教唆不满十八周岁的人犯罪的,应当从重处罚。(3)被教唆的人没有犯被教唆的罪,对于教唆犯可以从轻或者减轻处罚。

四、案例分析

所谓共同犯罪,是指二人以上共同故意犯罪。就犯罪主体而言,共同犯罪必须是二人以上且均达到刑事责任年龄、具有刑事责任能力的人。在本案中,刘某已达到刑事责任年龄,而杨某、吴某则均未达到刑事责任年龄。因此,尽管三人共同实施了犯罪行为,但却不能认定为共同犯罪。

相关法规链接

《中华人民共和国刑法》

第 25 条 共同犯罪是指二人以上共同故意犯罪。

二人以上共同过失犯罪，不以共同犯罪论处；应当负刑事责任的，按照他们所犯的罪分别处罚。

第 26 条 组织、领导犯罪集团进行犯罪活动的或者在共同犯罪中起主要作用的，是主犯。

三人以上为共同实施犯罪而组成的较为固定的犯罪组织，是犯罪集团。

对组织、领导犯罪集团的首要分子，按照集团所犯的全部罪行处罚。

对于第三款规定以外的主犯，应当按照其所参与的或者组织、指挥的全部犯罪处罚。

第 27 条 在共同犯罪中起次要或者辅助作用的，是从犯。

对于从犯，应当从轻、减轻处罚或者免除处罚。

第 28 条 对于被胁迫参加犯罪的，应当按照他的犯罪情节减轻处罚或者免除处罚。

第 29 条 教唆他人犯罪的，应当按照他在共同犯罪中所起的作用处罚。教唆不满十八周岁的人犯罪的，应当从重处罚。

如果被教唆的人没有犯被教唆的罪，对于教唆犯，可以从轻或者减轻处罚。

第五节 单 位 犯 罪

案例 6-5 某石油公司偷税案

在某石油公司召开的业务会上，公司总经理李某决定，公司运输各类成品油给下属各加油站销售时，可以不开销售发票，由公司业务股统一核算结账，并用收款收报和公刮的增值税提货单收款作为公司账外经营收入记载的方法，从而达到账外偷税的目的。该决定作出后，该石油公司从2001年3月至2004年2月间，在从事汽油、柴油的销售中，设立账外账，将部分汽油、柴油的销售收入不通过公司的财务进行核算，而是账外另设经营账，隐匿成品油销售收入236万元，不向国家税务机关申报纳税，从中偷税17.6万元。后税务机关在查账中发现了这一情况。

讨论题

本案应如何处理？

一、单位犯罪的概念、条件及处罚原则

单位犯罪是相对于自然人犯罪而言的，是指由公司、企事业单位、机关、团体实施的依法应当承担刑事责任的危害行为。

单位犯罪的条件有二：一是犯罪主体包括公司、企事业单位、机关、团体；二是只有法律明文规定单位可以成为犯罪主体的犯罪，才存在单位犯罪及单位承担刑事责任的问题，而非一切犯罪均可以由单位构成。

对于单位犯罪的处罚，世界各国刑事立法和刑法理论上主要有两种原则：一是双罚制，即对单位和直接责任人员均予以刑罚处罚；二是单罚制，即单位犯罪的，只对单位予以刑罚处罚而不对直接责任人员处以刑罚，或者只对直接责任人员予以刑罚处罚而不对单位处以刑罚。

我国《刑法》规定："单位犯罪的，对单位判处罚金，并对其直接负责的主管人员和其他直接责任人员判处刑罚。本法分则和其他法律另有规定的，依照规定。"由此可见，对单位犯罪一般实行双罚制，即对单位判处罚金，并对直接负责的主管人员和其他直接责任人员判处刑罚。但是，当刑法分则以及其他法律有特别规定不实行双罚制而采取单罚制的，则按特别优于一般的原则适用特别规定。

二、案例分析

根据我国《刑法》第31条的规定："单位犯罪的，对单位判处罚金，并对其直接负责的主管人员和其他直接责任人员判处刑罚。"也就是说，我国对于单位犯罪一般实行双罚制。在本案中，李某作为石油公司的总经理参与了偷税的决策与实施，石油公司则通过设立账外账的手段隐匿销售收入、偷税达17.6万元，这已构成我国刑法中的偷税罪，因此二者都应承担刑事责任。根据我国《刑法》，对该石油公司应判处罚金，对直接责任人员李某应判处有期徒刑。

相关法规链接

《中华人民共和国刑法》

第30条　公司、企业、事业单位、机关、团体实施的危害社会的行为，法律规定为单位犯罪的，应当负刑事责任。

第31条　单位犯罪的，对单位判处罚金，并对其直接负责的主管人员和其他直接责任人员判处刑罚。本法分则和其他法律另有规定的，依照规定。

思考题

1. 正当防卫需具备哪些条件？
2. 犯罪未遂与犯罪中止有什么区别？
3. 什么是共同犯罪？
4. 教唆犯的刑事责任如何认定？

第七章　刑　　罚

刑罚是指刑法中明文规定的，由国家审判机关依法对犯罪人所适用的限制或剥夺其某种权益的最严厉的法律制裁方法。刑罚具有惩罚、矫正、感化、威慑、安抚等多方面的功能。刑罚实施的目的在于，通过惩罚与教育相结合，改造罪犯，预防犯罪。

第一节　刑罚概述

案例 7-1　张某故意伤害案

一天早上，张某乘公交车上班，因车内较为拥挤不小心踩了吴某的脚。张某连忙向吴某道歉，但吴某一直口出秽言辱骂张某。张某本打算息事宁人，再次向吴某道歉。没想到吴某依旧不依不饶，不仅继续辱骂张某，还用手拉扯张某的衣领。张某被吴某的行为彻底激怒，便与吴某扭打起来，情急之下咬下吴某左耳。司机拨打 110 后，民警迅速赶到现场将张某带走。后经人民法院审理，判处张某拘役 3 个月、管制 6 个月。张某不服，提出上诉。

讨论题

本案中，人民法院的判罚是否恰当？

一、刑罚的概念、目的和特征

刑罚是指刑法中明文规定的，由国家审判机关依法对犯罪人所适用的限制或剥夺其某种权益的最严厉的法律制裁方法。刑罚与犯罪都是刑法的基本内容，二者是紧密相联的，犯罪是刑罚的前提，刑罚是犯罪的法律后果。

我国刑罚的目的是通过惩罚与教育相结合，改造罪犯，预防犯罪。所谓预防犯罪，包括特殊预防和一般预防两个方面：(1)特殊预防，即预防犯罪分子本人再次犯罪。通过刑罚的适用与执行，把绝大多数犯罪分子改造成为自食其力的守法的新人，化有害为无害，化消极因素为积极因素。(2)一般预防，即通过对犯罪分子适用刑罚以警戒社会上不稳定分子，防止他们走上犯罪的道路。

刑罚具有以下主要特征：(1)刑罚是以限制或剥夺犯罪人权益为内容的最严厉的法律制裁方法；(2)刑罚的适用对象是犯罪人；(3)刑罚的适用主体是国家审判机关；(4)刑罚的种类及适用标准必须以刑法明文规定为依据；(5)刑罚适用必须依照刑事诉讼程序；(6)刑罚适用以国家强制力作保障。

二、刑罚的体系和种类

1. 刑罚体系

刑罚体系，是指按照一定标准对刑法所规定的各种刑罚方法进行排列而形成的刑罚序列。

我国刑罚分为主刑和附加刑两大类。主刑又分为管制、拘役、有期徒刑、无期徒刑、死刑；附加刑又分罚金、剥夺政治权利、没收财产。此外，对于犯罪的外国人，可以独立或者附加适用驱逐出境。

2. 刑罚种类

(1) 主刑。主刑是对犯罪分子适用的主要刑罚方法。主刑只能独立适用，不能附加适用。一个罪只能适用一个主刑，不能同时适用两个或两个以上的主刑。

主刑有以下五种：

一是管制。管制是由人民法院判决，对犯罪分子不予关押，但限制一定自由，由社区矫正机构负责执行的刑罚。管制是最轻的主刑，其期限为 3 个月以上 2 年以下，数罪并罚时最高不能超过 3

年。管制的刑期,自判决执行之日起计算,判决执行以前先行羁押的,羁押一日折抵刑期二日。

在执行期间,被判处管制的犯罪分子应当遵守下列规定:必须遵守法律、行政法规、服从监督;未经执行机关批准,不得行使言论、出版、集会、结社、游行、示威自由的权利;按照执行机关的规定,报告自己的活动情况;遵守执行机关关于会客的规定;离开所居住的市、县或者迁居,应当报经执行机关批准。

二是拘役。拘役是短期剥夺犯罪人自由,就近实行劳动的刑罚方法。拘役由公安机关在就近的拘役所、看守所或者其他监管场所执行。在执行期间,受刑人每月可以回家一天至两天,参加劳动的,可以酌量发给报酬。拘役的期限为 1 个月以上 6 个月以下,数罪并罚时最高不能超过 1 年。拘役的刑期,自判决执行之日起计算,判决执行以前先行羁押的,羁押一日折抵刑期一日。

三是有期徒刑。有期徒刑是剥夺犯罪分子一定期限的人身自由,并强制劳动改造的刑罚方法。有期徒刑的刑期为 6 个月以上 15 年以下,数罪并罚时最高不能超过 20 年。有期徒刑的刑期,自判决执行之日起计算,判决执行以前先行羁押的,羁押一日折抵刑期一日。被判处有期徒刑的犯罪分子,在监狱或者其他执行场所执行,凡有劳动能力的,都应参加劳动,接受教育和改造。

四是无期徒刑。无期徒刑是剥夺犯罪分子终身自由,强制劳动改造的刑罚方法。被判处无期徒刑的犯罪分子,在监狱或者其他执行场所执行;凡有劳动能力的,都应当参加劳动,接受教育和改造。无期徒刑是仅次于死刑的一种严厉的刑罚方法。它适用于那些罪行严重、需要与社会永久隔离,但又不必判处死刑的犯罪分子。

同时,根据《刑法》第 50 条及《刑法修正案(八)》第 4 条的规定,死刑缓期执行的,在死刑缓期执行期间,如果没有故意犯罪,2 年期满以后,减为无期徒刑;如果确有重大立功表现,2 年期满以后,减为 25 年有期徒刑;如果故意犯罪,查证属实的,由最高人民法院核准，执行死刑。

五是死刑。死刑是剥夺犯罪分子生命的刑罚方法，是我国刑法中最为严厉的一种刑罚方法，也是世界各国最古老的、最严厉的一种刑罚。

我国刑法对死刑的适用作了严格的限制性规定。第一，死刑适用范围的限制：死刑只适用于罪行极其严重的犯罪分子。第二，死刑适用对象的限制：犯罪时不满 18 周岁的人和审判时怀孕的妇女，不适用死刑；审判时已满 75 周岁的人，不适用死刑，但以特别残忍手段致人死亡的除外。第三，死刑核准程序的限制：死刑立即执行案件必须报请最高人民法院核准。第四，对于应当判处死刑的犯罪分子，如果不是必须立即执行的，可以判处死刑的同时宣告缓期两年执行。

（2）附加刑，又称从刑，是补充主刑适用的刑罚方法。它既可以随主刑附加适用，也可以独立适用。附加刑有以下三种：

一是罚金。罚金是人民法院判处犯罪分子向国家缴纳一定数额金钱的刑罚方法。罚金是一种轻刑，独立适用一般只适用于轻微犯罪，附加适用主要适用于较重的犯罪。对于罚金，数额不大，或者数额虽然较大，但缴纳并无困难的应当一次缴纳；数额较大，无法一次缴纳的，可以限定时间分期缴纳；犯罪分子期满不缴纳的，人民法院可以强制缴纳；如果犯罪分子由于遭遇不能抗拒的灾祸而导致缴纳确有困难的，可以酌情减少或免除处罚。

二是剥夺政治权利。剥夺政治权利是指剥夺犯罪分子参加国家管理和政治活动的权利的刑罚方法。

剥夺政治权利的内容，主要是剥夺：①选举权和被选举权；②言论、出版、集会、结社、游行、示威自由的权利；③担任国家机关职务的权利；④担任国有公司、企业、事业单位和人民团体领导职务的权利。

剥夺政治权利的期限：①判处管制附加剥夺政治权利的，剥夺政治权利的期限与管制的期限相等，同时执行；②对于被判处死刑、无期徒刑的犯罪分子，应当剥夺政治权利终身；③死刑缓期二年执行或者无期徒刑减为有期徒刑的，应当把附加剥夺政治权利的期限改为 3 年以上 10 年以下；④其他剥夺政治权利的期限为 1 年以上 5 年以下。

剥夺政治权利的刑期计算：①单独适用剥夺政治权利的，从判决确定之日起计算；②判处死刑、无期徒刑附加剥夺政治权利终身的，从主刑执行之日起计算；③判处有期徒刑、拘役，附加剥夺政治权利的，从主刑执行完毕之日或者从假释之日起计算，剥夺政治权利的效力当然施用于主刑执行期间；④判处管制附加剥夺政治的，与管制同时执行。

被剥夺政治权利的犯罪分子，在执行期间，应当遵守法律、行政法规和国务院、国家公安部门有关监督管理的规定，服从监管，不得行使被剥夺的政治权利。

三是没收财产。没收财产是将犯罪分子个人所有财产的一部或全部强制无偿地收归国有的刑罚方法。在判处没收财产的时候，应当对犯罪分子个人及其扶养的家属保留必须的生活费用；在判处没收财产的时候，不得没收属于犯罪分子家属所有或应有的财产，没收财产以前犯罪分子所负的正常债务，需要以没收财产偿还的，经债权人请求，应当偿还。

(3) 驱逐出境。驱逐出境是强迫犯罪的外国人离开中国国(边)境的刑罚方法。驱逐出境作为一种刑罚处罚，不适用于犯罪的本国人，不具有普遍适用的性质。我国《刑法》没有将其列在一般附加刑的体系中，而在主刑和附加刑之外，专条规定了驱逐出境这一刑罚。

驱逐出境可以独立适用，也可以附加适用。单独判处驱逐出境的，从判决确定之日起执行；附加判处驱逐出境的，从主刑执行完毕之日起执行。

3. 非刑罚处罚方法

非刑罚处罚方法，是指对犯罪人适用非刑罚性质的处罚方法，作为刑罚处罚的重要补充方法。它同样是犯罪的法律后果，是犯罪人为自己的犯罪行为承担刑事责任的表现形式之一。根据我国刑法的规定,非刑罚处罚方法主要有:赔偿经济损失、训诫、责令具结悔过、赔礼道歉和赔偿损失等。

三、案例分析

管制和拘役都是我国刑罚中的主刑。根据我国刑法的基本原理,主刑只能独立适用,不能附加适用。同时一个罪只能适用一个主刑,不能同时适用两个或两个以上的主刑。本案中,人民法院判处张某拘役3个月、管制6个月,即同时适用了两个主刑,这显然违背了刑法的基本原理,因此是错误的判决。

相关法规链接

《中华人民共和国刑法》

第33条　主刑的种类如下:(一)管制;(二)拘役;(三)有期徒刑;(四)无期徒刑;(五)死刑。

第34条　附加刑的种类如下:(一)罚金;(二)剥夺政治权利;(三)没收财产。

附加刑也可以独立适用。

第35条　对于犯罪的外国人,可以独立适用或者附加适用驱逐出境。

第36条　由于犯罪行为而使被害人遭受经济损失的,对犯罪分子除依法给予刑事处罚外,并应根据情况判处赔偿经济损失。

承担民事赔偿责任的犯罪分子,同时被判处罚金,其财产不足以全部支付的,或者被判处没收财产的,应当先承担对被害人的民事赔偿责任。

第37条　对于犯罪情节轻微不需要判处刑罚的,可以免予刑事处罚,但是可以根据案件的不同情况,予以训诫或者责令具结悔过、赔礼道歉、赔偿损失,或者由主管部门予以行政处罚或者行政处分。

第二节　刑罚的具体运用

案例 7-2　刘某、张某抢劫案

刘某,男,35 岁,甲市人,无业。2001 年 11 月因犯故意伤害罪被判处有期徒刑 3 年,2004 年 6 月刑满释放。张某,男,29 岁,乙市人,无业。2001 年 7 月因盗窃被劳动教养 3 年,2004 年 7 月解除劳动教养。

2007 年 5 月 11 日,刘某与张某商定"找点钱"来花。经过踩点,二人看中一家杂货店后,遂携带尖刀、绳子、背包等工具于当天夜间十一点半撬开杂货店的门。没想到店老板吴某当天就睡在店里,吴某被二人惊醒。刘某怕吴某叫人,便迅速冲上去将吴某按住,将其打昏。随后,二人抢得现金 360 元、手机一部、香烟 8 条。正当二人准备携赃物逃窜时,被巡逻的民警抓获。

讨论题

刘某与张某是否构成累犯?

案例 7-3　何某故意伤人案

2011 年 2 月 14 日,何某与前妻的男友赵某因故发生争执,相互扭打。何某用随身携带的水果刀捅向赵某腹部,致其肝脏破裂。后经鉴定,赵某属重伤。案发后,何某滞留在现场,爬上阳台企图跳楼自杀。民警接警后,迅速控制现场。何某在接受近三个小时的劝说之后放弃自杀的念头,爬下阳台接受控制,并如实供述了自己的罪行。

讨论题

何某的行为能否构成自首?

案例 7-4　傅某交通肇事案

2006 年 2 月 5 日,傅某驾驶拖拉机发生交通事故,致一人死亡。

2006年8月11日法院作出一审判决，以交通肇事罪判处其有期徒刑1年，缓刑1年6个月。2006年8月12日，傅某又驾驶同一拖拉机运输黄沙，在建房户门前倒车时挤压正在车后卸货的户主，致其死亡。法院经审理其行为构成过失致人死亡罪。另查明，傅某在第一次缓刑判决宣告后没有提出上诉、检察机关也未抗诉。

讨论题

本案中，对于傅某的缓刑是否需要撤销？如何确定其刑事责任？

一、量刑

量刑是人民法院对于犯罪分子依法裁量决定刑罚的活动。

人民法院的刑事审判工作有两个基本环节：一是定罪；二是量刑。定罪是在查清案件事实的基础上，解决行为人的行为是否构成犯罪和构成什么罪的问题。量刑则是在定罪的基础上解决对犯罪分子是否判处刑罚、判处何种刑罚的问题。定罪与量刑有着密切的联系，定罪是量刑的前提，量刑是定罪的归宿。

二、量刑的情节

量刑的情节是指人民法院对犯罪分子量刑时，作为决定处罚轻重或者免除处罚根据的各种情况。量刑情节分法定情节和酌定情节两种。

1. 法定情节

法定情节是指刑法明文规定的情节，它包括依照刑法总则规定的对各种犯罪共同适用的情节，以及依照刑法分则规定对特定犯罪适用的情节。法定情节既有从重处罚的情节，也有从轻、减轻、免除处罚的情节。

（1）从重处罚。从重处罚是指在法定刑的限度内，判处相对较重的刑罚。

（2）从轻处罚。从轻处罚是指在法定刑的限度内，判处相对较轻的刑罚。

（3）减轻处罚。减轻处罚是指判处低于法定最低刑的刑法。

（4）免除处罚。免除处罚是指对犯罪分子宣告有罪，但免除其刑罚处罚。免除处罚以行为人的行为构成犯罪，应受刑法处罚为前提条件，只是因为情节轻微，不需要执行刑罚，或者具有其他法定的免除处罚情节，才予以免除处罚。

2. 酌定情节

酌定情节是根据立法精神从审判实践中总结出来的，由人民法院灵活掌握、酌情适用的情节。审判实践中，常见的酌定情节主要有：犯罪动机，犯罪手段，犯罪的时间、地点，犯罪侵害的对象，犯罪分子的一贯表现，犯罪后的态度，等等。

三、累犯

累犯是指因犯罪受过一定刑罚处罚的人，在刑罚执行完毕或者赦免以后，在法定期限内又犯一定罪的犯罪分子，分为一般累犯和危害国家安全累犯。

1. 一般累犯

一般累犯是指被判处有期徒刑以上刑罚的犯罪分子，刑罚执行完毕或者赦免后，在五年以内再犯应当判处有期徒刑以上刑罚之罪的犯罪分子。一般累犯的构成要件是：

第一，前罪和后罪都必须是故意犯罪。

第二，前罪和后罪必须是被判处和应当判处有期徒刑以上刑罚的犯罪。

第三，后罪发生的时间必须是在前罪的刑罚执行完毕或者赦免以后的五年内。所谓“刑罚执行完毕”，是指主刑执行完毕，不包括附加刑在内。

2. 危害国家安全累犯

危害国家安全累犯是指危害国家安全的犯罪分子，在刑罚执行完毕或者赦免以后，再犯危害国家安全罪的犯罪分子。其构成要件是：第一，前罪和后罪必须都是危害国家安全罪。第二，前罪被判处的刑罚和后罪应被判处的刑罚的种类及其轻重不受限制。

第三,前后罪相距时间长短无限制。

对于累犯应当从重处罚,且不得适用缓刑和假释。

四、自首和立功

1. 自首

自首是指犯罪分子犯罪以后自动投案,如实供述自己的罪行,并接受审查和裁判的行为。自首的成立必须具备三个条件:

第一,自动投案。自动投案即指犯罪分子在犯罪以后,犯罪事实未被司法机关发现以前,或者犯罪事实虽被发现,而犯罪分子还未被察觉以前,或者犯罪事实和犯罪分子均已被发觉,但犯罪分子尚未被司法机关传唤、询问或者尚未被采取强制措施时,自动向有关机关投案。

第二,如实供述自己的罪行。如实供述自己的罪行,是指犯罪分子按照实际情况彻底交代自己的全部罪行。如果犯罪分子避重就轻,作虚假交代,就不是如实供述自己的罪行。犯罪分子投案后,只有如实供述自己的罪行,才足以证明其悔罪服法,为司法机关追诉其犯罪提供客观依据,使追诉得以顺利进行。因此,如实供述自己的罪行是自首成立的一个重要条件,也是自首的本质特征。

第三,必须愿意接受审查和裁判。愿意接受审查和裁判,即必须听候、接受公安司法机关的侦查、起诉和审判,不能逃避,才能成立自首。犯罪分子将自己的人身置于司法机关的现实控制之下,是其悔罪的具体表现,也是国家对其从宽处理的重要根据。

被采取强制措施的犯罪嫌疑人、被告人和正在服刑的罪犯,如实供述司法机关还未掌握的本人其他罪行的,以自首论。

对于自首的犯罪分子,可以从轻或者减轻处罚;对于犯罪较轻的,可以免除处罚。

2. 立功

立功通常是指犯罪分子检举揭发他人犯罪行为,查证属实或者提供重要线索从而得以侦破其他案件等情况。

有立功表现的,可以从轻处罚;有重大立功表现的,可以减轻或者免除处罚。犯罪后自首又有重大立功表现的,应当减轻或者免除处罚。

五、数罪并罚

1. 数罪并罚的概念和特征

数罪并罚是指一人犯数罪,人民法院对其所犯的各种罪分别定罪量刑以后,依照法定的原则,除判处死刑和无期徒刑外,在总和刑期以下、数刑中最高刑期以上,酌情决定应执行的刑罚。

根据我国刑法的规定,数罪并罚具有以下几个特征:

(1)一人犯数罪。数罪并罚的前提是一人犯有数罪。如果一个人的行为不构成数罪,则不能为了加重对其处罚而适用数罪并罚。

(2)数罪的内容。数罪是指判决宣告以前一人犯数罪,或者判决宣告以后刑罚执行完毕以前,发现被判刑的犯罪分子还有"漏罪",或者判决宣告以后在刑罚执行过程中,被判刑的犯罪分子又犯新罪。只有符合这三种情况的数罪,才能适用数罪并罚。

(3)数罪并罚的定罪量刑。在对数罪分别定罪量刑的基础上,决定应执行的刑罚。数罪并罚不是对数罪所判刑罚的简单相加,而是对犯罪分子所犯数罪,依照刑法分则有关条文规定,分别一一定罪量刑,然后根据数罪并罚所应遵循的原则,决定执行的刑罚。对于数罪中有一罪或数罪应当判处无期徒刑或者死刑(含死刑缓期二年执行)的案件,也应当对各罪分别定罪量刑,然后决定执行其中最高的刑罚。对于附加刑同样应当分别量刑,这样才能看出它是针对哪个罪适用的。

2. 数罪并罚的原则

数罪并罚的原则是指对一人所犯数罪合并处罚所依据的原则。简单地说,就是对数罪怎样实行并罚。我国《刑法》规定:"判决宣告以前一人犯数罪的,除判处死刑和无期徒刑的以外,应当在总和刑期以下、数罪中最高刑期以上,酌情决定执行的刑期,但是管制最高不能超过 3 年,拘役最高不能超过 1 年,有期徒刑最高不能超过20年。如果数罪中有判处附加刑的，附加刑仍须执行。”根据这一规定，对不同的刑种采取不同的并罚原则。

对判处死刑和无期徒刑的，采取吸收原则。即数罪中有一罪判处死刑或者无期徒刑，其他的罪判处有期徒刑、拘役或管制，只执行死刑或者无期徒刑，其他主刑被吸收而不执行。

对判处有期徒刑、拘役或管制的，采取限制加重原则。即在数刑中的总和刑期以下、数刑中的最高刑期以上，酌情决定执行的刑期。但管制不能超过3年，拘役不能超过1年，有期徒刑不能超过20年。

对判处附加刑的，采取附加刑与主刑并科的原则。即数刑中主刑不论执行死刑、无期徒刑、有期徒刑、拘役或管制，如有判处附加刑的，附加刑仍须执行。

3. 适用数罪并罚的三种情况

根据我国《刑法》的规定，适用数罪并罚有以下三种情况：

(1) 判决宣告以前一人犯数罪的并罚。一人犯数罪在判决宣告以前都被发现的，依照刑法规定的数罪并罚原则，决定执行的刑罚。

(2) 判决宣告以后发现“漏罪”的并罚。判决宣告以后，刑罚执行完毕以前，发现被判刑的犯罪分子在判决宣告以前还有其他罪没有判决的，应当对新发现的罪作出判决，把前后两个判决所判处的刑罚，依照刑法规定的数罪并罚原则，决定执行的刑罚。已经执行的刑期，应当计算在决定执行的刑期以内。这种计算方法称为“先并后减”。

(3) 判决宣告以后又犯新罪的并罚。判决宣告以后，刑罚执行完毕以前，被判刑的犯罪分子又犯罪的，应当对新犯的罪作出判决，把前罪没有执行完毕的刑罚和后罪所判处的刑罚，依照刑法规定的数罪并罚的原则，决定执行的刑罚。已经执行的刑期，不应当计算在决定执行的刑期以内。这种计算方法称为“先减后并”。

六、缓刑、减刑、假释

1. 缓刑

缓刑是指对原判刑罚有条件地不执行的一项刑罚制度。我国《刑法》中的缓刑，是指被判处拘役、三年以下有期徒刑，确实不致再危害社会的犯罪分子，在一定的考验期内，如果没有再犯新罪，缓刑考验期满，原判的刑罚就不再执行的一项刑罚制度。

适用缓刑必须满足如下条件：第一，必须是被判处拘役或者三年以下有期徒刑的犯罪分子。第二，必须确有悔罪表现，不予关押也不致再危害社会的犯罪分子。第三，必须不是累犯。

缓刑在适用中有一定的考验期，即对于被宣告缓刑的犯罪分子进行考察的期限。人民法院在宣告缓刑的同时，应当确定适当的缓刑考验期。我国《刑法》根据原判刑罚的不同种类，规定了不同的考验期限：拘役的缓刑考验期限为原判刑期以上 1 年以下，但是不能少于 2 个月；有期徒刑的缓刑考验期限为原判刑期以上 5 年以下，但是不能少于 1 年。缓刑考验期限自判决确定之日起计算。

在缓刑考验期间，被宣告缓刑的犯罪分子，应当遵守法律、行政法规，服从监督；按照考察机关的规定报告自己的活动情况；遵守考察机关关于会客的规定；离开所居住的市、县或者迁居，应当报经考察机关批准。

被宣告缓刑的犯罪分子，在缓刑考验期限内，由公安机关考察，所在单位或者基层组织予以配合。如果没有法定情形的，缓刑考验期满，原判的刑罚就不再执行，并公开予以宣告。被宣告缓刑的犯罪分子，在缓刑考验期限内犯新罪或者发现判决宣告以前还有其他罪没有判决的，应当撤销缓刑，实行数罪并罚。被宣告缓刑的犯罪分子，在缓刑考验期限内，违反法律、行政法规或者国务院公安部门有关缓刑的监督管理规定，情节严重的，应当撤销缓刑，执行原判刑罚。

2. 减刑

减刑是指被判处管制、拘役、有期徒刑、无期徒刑的犯罪分子，在刑罚执行期间有悔改或者立功表现，而适当减轻其原判刑罚的制度。适用减刑必须有一定的限制条件，使之既有利于鼓励犯罪分子积极改造，又不致损害人民法院判决的稳定性和国家法律的严肃性。

根据我国《刑法》规定，适用减刑必须符合以下条件：第一，犯罪分子被判处管制、拘役、有期徒刑和无期徒刑。第二，犯罪分子在刑罚执行期间，认真遵守监规，接受教育改造，确有悔改表现或有立功表现。第三，减刑有一定的限度。减刑以后实际执行的刑期，判处管制、拘役、有期徒刑的，不能少于原判刑期的二分之一；判处无期徒刑的，不能少于 13 年；人民法院依照刑法第 50 条第 2 款规定限制减刑的死刑缓期执行的犯罪分子，缓期执行期满后依法减为无期徒刑的，不能少于 25 年，缓期执行期满后依法减为 25 年有期徒刑的，不能少于 20 年。

3. 假释

假释是指对被判处有期徒刑的犯罪分子，执行原判刑期二分之一以上；被判处无期徒刑的犯罪分子，实际执行 13 年以上；由于认真遵守监规，接受教育改造，确有悔改表现，不致再危害社会，而附有条件地将其提前释放的一项刑罚制度。

假释所附条件包括：第一，必须是被判处有期徒刑或无期徒刑的犯罪分子。但对于累犯以及因杀人、爆炸、抢劫、强奸、绑架等暴力性犯罪被判处 10 年以上有期徒刑、无期徒刑的犯罪分子，不适用假释。第二，必须是已经执行了一部分刑罚的犯罪分子，被判处有期徒刑的犯罪分子，执行原判刑期的二分之一以上，被判处无期徒刑的犯罪分子实际执行 13 年以上，才能适用假释。第三，必须是在刑罚执行期间确有悔改表现，不致再危害社会的犯罪分子。

假释是有条件地提前释放，并不排除继续执行尚未执行完毕的刑罚的可能性。因此，适用假释需要有一定的考验期，根据我国《刑法》的规定，有期徒刑的假释考验期限为未执行完毕的刑期；无期徒刑的假释考验期限为 10 年。假释的考验期从假释之日起计算。

被宣告假释的犯罪分子，在假释考验期内，应当遵守法律、行政法规，服从监督；按照监督机关的有关规定报告自己的活动情况；遵守监督机关关于会客的规定；离开所居住的市、县或者迁居，应当报经监督机关批准。

假释考验期满，就认为原判刑罚已经执行完毕。在假释考验期限内，被假释的犯罪分子有违反法律、行政法规或者国务院公安部门有关假释的监督管理规定的行为，尚未构成新的犯罪的，应当依法撤销假释，收监执行未执行完毕的刑罚；在假释考验期限内，再犯新罪或者发现判决宣告前还有其他罪没有判决的，应当撤销假释，实行数罪并罚。

七、追诉时效

追诉时效，是指经过一定的期限，对刑事犯罪不予追诉的一项法律制度。追诉时效时间的长短，是与犯罪行为的社会危害性大小、刑罚的轻重相适应的。社会危害性大、法定刑重的犯罪，追诉期限就长一些；反之，社会危害性小、刑罚轻的犯罪，追诉期限就短一些。

根据我国《刑法》规定，犯罪经过下列期限就不再追诉：

(1) 法定最高刑为不满 5 年有期徒刑的，经过 5 年；

(2) 法定最高刑为 5 年以上不满 10 年有期徒刑的，经过 10 年；

(3) 法定最高刑为 10 年以上有期徒刑的，经过 15 年；

(4) 法定最高刑为无期徒刑、死刑的，经过 20 年，如果 20 年以后认为必须追诉的，须报请最高人民检察院核准。

追诉期限从犯罪之日起计算；犯罪行为有连续或者继续状态的，从犯罪行为终了之日起计算；在追诉期限以内又犯罪的，前罪追诉的期限从犯后罪之日起计算。

在人民检察院、公安机关、国家安全机关立案侦查或者人民法院受理案件以后，逃避侦查或者审判的，不受追诉期限的限制；被害人在追诉期限内提出控告，人民法院、人民检察院、公安机关应当立案而不予立案的，不受追诉期限的限制。

八、案例分析

【案例 7-2】本案中，刘某与张某共同实施的行为已经构成犯罪，但只有刘某的行为构成累犯，张某不构成累犯。这是因为，张某的行为不符合我国刑法中关于累犯的要件之一，即“前罪和后罪必须是被判处和应当判处有期徒刑以上刑罚的犯罪”。由于张某之前仅被劳动教养，而未被判处有期徒刑以上的刑罚，因此，张某不构成累犯。

【案例 7-3】本案中，何某作案后滞留现场的目的是自杀，而不是在未受任何督促的情况下等候归案。公安机关接警后已发现犯罪事实，控制了案发现场，由于何某的危险举动而没有立即对其采取强制措施。何某接受三个小时的教育后放弃自杀念头，却已丧失逃离的时间和条件，其归案之时，已在实质上被民警控制住，现有证据只能证明他主观上改变的仅仅是不再自杀的意图。综观全案，何某的归案不具有主动性、彻底性，不符合自动投案的实质性条件，因此不能认定为自首。

【案例 7-4】我国《刑法》第 77 条第 1 款规定：“被宣告缓刑的犯罪分子，在缓刑考验期限内犯新罪或者发现判决宣告以前还有其他罪没有判决的，应当撤销缓刑，对新犯的罪或者新发现的罪作出判决，把前罪和后罪所判处的刑罚，依照本法第 69 条的规定，决定执行的刑罚。”然而，本案中傅某所犯新罪的时间是宣告缓刑的第二天，在缓刑考验期限起算日之前，显然不属于《刑法》第 77 条第 1 款所规定的情形。故不得依据本条撤销缓刑。对傅某的行为，应适用《刑法》第 71 条的规定(判决宣告以后，刑罚执行完毕以前，被判刑的犯罪分子又犯罪的，应当对新犯的罪作出判决，把前罪没有执行的刑罚和后罪所判处的刑罚，依照本法第 69 条的规定，决定执行的刑罚)与前罪实行数罪并罚。

相关法规链接

《中华人民共和国刑法》

第 38 条　管制的期限，为三个月以上二年以下。

判处管制，可以根据犯罪情况，同时禁止犯罪分子在执行期间从事特定活动，进入特定区域、场所，接触特定的人。

对判处管制的犯罪分子，依法实行社区矫正。

违反第二款规定的禁止令的，由公安机关依照《中华人民共和国治安管理处罚法》的规定处罚。

第 42 条　拘役的期限，为一个月以上六个月以下。

第 43 条　被判处拘役的犯罪分子，由公安机关就近执行。

在执行期间，被判处拘役的犯罪分子每月可以回家一天至两天；参加劳动的，可以酌量发给报酬。

第 45 条　有期徒刑的期限，除本法第五十条、第六十九条规定外，为六个月以上十五年以下。

第 46 条　被判处有期徒刑、无期徒刑的犯罪分子，在监狱或者其他执行场所执行；凡有劳动能力的，都应当参加劳动，接受教育和改造。

第 48 条　死刑只适用于罪行极其严重的犯罪分子。对于应当判处死刑的犯罪分子，如果不是必须立即执行的，可以判处死刑同时宣告缓期二年执行。

死刑除依法由最高人民法院判决的以外，都应当报请最高人民法院核准。死刑缓期执行的，可以由高级人民法院判决或者核准。

第 49 条　犯罪的时候不满十八周岁的人和审判的时候怀孕的妇女，不适用死刑。

审判的时候已满七十五周岁的人，不适用死刑，但以特别残忍手段致人死亡的除外。

第50条　判处死刑缓期执行的，在死刑缓期执行期间，如果没有故意犯罪，二年期满以后，减为无期徒刑；如果确有重大立功表现，二年期满以后，减为二十五年有期徒刑；如果故意犯罪，查证属实的，由最高人民法院核准，执行死刑。

对被判处死刑缓期执行的累犯以及因故意杀人、强奸、抢劫、绑架、放火、爆炸、投放危险物质或者有组织的暴力性犯罪被判处死刑缓期执行的犯罪分子，人民法院根据犯罪情节等情况可以同时决定对其限制减刑。

思考题

1. 我国刑法中的主刑包括哪几种？
2. 对于哪些人不适用死刑？
3. 认定自首时需要满足哪些条件？
4. 简述减刑的对象和条件。

第八章　刑 法 分 则

刑法总则主要规定了关于定罪、量刑的一般原理、原则，而刑法分则主要规定了各种具体的犯罪。

我国刑法典按照一定的标准对各种具体犯罪进行分类排列，以犯罪行为所侵犯的同类客体为依据，把所有犯罪分为十类。

案例 8-1　何某交通肇事案

2008 年 3 月 15 日 8 时许，何某无证驾驶一货车在由南向东左转弯时与由北向南骑自行车行驶的王某相撞，致王某受伤。何某弃车逃逸。王某经抢救无效死亡。经法医鉴定王某死于碾压所致的急性创伤性失血性休克。2008 年 3 月 20 日，何某到公安局投案自首，并如实供述了自己的罪行。

讨论题

本案中何某的行为构成什么罪？其自首有何意义？

案例 8-2　郭某盗窃行凶案

2005 年 12 月 1 日晚，郭某携带万能钥匙及平头旋凿、钢锯等作案工具至 S 市某小区行窃，赵某负责放风。郭某利用作案工具撬开该小区 12 栋 301 室的门，入室后窃得项链首饰和现金共计人民币 7 万余元。当郭某欲携款离开时，被刚好回家的刘某发现。郭某为制止刘某的抓捕，用重锤猛击其头部至其当场死亡。嗣后，郭某携款逃逸。

讨论题

本案中郭某、赵某的行为构成什么罪？为什么？

案例 8-3 季某“借款”案

孙某系 A 市某局局长。2004 年 7 月 5 日，其老领导出面为儿子季某所办公司借款经商。孙私情难却，将 30 万元公款批准借给季所在公司使用一个月。该局会计凭季某公司的借据和领导批示于当天将款汇出。截至案发时，季某仍未偿还该款。

讨论题

本案中孙某的行为应当如何定性？

一、刑法分则的体系及条文结构

刑法分则的体系，是指刑法分则对不同的犯罪进行科学的分类，并且按照一定的次序排列而形成的体系。

我国的刑法分则将犯罪分为十类，每一类为一章，依次为危害国家安全罪，危害公共安全罪，破坏社会主义市场经济秩序罪，侵犯公民人身权利、民主权利罪，侵犯财产罪，妨害社会管理秩序罪，危害国防利益罪，贪污贿赂罪，渎职罪，军人违反职责罪。

刑法分则中规定了数百种犯罪，每种犯罪都有各自不同的犯罪构成要件。但是，如果我们把每种犯罪的具体内容暂且搁置一边，可以看出每一个分则条文实际上由两项内容组成：一是罪状；二是法定刑。罪状和法定刑就是刑罚分则条文的基本结构。

(1) 罪状，是指刑法分则条文对于某种犯罪具体状况的描述。

例如，《刑法》第 238 条规定：“非法拘禁他人或者以其他方法非法剥夺他人人身自由的，处 3 年以下有期徒刑、拘役、管制或者剥夺政治权利。”这里，“非法拘禁他人或者以其他方法非法剥夺他人人身自由的”即是罪状。

(2) 法定刑，是指刑法分则条文对具体犯罪所规定的适用刑罚种类和刑罚幅度。法定刑是具体犯罪条文的组成部分，设在罪状之后，表明犯罪与刑罚之间相对应的关系。

例如，《刑法》第 243 条规定：“捏造事实诬告陷害他人，意图使他人受刑事追究，情节严重的，处 3 年以下有期徒刑、拘役或者管制；造成严重后果的，处3年以上10年以下有期徒刑。”这里的“处3年以下有期徒刑、拘役或者管制”、“处3年以上10年以下有期徒刑”就是本罪的法定刑。

二、刑法分则中的十类犯罪

我国《刑法》分则根据犯罪所侵犯的同类客体和社会危害程度，将犯罪归纳为十类，依次为：

1. 危害国家安全罪

危害国家安全罪是指以推翻人民民主专政的政权和社会主义制度为目的的，危害中华人民共和国的行为。

危害国家安全罪的主要特征是：犯罪客体是人民民主专政的政权和社会主义制度。客观方面必须有危害中华人民共和国的行为。犯罪主体既有一般主体，也有特殊主体，即中国公民或国家机关工作人员。主观方面必须出于故意，而且必须具有推翻人民民主专政的政权和社会主义制度的目的。

我国《刑法》分则第一章第102条至113条对危害国家安全罪作出了规定，共规定了12种具体的罪名。

以下仅介绍其中的一种。

叛逃罪

叛逃罪，是指国家机关工作人员在履行公务期间，擅离岗位，叛逃境外或者在境外叛逃，危害中华人民共和国国家安全的行为。

本罪的特征：(1)侵害的客体是国家安全。(2)客观方面表现为在履行公务期间，撤离岗位，叛逃或者在境外叛逃。(3)本罪的主体是国家机关工作人员。(4)主观方面必须是故意。

我国刑法规定，构成本罪的，处5年以下有期徒刑、拘役、管制或者剥夺政治权利；情节严重的，处5年以上10年以下有期徒刑或者无期徒刑。情节严重一般是指担任重要职务的人叛逃的，携带国家秘密叛逃的，叛逃后发表有损中华人民共和国的言论的，等等。

2. 危害公共安全罪

危害公共安全罪是指故意或过失地实施危害不特定多数人的

生命、健康和重大公私财产安全的行为。

危害公共安全罪的主要特征是：犯罪客体是社会的公共安全，即不特定多数人的生命、健康和重大公私财产的安全。客观方面必须实施危害或足以危害公共安全的行为。犯罪主体多数是一般主体，少数是特殊主体即国家工作人员或业务、职务上的特定人员；就主体年龄而言，一般须年满 16 周岁，但已满 14 周岁不满 16 周岁的人可以成为放火罪、爆炸罪、投放危险物质罪的主体。主观方面具有故意或者过失。

我国《刑法》分则第二章第 114 条至 139 条对危害公共安全罪作出了规定，共规定了 42 种具体的罪名。以下仅介绍其中的一种。

交通肇事罪

交通肇事罪，是指违反道路交通管理法规，发生重大交通事故，致人重伤、死亡或者使公私财产遭受重大损失，依法被追究刑事责任的犯罪行为。

本罪的特征：(1)本罪侵犯的客体是交通运输安全。(2)客观方面表现为在交通运输活动中违反交通运输管理法规，因而发生重大事故，致人重伤、死亡或者使公私财产遭受重大损失的行为。(3)本罪的主体是一般主体，即凡年满 16 周岁、具有刑事责任能力的自然人均可构成。(4)主观方面表现为过失，包括疏忽大意的过失和过于自信的过失。

我国刑法规定，构成本罪的，处 3 年以下有期徒刑或者拘役；交通运输肇事后逃逸或者有其他特别恶劣情节的，处 3 年以上 7 年以下有期徒刑；因逃逸致人死亡的，处 7 年以上有期徒刑。

另外，最高人民法院《关于审理交通肇事刑事案件具体应用法律若干问题的解释》第 4 条规定，交通肇事具有下列情形之一的，属于“有其他特别恶劣情节”，处 3 年以上 7 年以下有期徒刑：(1)死亡 2 人以上或者重伤 5 人以上，负事故全部或者主要责任的；(2)死亡 6 人以上，负事故同等责任的；(3)造成公共财产或者他人财产直接损失，负事故全部或者主要责任，无能力赔偿数额在

60万元以上的。

3. 破坏社会主义市场经济秩序罪

破坏社会主义市场经济秩序罪是指违反国家财政经济管理法规，破坏社会主义市场经济管理活动，危害国计民生，使社会主义市场经济遭受严重损害的行为。

破坏社会主义市场经济秩序罪主要特征是：犯罪客体是社会主义市场经济管理的制度和正常活动。客观方面表现为违反国家财政经济管理法规，破坏国家经济管理活动的行为。犯罪主体多为一般主体，少数为特殊主体。主观方面绝大多数必须出于故意，一般具有盈利或获取其他非法利益的目的，个别犯罪由过失构成。

我国《刑法》分则第三章第140条至231条对破坏社会主义市场经济秩序罪作出了规定，共规定了94种具体的罪名。以下仅介绍其中的一种。

生产、销售伪劣产品罪

生产、销售伪劣产品罪，是指生产者、销售者在产品中掺杂、掺假，以假充真，以次充好或者以不合格产品冒充合格产品，销售金额达5万元以上的行为。

本罪的特征：(1)本罪侵犯的客体是国家的产品质量管理制度和市场管理制度。(2)本罪的客观方面表现为生产者、销售者违反国家的产品质量管理法律、法规，生产、销售伪劣产品的行为。(3)本罪的主体是个人和单位，表现为产品的生产者和销售者两类人。(4)本罪的主观方面表现为故意。

我国刑法规定，构成本罪的，销售金额5万元以上不满20万元的，处2年以下有期徒刑或者拘役，并处或者单处销售金额50%以上2倍以下罚金；销售金额20万元以上不满50万元的，处2年以上7年以下有期徒刑，并处销售金额50%以上2倍以下罚金；销售金额50万元以上不满200万元的，处7年以上有期徒刑，并处销售金额50%以上2倍以下罚金；销售金额200万元以上的，处15年有期徒刑或者无期徒刑，并处销售金额50%以上2倍以下罚金或者没收财产。

4. 侵犯公民人身权利、民主权利罪

侵犯公民人身权利、民主权利罪是指侵犯公民人身权利和其他与人身直接有关的权利，以及非法剥夺或者妨害公民自由行使依法享有的管理国家事务和参与政治活动权利的行为。

侵犯公民人身权利、民主权利罪的主要特征是：犯罪客体是公民的人身权利、民主权利和其他权利，包括公民的生命、健康、自由、人格和名誉的权利，公民的选举权、批评权、控告权、申诉权、通信自由权、宗教信仰自由权等，以及与公民人身有关的权利。客观方面表现为实施了非法侵犯公民人身权利、民主权利和其他权利的行为。犯罪主体多数为一般主体，少数为特殊主体，即司法工作人员、国家工作人员或邮政工作人员等；就主体年龄而言，一般须年满 16 周岁，但已满 14 周岁不满 16 周岁的人可以成为故意杀人罪、故意伤害致人重伤或者死亡罪、强奸罪等的主体。主观方面除过失致人死亡罪、过失致人重伤罪以外，均只能由故意构成。

我国《刑法》分则第四章第 232 条至 262 条对侵犯公民人身权利、民主权利罪作出了规定，共规定了 37 种具体的罪名。以下仅介绍其中的一种。

故意杀人罪

故意杀人罪，是指故意非法剥夺他人生命的行为。

本罪的特征：(1)本罪的客体是他人的生命权。(2)本罪的客观方面表现为非法剥夺他人生命的行为。(3)本罪的主体是一般主体，刑事责任年龄需满 14 周岁。(4)本罪的主观方面表现为故意。

我国刑法规定，构成本罪的，处死刑、无期徒刑或者 10 年以上有期徒刑；情节较轻的，处 3 年以上 10 年以下有期徒刑。

5. 侵犯财产罪

侵犯财产罪是指将公私财物非法攫取、挪用或者故意予以毁坏，侵犯财产所有权的行为。侵犯财产罪的主要特征是：犯罪客体是公共财产和公民私人财产所有权。客观方面表现为行为人实施了非法攫取、挪用或者毁坏公私财产权利的行为。犯罪主体大多是一般主体，只有少数为特殊主体即要求具有公司、企业单位等人员的特定身份；就主体年龄而言，一般须年满16周岁，但已满14周岁不满16周岁的人可以成为抢劫罪的主体。主观方面必须是出于故意，主要表现为以非法占有为目的或者以非法毁灭、损坏为目的而侵犯公私财物。

我国《刑法》分则第五章第263条至276条对侵犯财产罪作出了规定，共规定了12种具体的罪名。以下仅介绍其中的一种。

抢劫罪

抢劫罪，是指以非法占有为目的，对财物的所有人、保管人当场使用暴力、胁迫或其他方法，强行将公私财物抢走的行为。

本罪的特征：(1)本罪侵犯的客体是复杂客体。(2)本罪在客观方面表现为对财物所有人、持有人或者保管人等当场使用暴力、胁迫或者其他方法强行劫取财物，或者迫使其当场交出财物的行为。(3)本罪的主体是一般主体。(4)本罪在主观方面必须出于直接故意，并且具有非法占有公私财物的目的。

我国刑法规定，构成本罪的，处3年以上10年以下有期徒刑，并处罚金；有下列情形之一的，处10年以上有期徒刑、无期徒刑或者死刑，并处罚金或者没收财产：(1)入户抢劫的；(2)在公共交通工具上抢劫的；(3)抢劫银行或者其他金融机构的；(4)多次抢劫或者抢劫数额巨大的；(5)抢劫致人重伤、死亡的；(6)冒充军警人员抢劫的；(7)持枪抢劫的；(8)抢劫军用物资或者抢险、救灾、救济物资的。

6. 妨害社会管理秩序罪

妨害社会管理秩序罪是指妨害国家机关的管理活动，破坏社会秩序的行为。

妨害社会管理秩序罪的主要特征是：犯罪客体是社会管理秩序，它包括社会秩序、生产秩序、工作秩序、教学秩序和人民群众的生活秩序，涉及国家对社会各方面的管理活动，但仅限于《刑法》分则其他各类犯罪客体以外的为犯罪行为所侵害的社会关系。客观方面必须实施了妨害国家机关的管理活动，破坏社会秩序的行为。

犯罪主体绝大多数是一般主体，只有极少数是特殊主体；就主体年龄而言，一般须年满16周岁，但已满14周岁不满16周岁的人可以成为贩卖毒品罪的主体。主观方面都必须出于故意，其中有些犯罪还必须以盈利为目的。

我国《刑法》分则第六章第277条至367条对妨害社会管理秩序罪作出了规定，共规定了119种具体的罪名。以下仅介绍其中的一种。

妨害公务罪

妨害公务罪，是指以暴力、威胁方法阻碍国家机关工作人员、人大代表依法执行职务，或者在自然灾害中和突发事件中，使用暴力、威胁方法阻碍红十字会工作人员依法履行职责，或故意阻碍国家安全机关、公安机关依法执行国家安全工作任务，虽未使用暴力，但造成严重后果的行为。

本罪的特征：(1)侵犯的客体是国家机关和红十字会的公务活动。(2)客观方面表现为以暴力、威胁方法阻碍国家机关工作人员、人民代表大会代表十字会工作人员依法执行职务或者履行职责的行为，或者阻碍国家安全机关、公安机关依法执行国家安全工作任务，未使用暴力、威胁方法，但造成严重后果的行为。(3)本罪的主体为一般主体。(4)主观方面表现为故意。

我国刑法规定，构成本罪的，处3年以下有期徒刑、拘役、管制或者罚金。

7. 危害国防利益罪

危害国防利益罪是破坏国家军事管理，危害国家国防利益的行为。

危害国防利益罪主要特征是：犯罪客体是国家的国防利益。客观方面实施了破坏国家军事管理，危害国防利益的行为。犯罪主体多数是一般主体，少数要求具有特殊条件。主观方面多数是出于故意，部分也可以是出于过失。

我国《刑法》分则第七章第368条至381条对危害国防利益罪作出了规定，共规定了21种具体的罪名。以下仅介绍其中的一种。

冒充军人招摇撞骗罪

冒充军人招摇撞骗罪,是指以谋取非法利益为目的,冒充军人招摇撞骗的行为。

本罪的特征:(1)本罪的客体,是军队的良好威信及其正常活动。(2)本罪的客观方面表现为实施了冒充军人招摇撞骗罪的行为。(3)本罪的主体为一般主体。(4)本罪的主观方面为故意,且具有谋取非法利益的目的。

我国刑法规定,构成本罪的,处3年以下有期徒刑、拘役、管制或者剥夺政治权利;情节严重的,处3年以上10年以下有期徒刑。

8. 贪污贿赂罪

贪污贿赂罪是指国家工作人员利用职务上的便利,非法占有、使用公私财物,损害国家工作人员职务行为廉洁性的犯罪,是国家工作人员利用职务上的便利实施的贪利型犯罪的总称。

贪污贿赂罪主要特征是:犯罪客体是国家工作人员职务行为的廉洁性和公私财产所有权。客观方面表现为利用职务上的便利,非法占有、使用公私财物的行为。主观方面只能是故意。犯罪主体绝大多数要求具备特殊身份即国家工作人员,少数犯罪可以由一般主体构成。

我国《刑法》分则第八章第382条至396条对贪污贿赂罪作出了规定,共规定了15种具体的罪名。以下仅介绍其中的一种。

贪污罪

贪污罪,是指国家工作人员和受国家机关、国有公司、企业、事业单位、人民团体委托管理、经营国有财产的人员,利用职务上的便利,侵吞、窃取、骗取或者以其他手段非法占有公共财物的行为。

本罪的特征:(1)本罪侵犯的客体是复杂客体。既侵犯了公共财物的所有权,又侵犯了国家机关、国有企业事业单位的正常活动以及职务的廉洁性。(2)本罪的客观方面表现为利用职务之便,侵吞、窃取、骗取或者以其他手段非法占有公共财物的行为。(3)本罪的主体必须是国家工作人员。(4)本罪在主观方面必须出自直接故意,并具有非法占有公共财物的目的。

我国刑法规定,构成本罪的,根据情节轻重,分别依照下列规定处罚:(1)个人贪污数额在10万元以上的,处10年以上有期徒刑或者无期徒刑,可以并处没收财产;情节特别严重的,处死刑,并处没收财产。(2)个人贪污数额在5万元以上不满10万元的,处五年以上有期徒刑,可以并处没收财产;情节特别严重的,处无期徒刑,并处没收财产。(3)个人贪污数额在5千元以上不满5万元的,处1年以上7年以下有期徒刑;情节严重的,处7年以上10年以下有期徒刑。个人贪污数额在5千元以上不满1万元,犯罪后有悔改表现、积极退赃的,可以减轻处罚或者免予刑事处罚,由其所在单位或者上级主管机关给予行政处分。(4)个人贪污数额不满5千元,情节较重的,处2年以下有期徒刑或者拘役;情节较轻的,由其所在单位或者上级主管机关酌情给予行政处分。

9. 渎职罪

渎职罪是指国家工人员利用职务上的便利或者玩忽职守,妨害国家机关的正常活动,致使国家和人民利益遭受重大损失的行为。

渎职罪的主要特征是:犯罪客体是国家机关的正常活动。客观方面表现为国家机关工作人员利用职务上的便利实施的渎职行为和玩忽职守行为。犯罪主体是特殊主体,即只能由国家机关工作人员构成。主观方面既有故意,也有过失,其中多数是故意。

我国《刑法》分则第九章第397条至第419条对渎职罪作出了规定,共规定了33种具体的罪名。以下仅介绍其中的一种。

滥用职权罪

滥用职权罪,是指国家机关工作人员故意逾越职权或者不履行职责,致使公共财产、国家和人民利益遭受重大损失的行为。

本罪的特征:(1)本罪侵犯的客体是国家机关的正常活动。(2)本罪客观方面表现为滥用职权,致使公共财产、国家和人民利益遭受重大损失的行为。(3)本罪主体是国家机关工作人员。(4)本罪在主观方面表现为故意,行为人明知自己滥用职权的行为会发生致使公共财产、国家和人民利益遭受重大损失的结果,并且希望或者放任这种结果发生。

我国刑法规定,构成本罪的,处3年以下有期徒刑或者拘役;情节特别严重的,处3年以上7年以下有期徒刑。

10. 军人违反职责罪

军人违反职责罪是指中国人民解放军的现役军人,违反军人职责,危害国家军事利益的行为。

军人违反职责罪的主要特征是:犯罪客体是国家的军事利益,即国家在国防建设、作战行动、军事物资保障、军事机密、军事科学研究等方面的利益。客观方面实施了违反军人职责、危害国家军事利益的行为。犯罪主体是特殊主体,即军人。只有具备军人身份才有军人职责,才可能构成军人违反职责的犯罪。主观方面多数是出于故意,少数是出于过失。

我国《刑法》分则第十章第420条至第451条对军人违反职责罪作出了规定,共规定了31种具体的罪名。以下仅介绍其中的一种。

非法出卖、转让武器装备罪

非法出卖、转让武器装备罪,是指军人及非军人非法出卖或者转让武器装备的行为。

本罪的特征:(1)本罪侵犯的客体是武器装备的管理、使用制度。(2)本罪在客观方面表现为违反武器装备规定,非法出卖、转让军队武器装备的行为。(3)本罪的主体为特殊主体。即本罪适用于中国人民解放军的现役军官、文职干部、士兵及具有军籍的学员和中国人民武装警察部队的现役警官、文职干部、士兵及具有军籍的学员以及执行军事任务的预备役人员和其他人员。(4)本罪在主观方面表现为故意。

我国刑法规定,构成本罪的,处3年以上10年以下有期徒刑;出卖、转让大量武器装备或者有其他特别严重情节的,处10年以上有期徒刑、无期徒刑或者死刑。

三、案例分析

【案例 8-1】本案中，何某违反道路交通管理法规，无证驾驶货车撞倒王某致其死亡，且肇事后弃车逃逸。根据我国刑法的规定，其行为已构成交通肇事罪。不过，何某犯罪后主动投案并如实供述自己罪行，系自首，依法可从轻处罚。

【案例 8-2】本案中，郭某入户盗窃后，为抗拒抓捕，在户内当场使用暴力，致一人死亡并劫得人民币 7 万余元，其行为已构成转化的抢劫罪。转化型抢劫不同于典型性抢劫，是行为人迫于情势的变化而要借助于暴力来达到抗拒抓捕的目的，这与典型性抢劫中的暴力从行为开始就直接指向被害人是不同的，其危害程度也是有区别的。

作为盗窃罪共犯的赵某并非转化的抢劫罪的共犯，赵某应当以盗窃罪定罪量刑。赵某在本案中只是放风，起到了次要辅助作用，应当认定为从犯，可从轻或减轻处罚。

【案例 8-3】根据我国刑法的规定，国家机关工作人员故意逾越职权或者不履行职责，致使公共财产、国家和人民利益遭受重大损失的行为即构成滥用职权罪。本案中，孙某系某国家机关负责人，该国家机关不负有向企业提供贷款的职责。作为局长，孙某并没有将本单位行政经费借给他人经商的权力，但其因有碍于老领导的面子，擅自将 30 万元公款借给他人，并造成无法收回的结果，客观上已达到我国刑法规定的滥用职权罪构成要件中重大损失的程度。因此，该行为完全符合因情徇私，故意逾越职权，致使国家财产遭受重大损失这一客观方面的标准。从犯罪客体的角度来看，孙某故意违反规定，越权将单位的行政经费借给他人经商，严重违反行政经费管理规定，显然侵犯了国家机关的正常活动。从犯罪主体来看，孙某系国家行政机关负责人，完全符合国家机关工作人员这一特殊主体要求。综上，孙某的行为构成滥用职权罪。

相关法规链接

《中华人民共和国刑法》

第 109 条 国家机关工作人员在履行公务期间，擅离岗位，叛逃境外或者在境外叛逃的，处五年以下有期徒刑、拘役、管制或者剥夺政治权利；情节严重的，处五年以上十年以下有期徒刑。

掌握国家秘密的国家工作人员叛逃境外或者在境外叛逃的，依照前款的规定从重处罚。

第 133 条 违反交通运输管理法规，因而发生重大事故，致人重伤、死亡或者使公私财产遭受重大损失的，处 3 年以下有期徒刑或者拘役；交通运输肇事后逃逸或者有其他特别恶劣情节的，处 3 年以上 7 年以下有期徒刑；因逃逸致人死亡的，处 7 年以上有期徒刑。

第 140 条 生产者、销售者在产品中掺杂、掺假，以假充真，以次充好或者以不合格产品冒充合格产品，销售金额 5 万元以上不满 20 万元的，处 2 年以下有期徒刑或者拘役，并处或者单处销售金额 50％以上 2 倍以下罚金；销售金额 20 万元以上不满 50 万元的，处 2 年以上 7 年以下有期徒刑，并处销售金额 50％以上 2 倍以下罚金；销售金额 50 万元以上不满 200 万元的，处 7 年以上有期徒刑，并处销售金额 50％以上 2 倍以下罚金；销售金额 200 万元以上的，处 15 年有期徒刑或者无期徒刑，并处销售金额 50％以上 2 倍以下罚金或者没收财产。

第 232 条 故意杀人的，处死刑、无期徒刑或者 10 年以上有期徒刑；情节较轻的，处 3 年以上 10 年以下有期徒刑。

第 263 条 以暴力、胁迫或者其他方法抢劫公私财物的，处 3 年以上 10 年以下有期徒刑，并处罚金；有下列情形之一的，处 10 年以上有期徒刑、无期徒刑或者死刑，并处罚金或者没收财产：

（一）入户抢劫的；

（二）在公共交通工具上抢劫的；

（三）抢劫银行或者其他金融机构的；

（四）多次抢劫或者抢劫数额巨大的；

（五）抢劫致人重伤、死亡的；

（六）冒充军警人员抢劫的；

（七）持枪抢劫的；

（八）抢劫军用物资或者抢险、救灾、救济物资的。

第 277 条　以暴力、威胁方法阻碍国家机关工作人员依法执行职务的，处 3 年以下有期徒刑、拘役、管制或者罚金。

以暴力、威胁方法阻碍全国人民代表大会和地方各级人民代表大会代表依法执行代表职务的，依照前款的规定处罚。

在自然灾害和突发事件中，以暴力、威胁方法阻碍红十字会工作人员依法履行职责的，依照第 1 款的规定处罚。

故意阻碍国家安全机关、公安机关依法执行国家安全工作任务，未使用暴力、威胁方法，造成严重后果的，依照第 1 款的规定处罚。

第 372 条　冒充军人招摇撞骗的，处 3 年以下有期徒刑、拘役、管制或者剥夺政治权利；情节严重的，处 3 年以上 10 年以下有期徒刑。

第 382 条　国家工作人员利用职务上的便利，侵吞、窃取、骗取或者以其他手段非法占有公共财物的，是贪污罪。

受国家机关、国有公司、企业、事业单位、人民团体委托管理、经营国有财产的人员，利用职务上的便利，侵吞、窃取、骗取或者以其他手段非法占有国有财物的，以贪污论。

与前两款所列人员勾结，伙同贪污的，以共犯论处。

第 383 条　对犯贪污罪的，根据情节轻重，分别依照下列规定处罚：(1)个人贪污数额在 10 万元以上的，处 10 年以上有期徒刑或者无期徒刑，可以并处没收财产；情节特别严重的，处死刑，并处没收财产。(2)个人贪污数额在 5 万元以上不满 10 万元的，处五年以上有期徒刑，可以并处没收财产；情节特别严重的，处无期徒刑，并处没收财产。(3)个人贪污数额在5千元以上不满5万元的，处1年以上7年以下有期徒刑；情节严重的，处7年以上10年以下有期徒刑。个人贪污数额在5千元以上不满1万元，犯罪后有悔改表现、积极退赃的，可以减轻处罚或者免予刑事处罚，由其所在单位或者上级主管机关给予行政处分。(4)个人贪污数额不满5千元，情节较重的，处2年以下有期徒刑或者拘役；情节较轻的，由其所在单位或者上级主管机关酌情给予行政处分。

第397条 国家机关工作人员滥用职权或者玩忽职守，致使公共财产、国家和人民利益遭受重大损失的，处3年以下有期徒刑或者拘役；情节特别严重的，处3年以上7年以下有期徒刑。本法另有规定的，依照规定。

国家机关工作人员徇私舞弊，犯前款罪的，处五年以下有期徒刑或者拘役；情节特别严重的，处五年以上十年以下有期徒刑。本法另有规定的，依照规定。

第439条 非法出卖、转让军队武器装备的，处3年以上10年以下有期徒刑；出卖、转让大量武器装备或者有其他特别严重情节的，处10年以上有期徒刑、无期徒刑或者死刑。

思考题

1. 简述危害国家安全罪的主要特征。
2. 简述侵犯财产罪的主要特征。
3. 简述渎职罪的主要特征。

第三编

诉讼法律制度

在当代社会生活中，难免会因为各种原因而发生种种矛盾或冲突。尽管解决问题的方法正日趋多元化，例如由纠纷主体通过协商解决，或由第三方出面调解，或者是由某一社会机构（如仲裁委员会）进行裁决。但不可否认的是诉讼仍然是目前最重要的纠纷解决手段。与其他的解决方法相比，诉讼是由国家的专门机关运用特定的方法，在当事人的有效参与下，在查明事实、分清是非的基础上，对案件作出裁判，从而解决相关纠纷的活动。在此过程中，当事人双方有权通过相对理性的争辩、对抗来维护自身的合法权益，法官作出裁判的根据必须是真实、合法的证据和国家的法律，在必要时辅以国家强制力来保障诉讼的顺利进行和判决的履行，这样一种相对规范的且具有强制力的程序所能达到的效果常常是其他纠纷解决机制所无法达到的。

在我国，主要有三种诉讼程序：一是民事诉讼程序，二是刑事诉讼程序，三是行政诉讼程序。民事诉讼程序用于解决平等主体之间的民事纠纷及某些特殊的非诉讼案件。刑事诉讼程序用于解决犯罪嫌疑人、被告人刑事责任认定的问题，提起的主体主要是国家公诉机关，在部分案件里由自诉人提起。行政诉讼程序解决的是国家行政机关与行政相对人之间的纠纷。目前，作为行政相对人的公民、法人或者其他组织只能针对行政机关及其工作人员的具体行政行为提起行政诉讼。

通过学习我国的诉讼法律制度，可以帮助我们了解哪些纠纷可以通过诉讼的方式来解决，在解决的过程中需要注意什么问题，如何有效地参与诉讼，如何获得有效的法律救济，等等，从而通过诉讼的方式真正维护自身的合法权益。

第九章　民事诉讼法

在现代社会中，由于各种原因导致民事纠纷迅猛增长，进而出现大量的亟须解决的民事案件。目前，主要的纠纷解决机制有三种，包括私力救济（如纠纷双方自行和解）、社会救济（如民间调解、律师调解、仲裁）和公力救济（如行政救济、司法救济）。民事诉讼法所调整的正是司法救济过程中法院、当事人和其他诉讼参与人所进行的各种诉讼活动。

第一节　民事诉讼法概述

案例 9-1　快递公司员工监守自盗案

林某大学毕业后在上海市某快递公司上班。2010 年 4 月 19 日，有一批邮件被发到林某所在的部门，由林某负责保管、核对及分配投递。林某发现该批邮件总共有 21 件，但清单上只登记了 20 件。林某认为“没清单的邮件我拿掉了也不会被人发现”。于是，他将邮件偷偷藏在自己的办公室桌下。趁下班没人时，林某打开邮件，发现竟是一包重 2 500 克（市价约 20 万元）的冬虫夏草，便偷偷将虫草带回了住处，据为己有。5 月初，顾客吴某反映其从山东济南寄往上海的邮件（一包冬虫夏草）收件人一直没收到。5 月 10 日，快递公司调查人员调取了 4 月 19 日的监控录像，发现林某十分可疑，便找到他谈话。自知事情败露后，林某主动承认了盗窃事实，并向警方投案。不巧的是，林某住处遭遇火灾，被其私吞的虫草同其他财物一起都被烧毁。吴某要求快递公司进行赔偿。但快递公司的工作人员提出，此事系林某所为，与公司无关。吴某欲诉至法院，要求快递公司赔偿其损失。

讨论题

1. 什么是民事纠纷？什么是民事诉讼？
2. 本案是否属于民事诉讼的受案范围？

案例 9-2 医院护士抱错孩子案

2002 年 5 月 20 日，范某的妻子李某和朱某的妻子刘某到新康市中心医院待产。次日凌晨，李某与刘某各产下一名男婴。但由于该医院护士的过失，造成了两家将孩子抱错。此后，随着孩子年龄增长，范某、朱某两家都发现儿子长得不像自己，便因此经常发生矛盾，几度闹离婚，精神上遭受了巨大的痛苦。2009 年 9 月，新康市中院委托当地一司法鉴定机构对李某及其儿子、刘某及其儿子进行 DNA 鉴定，结论为刘某所养的儿子与李某有生物学亲子关系；李某所养的儿子与刘某有生物学亲子关系。于是，范、朱两家认为是医院造成了两家的孩子抱错，遂将新康市中心医院告上法院，要求换回儿子，并要求医院赔偿精神损失及鉴定、交通等费用 200 万元。新康市某区法院受理了本案，决定由法官吴某、邵某、方某及人民陪审员贾某组成合议庭公开审理本案。开庭前，范某得知主审法官吴某与新康市中心医院的院长是大学同学，因此要求其回避。医院的代理律师提出，本案事关医院的声誉，因此要求不公开审理。

讨论题

1. 本案合议庭的组成是否合法？
2. 法院应该如何处理范某和医院的请求？

一、民事纠纷与民事诉讼

民事纠纷，是指平等主体之间发生的，以民事权利义务为内容的一种社会纠纷。它有三个特点：第一，民事纠纷主体之间的法律地位是平等的，彼此之间不存在服从或隶属关系。第二，民事纠纷的内容是民事权利义务的争议。例如，一方当事人不履行合同中约定的义务，造成对方的损失，由此产生了合同纠纷。第三，民事纠纷具有可处分性。由于民事纠纷涉及的是民事主体的权利义务争议，基于私法自治原则，民事主体有权处分自己的权利。

民事诉讼，是指人民法院在当事人和其他诉讼参与人的参与下，通过对民事案件进行审理以查明事实、分清是非，从而解决民事纠纷的活动。在民事纠纷出现以后，当事人可以选择多种方式进行解决，如和解、调解、仲裁或诉讼，其中民事诉讼是解决民事纠纷的重要方式之一。在我国，民事案件的审判权专属于各级人民法院，其他机关无权审理民事案件。

二、民事审判的基本原则

在民事审判中，需要遵循如下原则：

1. 当事人平等原则。民事诉讼当事人具有平等的诉讼地位，享有平等的诉讼权利。

2. 辩论原则。在民事审判的全过程中，在人民法院的主持下，双方当事人有权就案件事实和有争议的问题分别陈述自己的主张和根据，相互进行辩论和质证，以维护本方的合法权益。

3. 调解原则。人民法院在审理民事案件时，可以采用调解的方法解决民事纠纷，但调解必须遵循自愿、合法的原则。

4. 处分原则。民事诉讼当事人在诉讼进行的各个阶段，有权在法律规定的范围内处分自己的实体权利和诉讼权利。

5. 诚信原则。民事诉讼当事人在参加诉讼的过程中必须具备诚实、善意的内在状态，不得滥用诉讼权利，不得实施不正当的诉讼行为。

三、民事诉讼的基本制度

在我国的民事诉讼中，有四大基本制度：合议制、回避制、公开审判制、两审终审制。

1. 合议制

合议制，是指由 3 名以上单数法官组成的合议庭对民事案件进行集体审理和裁判的制度。

根据我国民事诉讼法的规定，在不同的审判程序中，合议庭的组成人员有所不同。其基本规则如下：

(1) 第一审普通程序合议庭由审判员与陪审员共同组成合议庭，或者仅由审判员组成合议庭；

(2) 第二审合议庭必须由审判员组成合议庭；

(3) 合议庭评议时，实行少数服从多数原则。有不同意见的，应如实记入笔录。

2. 回避制

回避制度，是指为了保证案件的公正审理，人民法院的审判人员或执行人员在遇有法定回避情形时，退出案件的审理或其他诉讼活动的法律制度。

在我国的民事诉讼中，回避制度适用于下列人员：审判人员(审判员和陪审员)、书记员、翻译人员、鉴定人、勘验人。

回避的法定原因包括：(1)是本案当事人或者当事人、诉讼代理人的近亲属(配偶、父母、子女、兄弟姐妹、祖父母、外祖父母、孙子女、外孙子女等)；(2)与本案有利害关系；(3)与本案当事人有其他关系，可能影响案件公正审理的。

根据我国法律的规定，回避有两种方式：一是当事人申请回避，这是当事人所享有的一项重要的诉讼权利；当事人在申请回避时，应当说明理由。二是自行回避，即有关人员遇有法定情形时，可以自己提出回避申请。

在回避申请提出以后，决定程序如下：

(1) 院长担任审判长的回避由审判委员会决定；

(2) 审判人员(包括人民陪审员)的回避由院长决定；

(3) 其他人员(书记员、翻译人员、鉴定人、勘验人)的回避由审判长决定。

3. 公开审判制

公开审判制度，是指人民法院在审理民事案件时，除法律规定的情况外，审判过程应当向群众、社会公开的制度，包括允许群众旁听、允许新闻媒体对案件审理过程进行采访报道。公开审判制度的具体内容包括：

（1）案件审理的过程是公开的。只有部分案件不公开审理，其中涉及国家秘密的案件、涉及个人隐私的案件一律不公开审理，离婚案件和涉及商业秘密的案件须经当事人申请后才不公开审理。

（2）合议庭评议一律不公开。

（3）判决一律公开。

4. 两审终审制

两审终审制，是指一个民事案件经过两级法院审理就宣告终结的制度。实行两审终审制既为当事人在不服一审判决时提供了必要的司法救济，同时也有助于法院及时地审结民事案件以尽快解决民事纠纷。

两审终审也有例外，以下案件实行一审终审：(1)最高人民法院适用一审程序审结的案件；(2)人民法院按照特别程序以及督促程序、公示催告程序、破产还债程序审理的案件。

四、案例分析

【案例9-1】本案中，吴某和该快递公司之间是平等的合同关系，二者的纠纷构成了平等主体之间的民事纠纷。至于快递公司所主张的“此事系林某所为，与公司无关”的说法是站不住脚的，因为林某是在工作期间私吞了客户的邮件，其行为显然是职务行为，对此公司应当承担赔偿责任。因此，如果吴某到法院提起诉讼的话，法院应当予以立案受理。

【案例9-2】在我国，依照民诉法的规定，人民法院在受理案件后，如果选择用合议庭审理案件的话，可以由审判员与陪审员共同组成合议庭，也可以仅由审判员组成合议庭，但是无论选择哪种方式，合议庭的人数应为单数。因此，本案中新康市某区法院在受理本案后决定由法官吴某、邵某、方某及人民陪审员贾某组成合议庭的做法是错误的。对于原告之一范某的回避请求，法院应当进行审查,如果查证属实的话,考虑到主审法官与医院院长的关系,法院院长应当决定主审法官退出本案的审理。对于院方的请求,由于其所主张的情况并不属于我国法律所规定的不公开审理的法定情形,因此法院应当驳回其请求。

相关法规链接

《中华人民共和国民事诉讼法》

第 3 条　人民法院受理公民之间、法人之间、其他组织之间以及他们相互之间因财产关系和人身关系提起的民事诉讼,适用本法的规定。

第 8 条　民事诉讼当事人有平等的诉讼权利。人民法院审理民事案件,应当保障和便利当事人行使诉讼权利,对当事人在适用法律上一律平等。

第 9 条　人民法院审理民事案件,应当根据自愿和合法的原则进行调解;调解不成的,应当及时判决。

第 10 条　人民法院审理民事案件,依照法律规定实行合议、回避、公开审判和两审终审制度。

第 13 条　民事诉讼应当遵循诚实信用原则。当事人有权在法律规定的范围内处分自己的民事权利和诉讼权利。

第二节　诉讼参加人

案例 9-3　小学生互殴案

杨某(7 岁)与李某(8 岁)是同班同学,一日在放学回家的路上因一件小事而发生口角,继而相互扭打起来。冲突中,杨某拾起一块砖头重重敲在李某的头上,致其大量失血倒地昏厥,后被人送至医院抢救得以脱险。事后,李某的父亲要求杨某的父亲给予赔偿,但遭拒绝。无奈之下,便委托李某的舅舅律师方某到法院提起诉讼。

讨论题

1. 什么是当事人？
2. 本案中，谁是原告？谁是被告？

案例 9-4　某中学追讨承包款案

贾某等五人订立书面协议，共同承包大江中学的学生食堂，约定每人出资 3 万元，贾某为代表人，每年向大江中学缴纳承包费用 6 万元。一年后，贾某等五人未能及时向大江中学缴纳上一年度的承包费用，导致该中学与贾某等人产生了纠纷。在追讨未果的情况下，大江中学到法院起诉贾某，要求其及时还清欠款。法院受理后，贾某提出应将其余四人追加为当事人，共同参加诉讼。但法院只将贾某作为本案的被告，理由是大江中学只起诉了贾某，判决后贾某可以另行起诉其余四人。后法院作出判决，要求贾某在一定期限内还清原告承包费 6 万元人民币。

讨论题

1. 本案是否属于共同诉讼？
2. 本案中法院的做法是否正确？

案例 9-5　兄弟争产案

张甲将房屋四间卖给刘某，但刘某迟迟不付款。于是，张甲诉至法院要求刘某付款并支付违约金。在本案的审理中，张甲之弟张乙得知此事后，便到法院找到主审法官，提出其兄所出售的四间房屋中有两间是他的，要求确认并请求返还房屋。

讨论题

1. 张乙是否可以参加诉讼？如果可以的话，他处于何种诉讼地位？
2. 本案中，法院应如何处理张乙的请求？

案例9-6 代理人私自撤诉案

胡某在其与赵某的诉讼中聘请了某律师事务所的律师党某作为代理人，由于自己不懂法律，所以胡某在授权委托书中委托权限一栏里注明“全权代理”。几个月后，当胡某到法院询问案件的审理进程时得知，律师党某早已代他撤诉了。胡某找到法院质问为什么允许律师代他撤诉时，法官告诉他因为授权委托书中写的是“全权代理”，就是说律师有权代理胡某进行一切诉讼活动，包括撤诉。

讨论题

1. 本案中律师的做法正确吗？
2. 本案中法院的做法正确吗？

一、当事人概述

1. 当事人的概念、特征

民事诉讼中的当事人，是指因民事权利义务关系发生争议，以自己的名义进行诉讼，请求法院行使审判权解决民事纠纷或保护民事权益的人及其相对方。

当事人具有以下特征：(1)以自己的名义起诉或应诉，这与代理人具有显著的区别。(2)当事人往往与案件有直接的利害关系，一般来说当事人是为了保护自己的权益而参加到诉讼中来。(3)当事人要受到法院裁判的拘束。即人民法院在作出生效判决后，对双方当事人都产生法律效力。

2. 原告与被告

在我国的民事诉讼中，最基本的当事人是原告和被告。实际上，民事诉讼制度的设计，其基本出发点就是为了解决原、被告之间的民事权利义务争议。

原告，是指为了保护自己的或受其管理的其他人的民事权益，以自己的名义向法院提起诉讼，从而引起民事诉讼程序发生的人。

被告，是指被原告诉称侵犯其民事权益或与其发生民事权益争执，而由法院通知应诉的人。

二、共同诉讼

所谓共同诉讼，是指当事人一方或双方为两人以上的诉讼。其中原告一方为两人或两人以上的，称为共同原告；被告一方为两人或两人以上的，称为共同被告。

根据我国《民事诉讼法》的规定，共同诉讼可以分为必要的共同诉讼和普通的共同诉讼。必要的共同诉讼，是指当事人一方或双方为两人以上，其诉讼标的是共同的共同诉讼。普通的共同诉讼，是指当事人一方或双方为两人以上，其诉讼标的是同一种类，法院认为可以合并审理并经当事人同意的共同诉讼。二者的区别在于：

（1）诉讼标的不同。必要的共同诉讼的诉讼标的是同一的，而普通的共同诉讼的诉讼标的是同一种类的。

（2）是否可分不同。必要的共同诉讼是不可分之诉，因而必须合并审理，所有的共同诉讼人必须一起参加诉讼；而普通的共同诉讼是可分之诉，是由数个同一种类的诉讼标的合成的，这些诉讼标的均具有独立性，可以分开审理，也可以合并审理。

（3）是否需要经过当事人同意不同。必要的共同诉讼不需经过当事人同意就可以合并审理，并且法院可以追加当事人，而普通的共同诉讼必须经过当事人同意，才能合并审理。

三、民事诉讼第三人

民事诉讼第三人，是指为了保护自己的合法权益，而参加到他人之间已经开始的诉讼程序中的人。在我国，第三人分为有独立请求权的第三人和无独立请求权的第三人。有独立请求权的第三人，是指对于他人之间的诉讼标的有独立请求权的第三人；无独立请求权的第三人，是指对于他人之间的诉讼标的虽然没有独立的请求权，但是案件的处理结果与其有法律上的利害关系，因而参加到诉讼中来的第三人。二者的主要区别包括：

（1）参加诉讼的根据不同。对他人之间的诉讼标的有独立请求权，这是有独立请求权的第三人参加诉讼的根据。具体来说这表现为，有独立请求权的第三人既不同意原告的主张，也不同意被告的主张，而是有自己独立的主张。而无独立请求权的第三人参加诉讼是因为其与案件的处理结果有法律上的利害关系。

（2）参加诉讼的方式和诉讼地位不同。有独立请求权的第三人以起诉的方式参加诉讼，即将本诉讼的原告、被告作为参加之诉的被告，自己居于参加之诉的原告的诉讼地位，享有原告的诉讼权利。无独立请求权的第三人参加诉讼的方式有两种，一是自己申请参加诉讼，二是由法院通知其参加诉讼。在诉讼中会加入到诉讼中的一方，处于辅助人的地位，诉讼权利受到很大限制。

（3）受到本诉的影响不同。有独立请求权的第三人提起的是一个独立的诉，因此即便本诉因撤诉、和解或者以其他方式终止，也不影响参加之诉的继续进行。无独立请求权的第三人只是作为一方当事人的辅助人，因此如果本诉终结，其辅助之行为也自然终结。

四、代理人

在当代的民事诉讼中，由于种种原因使得当事人本人有时难以有效地参加诉讼，进而不能有效地维护自己的合法权益。因此，法律上设置了代理人制度来弥补当事人诉讼能力的缺陷。就目前而言，代理人可分为法定代理人和委托代理人。

法定代理人，是指根据法律的规定而取得代理权，代理无诉讼行为能力的当事人参加诉讼的人。委托代理人，是指受诉讼当事人、法定代理人、诉讼代表人或法定代表人的委托，代为进行诉讼的人。二者的区别在于：

（1）代理权的来源和代理人的范围不同。法定代理人是基于法律的规定，主要是民法上的监护关系，而取得代理权。因此法定代理人一般来说是由被代理人的监护人来担任的。委托代理人则是基于委托人的授权。在我国,律师,当事人的近亲属,有关的社会团体或者所在单位推荐的人,经人民法院许可的其他公民,可以被委托为诉讼代理人。

(2) 代理的权限不同。法定代理人在诉讼中拥有与当事人相当的诉讼权利和义务。委托代理人的代理权限则取决于委托人的授权。委托人的授权可以分为一般委托授权和特别委托授权。前者只能进行一般性的诉讼代理,包括代理起诉、提供证据、要求回避、提出管辖权异议等。后者除了一般性的诉讼代理外,还可以代为承认、放弃、变更诉讼请求、进行和解、提起反诉或上诉等,但这些行为必须有委托人的明确授权。在委托书上仅写"全权代理"而不载明具体代理权限的,视为一般代理。

(3) 代理权消灭的原因不同。法定代理人的代理权消灭的原因主要有:无诉讼行为能力人具备了或恢复了诉讼行为能力;收养关系、婚姻关系的解除;代理人本人丧失诉讼行为能力;被代理人或代理人死亡;诉讼终结。委托代理人的代理权消灭的原因主要有:诉讼终结;代理人丧失诉讼行为能力或死亡;被代理人死亡;委托人解除委托或代理人辞却委托。

五、案例分析

【案例 9-3】本案中,发生纠纷的主体是杨某和李某,案件的处理直接会影响到他们的合法权益,因而他们应该是本案的当事人。但是由于杨某和李某都是未成年人,无法有效地通过诉讼来保护自己的合法权益,所以根据我国法律的规定,应由其监护人作为法定代理人来参加诉讼。因此,本案中原告是李某,其父是法定代理人;被告是杨某,其父为法定代理人。

【案例 9-4】根据最高人民法院《关于执行〈中华人民共和国民法通则〉若干问题的意见》第 45 条第 2 款规定:"未起字号的个人合伙,合伙人在民事诉讼中为共同诉讼人。合伙人人数众多的,可以推举诉讼代表人参加诉讼,诉讼代表人的诉讼行为,对全体合伙人发生法律效力。"最高人民法院《关于适用〈中华人民共和国民事诉讼法〉若干问题的意见》第 47 条规定:“个人合伙的全体合伙人在诉讼中为共同诉讼人。”结合本案的案情,可以发现,贾某等五人属于一种个人合伙,其他合伙人应为共同诉讼人。由于是共同出资、共同承担承包费用,因而一旦涉诉的话其诉讼标的是共同的,因此,本案属于必要的共同诉讼。必要的共同诉讼是不可分之诉,所有的共同诉讼人必须一起参加诉讼。根据我国《民事诉讼法》第 119 条之规定:“必须共同进行诉讼的当事人没有参加诉讼的,人民法院应当通知其参加诉讼。”同时,最高人民法院《关于适用〈中华人民共和国民事诉讼法〉若干问题的意见》第 57 条规定:“必须共同进行诉讼的当事人没有参加诉讼的,人民法院应当依照民事诉讼法第 119 条的规定,通知其参加;当事人也可以向人民法院申请追加。人民法院对当事人提出的申请,应当进行审查,申请无理的,裁定驳回;申请有理的,书面通知被追加的当事人参加诉讼。”因此,本案中法院的做法是错误的,正确的做法是追加另外四人作为共同被告参加诉讼。

【案例 9-5】本案中,张甲与刘某因房屋买卖发生纠纷,张甲向法院提起了诉讼,要求刘某付款并付违约金。据此,可以判断张甲是本案的原告,刘某是本案的被告。张乙出现后,是对张甲和刘某所争议的诉讼标的提出部分的独立请求权,认为其中的两间房屋是他的,所以他是有独立请求权的第三人。因此,法院应当告知其以张甲和刘某作为被告向法院提起诉讼。这样,如果随后张乙向法院提起了参加之诉后,那么张乙就变成原告,张甲和刘某就是参加之诉的被告。而就整个案件来说,张乙是有独立请求权的第三人。

【案例 9-6】本案中,律师的做法是错误的。尽管胡某与其签订了委托代理合同,但授权委托书中仅仅写了“全权代理”,因此这样的授权是不明确的,也是无效的,故律师无权代理胡某撤诉。同时,法院的做法也是错误的,既然律师无权撤诉,那么法院就不能同意律师撤回起诉。

相关法规链接

《中华人民共和国民事诉讼法》

第48条　公民、法人和其他组织可以作为民事诉讼的当事人。法人由其法定代表人进行诉讼。其他组织由其主要负责人进行诉讼。

第49条　当事人有权委托代理人，提出回避申请，收集、提供证据，进行辩论，请求调解，提起上诉，申请执行。

第52条　当事人一方或者双方为二人以上，其诉讼标的是共同的，或者诉讼标的是同一种类、人民法院认为可以合并审理并经当事人同意的，为共同诉讼。

第57条　无诉讼行为能力人由他的监护人作为法定代理人代为诉讼。法定代理人之间互相推诿代理责任的，由人民法院指定其中一人代为诉讼。

第58条　当事人、法定代理人可以委托一至二人作为诉讼代理人。下列人员可以被委托为诉讼代理人：

（一）律师、基层法律服务工作者；

（二）当事人的近亲属或者工作人员；

（三）当事人所在社区、单位以及有关社会团体推荐的公民。

第62条　离婚案件有诉讼代理人的，本人除不能表达意思的以外，仍应出庭；确因特殊情况无法出庭的，必须向人民法院提交书面意见。

第三节　主管与管辖

案例9-7　装饰工程合同纠纷案

甲公司与乙公司签订了一份装饰工程合同。合同约定：乙公司包工包料，负责完成甲公司办公大楼的装饰工程。事后双方另行达成了补充协议，约定因该合同的履行如果发生纠纷，由某仲裁委员会裁决。在装饰工程竣工后，质检单位鉴定复合地板及磁砖系不合格产品。甲公司要求乙公司返工并赔偿损失，乙公司不同意，双方产生纠纷。甲公司起诉至人民法院，法院受理了本案，乙公司也应诉答辩。

讨论题

1. 人民法院是否有权审理本案？

2. 如果在一审的庭审中，乙公司向法院提交了其与甲公司的仲裁协议，法院应当如何处理？

案例 9-8　中级法院拒绝受理租房纠纷案

原告唐某于 2009 年 11 月 19 日向某市第一中级人民法院递交起诉状称：被告房某于 2007 年 8 月租用原告房屋两间，每月租金 2 500 元，租期 2 年。现租期已过，原告欲收回房屋自用，但被告不仅拒绝搬出，而且最近三个月的租金也一直未付。故请求法院判令被告迁出，并支付剩余的租金。第一中级人民法院的法官告知唐某本院对本案无管辖权，没有受理她的起诉，让其到区人民法院起诉。唐某想不通，认为中级人民法院的法官水平高，更能公正审理案件，区法院的法官水平不高，不愿意去区法院起诉。

讨论题

本案中第一中级人民法院的做法是否正确？

案例 9-9　张某索债案

张某与胡某、刘某、钱某是大学同学。毕业后，胡某、刘某、钱某三人决定合伙做生意。由于张某的经济条件较好，故三人共同向张某借款 6 万元，言明半年之后归还，并写了借条，由胡某、刘某和钱某三人共同签名。半年之后，胡、刘、钱未依约还钱，张某向他们索债，三人互相推诿，仍不还钱。张某一气之下准备向法院起诉。现知张某住 A 市甲区，胡某住 A 市乙区，刘某住 A 市丙区，钱某住A市丁区。

讨论题

如果张某到法院起诉的话,本案应由哪个法院管辖?

案例9-10　遗产继承纠纷案

上海某理工大学退休教师孙某有子女五人:长子孙甲、长女孙乙和二女孙丙在上海市工作;次子孙丁在苏州市吴中区工作;三女孙戊在湖南长沙工作。五个子女均已成家。2009年孙某去世后,在上海市某区留有房产一处及存款40万。子女五人在办理完父亲的丧事后,在遗产继承问题上出现了分歧。三个女儿主张应将房产折价与存款一起平均分配。次子孙丁表示同意,长子孙甲持反对意见,坚持自己要继承全部的房产,存款可由其他四人均分,理由是:他早年当童工与父亲一起分担家庭生活的担子,并扶助四弟妹读书,以后又长期同父亲生活在一起。五人多次协商并经街道调解,始终未能达成一致意见。孙甲于是向上海市某区法院对其弟孙丁提起诉讼。某区法院立案后,因被告孙丁接单位电报返回苏州,便以"被告不在我市居住,现已返回苏州"为由将案件移送苏州市吴中区人民法院。

讨论题

1. 本案中上海市某区法院将案件移送的做法是否正确?为什么?

2. 本案当事人能否协议变更管辖?为什么?

案例9-11　彩电合同纠纷案

2005年6月,江苏省南通市某职业中学向浙江省温州市某贸易公司购买一批彩电。合同在上海市徐汇区签订。合同规定贸易公司为职业中学代运,货到付款;如发生争议,双方协商解决。随后,双方代表又口头约定假如协商不成的话,则任何一方可向上海市徐汇区人民法院提起诉讼。职业中学收到货后,发现电视机不符合质量要求,要求退货。贸易公司不同意,因此发生争议。为此,贸易公司向上海市徐汇区人民法院起诉,要求职业中学交付货款。

讨论题

上海市徐汇区人民法院对本案有无管辖权?

案例 9-12　离婚诉讼案

北海市甲区某中学教师何某与东海市乙区教育局干部刘某于 2007 年 5 月 1 日在东海市结婚。婚后,双方户口仍在各自工作所在地没有变动,二人有时住北海市,但多数时间住东海市乙区。婚后因双方性格不合,经常吵架。刘某于 2008 年 1 月向东海市乙区人民法院起诉,要求与何某离婚。东海市乙区人民法院受理该案后,发现被告何某的户籍所在地为北海市甲区,便将案件移送给北海市甲区人民法院。两个月后,北海市甲区人民法院以“双方结婚地和经常居住地在东海市”为由,又将案件退回东海市乙区人民法院。东海市乙区人民法院向东海市中级人民法院汇报了这一情况,请示解决办法。东海市中级人民法院研究后,指定东海市乙区人民法院受理这一案件。

讨论题

本案中哪个法院有管辖权?为什么?上述法院的做法是否正确?

一、民事诉讼主管问题

主管,是指人民法院在受理和解决民事纠纷时与其他机关之间的分工与权限。在我国,除了人民法院外,能够解决民事纠纷的主体还包括人民调解委员会、仲裁委员会、劳动争议仲裁委员会等。因此,有必要了解它们之间的分工问题。根据我国《民事诉讼法》的规定,人民法院可以受理公民之间、法人之间、其他组织之间以及他们相互之间因财产关系和人身关系提起的民事诉讼。

值得注意的是，人民法院与仲裁委员会、劳动争议仲裁委员会的分工。就前者而言，我国实行的是“或裁或审”原则，即当事人之间如果有仲裁协议的，不得向人民法院起诉。只有在仲裁条款或仲裁协议无效、失效或内容不明确无法执行，选择的仲裁机构不存在，或者仲裁事项超越仲裁机构权限时，才可以提起诉讼。例如，当事人双方在仲裁协议中同时选择仲裁和诉讼作为纠纷解决方法的，此协议无效；又如，一方当事人起诉时未声明有仲裁协议，法院受理后，对方当事人又应诉答辩的，视为人民法院有管辖权。

就劳动争议仲裁而言，根据我国《劳动争议调解仲裁法》第 5 条的规定：“发生劳动争议，当事人不愿协商、协商不成或者达成和解协议后不履行的，可以向调解组织申请调解；不愿调解、调解不成或者达成调解协议后不履行的，可以向劳动争议仲裁委员会申请仲裁；对仲裁裁决不服的，除本法另有规定的外，可以向人民法院提起诉讼。”可见，此类纠纷中劳动争议仲裁是必经程序，不经过劳动仲裁是不能向法院起诉的。

二、级别管辖

级别管辖，是指上下级法院在受理民事案件时的分工和权限。在我国，划分级别管辖的依据是案件的性质、繁简程度及影响范围。

具体来说，上下级法院的分工如下：

(1) 最高人民法院管辖的是在全国有重大影响的案件，或是认为应当由该院审理的案件。

(2) 高级人民法院管辖的是本辖区内有重大影响的案件。

(3) 我国法律对中级人民法院管辖的案件范围规定得较为细致：第一，重大的涉外案件，例如争议的标的额大、案情复杂、居住在国外的当事人人数众多；第二，本辖区内有重大影响的案件：诉讼标的额大或诉讼单位为省、自治区、直辖市以上；第三，最高人民法院确定由中院管辖的案件：海事海商案件，专利纠纷案件，著作权、商标纠纷案件，重大的涉港、澳、台民事案件等。

(4) 基层法院管辖上级法院管辖的案件以外的所有案件。

三、地域管辖

地域管辖，是指同级人民法院之间受理民事案件的分工与权限。在我国，确定地域管辖的依据有两个：一是诉讼当事人的所在地(尤其是被告的住所地)与法院辖区之间的关系；二是诉讼标的物或法律事实与法院辖区之间的联系。我国的地域管辖分为一般地域管辖和特殊地域管辖。

就一般地域管辖而言，其一般规则是"原告就被告"，即以被告所在地作为确定管辖的标准。被告如果是公民的：(1)以住所地为所在地，其住所地是其户籍所在地；(2)以经常居住地为所在地，经常居住地是指公民离开住所地至起诉时已连续居住满1年的地方，但公民住院就医的地方除外；(3)双方当事人都被监禁或劳动教养的，由被告原住所地法院管辖；被告被监禁或劳动教养1年以上的，由被告被监禁地或被劳动教养地法院管辖；(4)双方当事人都被注销城镇户口的，由被告居住地法院管辖。被告是法人或其他组织的，以法人或其他组织的主要营业地或主要办事机构所在地为住所地。被告如果是没有办事机构的公民合伙、合伙型联营体，则由被告注册登记地法院管辖。

在司法实务中，这一规则也有例外，即在某些特殊情况下由原告所在地的法院行使管辖权。这包括：(1)对不在中华人民共和国领域内居住的人提起的有关身份关系的诉讼；(2)对下落不明的人提起的有关身份关系的诉讼；(3)对被劳动教养的人提起的诉讼；(4)对被监禁的人提起的诉讼；(5)追索赡养费案件的几个被告住所地不在同一辖区的，可以由原告住所地人民法院管辖；(6)夫妻一方离开住所地超过一年，另一方起诉离婚的案件，由原告住所地人民法院管辖；(7)非军人对军人提出的离婚诉讼，如果军人一方为非文职军人，由原告住所地人民法院管辖。其中，前两类案件的共性在于都涉及身份诉讼，包括婚姻关系、亲子关系、收养关系等，若是财产诉讼，则仍由被告所在地的法院管辖。

就特殊地域管辖而言，除了要考虑被告所在地外，还要考虑引起诉讼的法律事实的所在地、诉讼标的所在地。其规则如下：

(1)因合同纠纷提起的诉讼,由被告住所地或合同履行地法院管辖,但如果合同没有实际履行,同时合同约定的履行地又不在双方当事人住所地的,只能由被告住所地人民法院管辖;(2)因保险合同纠纷提起的诉讼,由被告住所地或者保险标的物所在地法院管辖;(3)因票据纠纷提起的诉讼,由票据支付地或被告住所地法院管辖;(4)因铁路、公路、水上、航空运输和联合运输合同纠纷提起的诉讼,由运输始发地、目的地或被告住所地法院管辖;(5)因侵权行为提起的诉讼,由侵权行为地或被告住所地法院管辖。

四、专属管辖

专属管辖,是指民事诉讼中某些类型的案件只能由特定法院行使管辖权的一种管辖制度。这就意味着,一旦某一案件确定为专属管辖,则其他法院无权管辖,同时当事人也不能通过协议来改变管辖。根据我国民事诉讼法的规定,专属管辖的案件主要有:

(1) 因不动产纠纷提起的诉讼,由不动产所在地人民法院管辖。

(2) 因港口作业发生纠纷提起的诉讼,由港口所在地人民法院管辖。

(3) 因继承遗产的纠纷提起的诉讼,由被继承人死亡时住所地或主要遗产所在地人民法院管辖。

(4) 因在中华人民共和国履行中外合资经营企业合同、中外合作经营企业合同、中外合作勘探开发自然资源合同发生纠纷提起的诉讼,由中华人民共和国的人民法院管辖。

五、协议管辖

协议管辖,是指双方当事人在民事纠纷发生之前或之后,以书面方式约定诉讼管辖的人民法院。在我国,非涉外诉讼中的协议管辖须同时满足以下六个条件:

(1) 协议管辖适用于合同或者其他财产权益纠纷。

(2) 协议管辖仅适用于一审案件,对于二审案件当事人无权以协议的方式选择管辖法院。

(3) 协议管辖必须采用书面形式，口头约定是无效的。

(4) 当事人必须在法律规定的范围内进行选择。法律规定可供选择的法院包括：原告住所地、被告住所地、合同履行地、合同签订地、标的物所在地人民法院。超出法定范围选择管辖法院的，则管辖协议无效。

(5) 当事人必须作确定的、单一的选择。不能约定不存在的法院，也不能约定两个或两个以上的法院作为管辖法院。

(6) 当事人选择法院时，不得违反级别管辖和专属管辖的规定。

六、移送管辖与指定管辖

移送管辖，是指人民法院受理案件后，发现本院对该案无管辖权，依照法律规定将案件移送给有管辖权的法院审理。移送管辖通常发生在同级法院之间，但也不排除在上下级法院之间适用。而受移送的法院如果认为本院对该案件也没有管辖权的，则不得自行移送，只能报请上级人民法院指定管辖。

指定管辖，是指上级人民法院以裁定方式，指定下级法院对某一案件行使管辖权。在我国，有两种情况适用指定管辖：一是有管辖权的法院由于特殊原因不能行使管辖权时，由上级法院在其辖区内，指定其他适宜的法院管辖；二是因管辖权发生争议，经双方协商未能解决的，报请它们的共同上级法院指定管辖。

七、案例分析

【案例 9-7】在本案中，由于甲乙两公司订立了仲裁协议，将未来可能出现的纠纷交由某仲裁委员会裁决，故人民法院原本是无权审理本案的。但是，甲公司在起诉之后，乙公司选择的是应诉答辩，这一行为应推定为其愿意接受法院的管辖，因而法院有权受理并审理此案。进一步来说，如果案件已经进入审判阶段，乙公司才向法院提交其与甲公司的仲裁协议的话，这仍然不能推翻法院的管辖权，人民法院应当继续审理此案。

【案例 9-8】本案中，房东唐某因房屋租赁合同到期而欲收回房屋，但被告房某拒绝搬出且拖欠租金。这是一起较为简单的民事纠纷。根据我国《民事诉讼法》的规定，显然不属于中级人民法院管辖的范围，因此中院的做法是正确的。

【案例 9-9】本案系普通的债权债务纠纷，属一般地域管辖。根据“原告就被告”的原则，张某应到被告所在地法院提起诉讼。进一步分析可以发现，本案有三个债务人胡某、刘某、钱某，属连带债务纠纷，因此他们是共同被告。三人分别住在 A 市，乙区、丙区和丁区。因此，这三个区的法院都有管辖权，原告可以选择其中一个法院起诉。如果张某向三个法院都递交了起诉状，那么最先立案的法院取得本案的管辖权。

【案例 9-10】本案系遗产继承纠纷，属于专属管辖。依法应由被继承人死亡时住所地或主要遗产所在地人民法院管辖。因此，上海市某区法院如果系孙某死亡时住所地或主要遗产所在地的法院，那么就不能将案件移送至苏州市吴中区人民法院。同时，对于专属管辖的案件，当事人也不能通过协议的方式来变更管辖法院，故本案中不能协议变更管辖。

【案例 9-11】本案中，当事人双方对于纠纷解决方式做了两次约定，第一次是在合同中约定，如果发生争议由双方协商解决。第二次是以口头方式约定，协商不成的话可向上海市徐汇区人民法院起诉。根据我国民诉法对于协议管辖的规定，尽管本案中当事人之间的纠纷系合同纠纷，且选择的是合同签订地的法院，但却是以口头的方式选择管辖法院，这不符合协议管辖的要求。因此，徐汇区人民法院对本案无管辖权。

【案例 9-12】本案是离婚诉讼，应适用《民事诉讼法》中地域管辖的规定，由被告住所地人民法院管辖。本案被告何某的户籍所在地为北海市甲区，尽管其婚后多数时间住在东海市乙区，但双方结婚时间还不到一年，东海市乙区尚不构成被告的经常居住地。因此，本案应由北海市甲区人民法院管辖，东海市乙区人民法院则没有管辖权。

根据《民事诉讼法》的规定，人民法院发现受理的案件不属于自己管辖时，应当移送到有管辖权的人民法院，而受移送的人民法院如果认为本院对该案件也没有管辖权的，不得再行移送。因此，东海市乙区人民法院将此案移送给北海市甲区人民法院管辖的做法是正确的。而北海市甲区人民法院又将案件退回东海市乙区人民法院的做法则是错误的。

进一步来说，当北海市甲区法院与东海市乙区法院发生管辖权争议后，在协商未果的情况下，应报请它们共同的上级法院指定管辖，而本案中东海市中级人民法院并非二者共同的上级法院，因此它无权就本案进行指定管辖。

相关法规链接

《中华人民共和国民事诉讼法》

第21条　对公民提起的民事诉讼，由被告住所地人民法院管辖；被告住所地与经常居住地不一致的，由经常居住地人民法院管辖。

对法人或者其他组织提起的民事诉讼，由被告住所地人民法院管辖。

同一诉讼的几个被告住所地、经常居住地在两个以上人民法院辖区的，各该人民法院都有管辖权。

第23条　因合同纠纷提起的诉讼，由被告住所地或者合同履行地人民法院管辖。

第28条　因侵权行为提起的诉讼，由侵权行为地或者被告住所地人民法院管辖。

第34条　合同或者其他财产权益纠纷的当事人可以书面协议选择被告住所地、合同履行地、合同签订地、原告住所地、标的物所在地等与争议有实际联系的地点的人民法院管辖，但不得违反本法对级别管辖和专属管辖的规定。

第35条　两个以上人民法院都有管辖权的诉讼，原告可以向其中一个人民法院起诉；原告向两个以上有管辖权的人民法院起诉的，由最先立案的人民法院管辖。

第36条　人民法院发现受理的案件不属于本院管辖的，应当移送有管辖权的人民法院，受移送的人民法院应当受理。受移送的人民法院认为受移送的案件依照规定不属于本院管辖的，应当报请上级人民法院指定管辖，不得再自行移送。

第37条　有管辖权的人民法院由于特殊原因，不能行使管辖权的，由上级人民法院指定管辖。

人民法院之间因管辖权发生争议，由争议双方协商解决；协商解决不了的，报请它们的共同上级人民法院指定管辖。

第38条　上级人民法院有权审理下级人民法院管辖的第一审民事案件；确有必要将本院管辖的第一审民事案件交下级人民法院审理的，应当报请其上级人民法院批准。

下级人民法院对它所管辖的第一审民事案件，认为需要由上级人民法院审理的，可以报请上级人民法院审理。

第四节　民事诉讼证据

案例9-13　证据原件遗失案

张某向李某借款3万元。半年后，李某向张催还借款时，张某矢口否认。为此双方发生纠纷，李某便起诉到法院。法院要求李某提供借款3万元的借据原件，李某说原件已丢失，只提交了借据的复印件。张某对此复印件不予承认，说笔迹是伪造的。但李某没有其他证据来证明张某曾向自己借款3万元的事实。人民法院因此驳回了李某的诉讼请求。

讨论题

1. 什么是证据？在我国，法定的证据有哪几种？
2. 本案中李某所提交的复印件是书证还是物证？
3. 人民法院驳回李某的诉讼请求是否正确？

案例 9-14 乙肝患者诉医院案

2008 年 9 月底，古某因被车撞伤送进甲市人民医院诊治，医院分两次将 500 毫升血浆输入古某体内。2008 年底，古某声称自己在甲市人民医院输血时染上乙肝，因为输血后一个月自己开始出现全身乏力、食欲减退、体重下降等症状，经省级医院确诊患有乙型肝炎，而自己家人均无乙肝病史。2009 年 1 月，古某以在甲市医院就诊期间在输血过程中感染乙肝为由，向甲市某区法院起诉，请求甲市医院赔偿各种费用 25 万余元。一审中，医院护士陆某提供证言证明古某在医院只打过点滴，没有输血。古某代理律师提交了古某在甲市人民医院输血时的费用单据。甲市人民医院辩称，原告没有充分的证据证明在医院输入血浆携带乙肝病毒，自己不应承担责任。一审法院认为，原告未向法院提交直接输入被告提供的血浆而染上乙肝的证据，本院也未收集到相关的证据，故原告诉讼请求不予支持，驳回古某的诉讼请求。

讨论题

1. 本案中，原告古某应就哪些事实提供证据进行证明？
2. 本案中，甲市人民医院应承担怎样的举证责任？
3. 一审法院对证据的审核认定方式是否正确？为什么？

一、证据概述

所谓证据，是指用来证明案件中待证事项的各种材料。在我国，法定的证据包括当事人的陈述，书证，物证，视听资料，电子数据，证人证言，鉴定意见，勘验笔录。

证据有三个特性：一是客观性，即证据必须是客观存在的，不能捏造或伪造；二是关联性，即证据与待证事实之间需存在一定的内在联系；三是合法性，即证据必须符合法定要求，同时收集证据的程序应合法。

二、证明对象与举证责任

1. 证明对象及其范围

证明对象，是指需要用证据证明的案件事实。在我国，证明对象的范围包括：(1)当事人主张的有关实体权益的法律事实；(2)当事人主张的程序事实，例如管辖权问题、当事人资格以及诉讼行为能力等问题；(3)特别经验规则、习惯；(4)外国法律和地方性法规。但也有一些问题无须证明：(1)众所周知的事实；(2)自然规律及定理；(3)根据法律规定或者已知事实和日常生活经验法则，能推定出的另一事实，即推定事实无需证明，但作为前提的事实需真实；(4)已为人民法院发生法律效力的裁判所确认的事实，即预决事实无需证明；(5)已为仲裁机构的生效裁决所确认的事实；(6)已为有效公证文书所证明的事实，即公证事实无需证明；(7)自认事实。

2. 举证责任及其分配规则

举证责任，是指当事人对于自己所主张事实，应当提供证据加以证明，以及不能证明时可能承担的不利后果。举证责任的分配规则值得关注：

(1) 合同纠纷中的举证责任：主张合同关系成立并生效的一方当事人对合同订立和生效的事实承担举证责任；主张合同关系变更、解除、终止、撤销的一方当事人对引起合同关系变动的事实承担举证责任；对合同是否履行发生争议的，由负有履行义务的当事人承担举证责任。

(2) 劳动争议纠纷中的举证责任：在劳动争议纠纷案件中，因用人单位作出开除、除名、辞退、解除劳动合同、减少劳动报酬、计算劳动者工作年限等决定而发生劳动争议的，由用人单位负举证责任。

(3) 专利侵权诉讼中的举证责任：因新产品制造方法发明专利引起的专利侵权诉讼，由制造同样产品的单位和个人对其产品制造方法不同于专利方法承担举证责任。

另外，在一些特殊类型的案件中，实行举证责任的倒置：

(1) 高度危险作业致人损害的侵权诉讼，由加害人就受害人故意造成损害的事实承担举证责任；

（2）因环境污染引起的损害赔偿诉讼，由加害人就法律规定的免责事由及其行为与损害结果之间不存在因果关系承担举证责任；

（3）建筑物或者其他设施以及建筑物上的搁置物、悬挂物发生倒塌、脱落、坠落致人损害的侵权诉讼，由所有人或者管理人对其无过错承担举证责任；

（4）饲养动物致人损害的侵权诉讼，由动物饲养人或者管理人就受害人有过错或者第三人有过错承担举证责任；

（5）因缺陷产品致人损害的侵权诉讼，由产品的生产者就法律规定的免责事由承担举证责任；

（6）因共同危险行为致人损害的侵权诉讼，由实施危险行为的人就其行为与损害结果之间不存在因果关系承担举证责任；

（7）因医疗行为引起的侵权诉讼，由医疗机构就医疗行为与损害结果之间不存在因果关系及不存在医疗过错承担举证责任；

（8）因缺陷产品致人损害的侵权诉讼，由被告对其存在免责事由承担举证责任。

三、案例分析

【案例 9-13】本案中，要判断复印件究竟是书证还是物证，关键是要看它是如何证明待证事项的。所谓书证，是指以其思想或内容来证明待证事项的证据。所谓物证，是指以其存在的外形、特征、质量、性能等来证明案件待证事项的证据。就本案而言，李某提交的借据的复印件，是以其内容来证明自己提出的事实是有根据的，因而属于书证的范畴；而张某则根据笔迹特征提出该借据复印件是伪造的，显然这是从外形特征的角度来看问题，因而属于物证的范畴。

我国《民事诉讼法》第 70 条规定，书证应当提交原件，物证应当提交原物。最高人民法院《关于适用〈中华人民共和国民事诉讼法〉若干问题的意见》第 78 条规定，证据材料为复印件，提供人拒不提供原件或原件线索,没有其他材料可以印证,对方当事人又不予承认的,在诉讼中不得作为认定事实的证据。本案中,原告李某提供的是复印件,被告张某又不予承认。因此,这一复印件不能作为本案的证据,人民法院作出判决驳回李某的诉讼请求是正确的。

【案例 9-14】本案属于医疗事故纠纷,属于我国法律所规范的举证责任倒置的一种情形。但是,无论在理论上还是实务中很多人都将其绝对化,一味地认为只要是医疗事故,就应由医院承担全部的举证责任,这种理解是错误的。根据最高人民法院《关于民事证据的若干规定》第 4 条的规定,因医疗行为引起的侵权诉讼,由医疗机构就医疗行为与损害结果之间不存在因果关系及不存在医疗过错承担证明责任。可见,在医疗事故纠纷中,院方所承担的举证责任仅仅涉及医疗行为与损害结果之间不存在因果关系和不存在医疗过错。而作为原告的患者则应对两个问题承担举证责任,一是被告对自己实施了医疗行为;二是自己因医疗行为所遭受的具体损失。因此,在本案中,原告古某应对自己被送进甲市人民医院并接受诊治的事实和自己在甲市人民医院接受诊治后染上乙肝的事实进行证明。而作为院方的甲市人民医院,应就其输血治疗与古某换上乙肝没有因果关系和在诊治中不存在医疗过错进行证明。

根据最高人民法院《关于民事证据的若干规定》第 73 条,双方当事人对同一事实分别举出相反的证据,但都没有足够的依据否定对方证据的,人民法院应当结合案件情况,判断一方提供证据的证明力是否明显大于另一方提供证据的证明力,并对证明力较大的证据予以确认。因证据的证明力无法判断导致争议事实难以认定的,人民法院应当依据举证责任分配的规则作出裁判。本案属于因证据的证明力无法判断导致争议事实难以认定的情形,应依据举证责任分配规则作出裁判。因此,一审法院对证据的审核认定方式不正确。

相关法规链接

《中华人民共和国民事诉讼法》

第63条　证据包括：（一）当事人的陈述；（二）书证；（三）物证；（四）视听资料；（五）电子数据；（六）证人证言；（七）鉴定意见；（八）勘验笔录。

证据必须查证属实，才能作为认定事实的根据。

第64条　当事人对自己提出的主张，有责任提供证据。

当事人及其诉讼代理人因客观原因不能自行收集的证据，或者人民法院认为审理案件需要的证据，人民法院应当调查收集。

人民法院应当按照法定程序，全面地、客观地审查核实证据。

第70条　书证应当提交原件。物证应当提交原物。提交原件或者原物确有困难的，可以提交复制品、照片、副本、节录本。

提交外文书证，必须附有中文译本。

第五节　期间与送达

案例9-15　法院拒收逾期上诉状案

张三于2010年6月16日收到某区人民法院作出的一审民事判决书，当时未表示上诉。后于7月1日将上诉状通过邮局寄往原审人民法院，法院于7月3日收到。但法官认为张三的上诉已经超过了法定的上诉期，故作出不予受理的裁定。

讨论题

1. 什么是期间与期日？
2. 本案中人民法院的处理是否正确？为什么？

案例 9-16 被告拒绝签收判决书案

2008 年 1 月 14 日晚，徐某骑摩托车在马路上疾驶，将正在横穿马路的吴某撞倒。吴某被送至附近的医院治疗，共花去医药费、护理费及营养费 5 000 元。后吴某向人民法院起诉要求徐某赔偿 5 000 元。徐某承认其撞人的事实，但提出吴某横穿马路不走人行道违反了交通规则，也应承担一定的责任，故只同意赔偿 2 000 元。双方各执己见，法院调解无效，便依法作出判决。判决被告徐某赔偿原告吴某经济损失 3 000 元。人民法院多次通知徐某到法庭领取判决书，但徐某一直未到庭，于是人民法院派两名法警到被告的住所地将判决书直接送达被告徐某，但徐某及其家人都拒绝签收。

讨论题

1. 什么是送达？送达的方式有哪些？
2. 本案中法警应如何处理判决书？

一、期间与期日

期间，是指人民法院、当事人和其他诉讼参与人进行或完成某项诉讼活动所应遵守的时间。期间通常以时、日、月、年为计算单位。期间以时、日为计算单位时，期间开始的时、日，不计算在期间内。期间以月、年为计算单位时，期间届满日为开始日的对应日，没有对应日的，以最后一个月的最后一天为期间届满日。如果期间的最后一日为法定节假日的，以节假日后的第一日为期间届满日。节假日是指国家法定的节假日，如元旦、春节、中秋节、端午节、清明节、国庆节、劳动节及星期日等。值得指出的是，诉讼文书的在途期间不包括在期间内。只要诉讼文书在期满前交邮的，无论法院收到诉讼文书是在原定的期间内还是超过了原定的期间届满日，均不算过期。该诉讼文书的交付日期，以该文书交邮时邮局在该文书邮件所盖的邮戳上日期为准。

期日，是指人民法院、当事人及其他诉讼参与人会合进行某项诉讼活动的时日。期间与期日的区别在于:(1)期间有始期和终期,而期日仅规定开始时间,不规定终止时间;(2)期间是人民法院或诉讼参与人单独为某种诉讼行为的时间,期日则是人民法院和诉讼参与人会合进行诉讼行为的时间;(3)期间开始后,不一定立即实施某种诉讼行为,只要在该期限内所实施的诉讼行为都有效,而期日开始后,必须实施某种诉讼行为。

二、送达

送达,是指人民法院依照法定方式,将诉讼文书或法律文书送交当事人或其他诉讼参与人的一种诉讼行为。根据我国《民事诉讼法》的规定,送达主要有六种方式:

(1) 直接送达,是指人民法院执行送达职务的人员,将诉讼文书送达公民本人,受送达单位的法定代表人或主要负责人,或者交由受送达公民的同住成年家属签收,或者交给受送达人的诉讼代理人或者指定的代收人签收的方式。

(2) 留置送达,是指受送达人或者他的同住成年家属拒绝签收诉讼文书时,送达人依法将应送达的文书留置在受送达处所的送达方式。调解书应当直接送达当事人本人,不适用留置送达。

(3) 委托送达,是指受诉人民法院直接送达诉讼文书有困难时,人民法院可以出具委托函,委托外地有关人民法院代为送达的方式。

(4) 邮寄送达,是指人民法院直接送达有困难时,将诉讼文书附送达回证交邮局挂号寄给受送达人的送达方式。

(5) 转交送达,是指人民法院将诉讼文书通过受送达人所在单位转交给受送达人的送达方式。转交送达只能适用于受送达人是军人、被监禁人或者被劳动教养人。

(6) 公告送达,在受送达人下落不明或者用其他方式无法送达的情况下,人民法院通过公告将诉讼文书有关内容告知受送达人,经过一定的时间视为送达的方式。公告送达的期限为60天。

三、案例分析

【案例9-15】根据我国《民事诉讼法》的规定，当事人对民事判决不服的，可于收到判决书后15日内向人民法院提起上诉。该上诉期应从收到判决书后的第二天开始计算。本案中，张三收到判决书的时间是2010年6月16日，提起上诉的时间是7月1日，而7月1日正好是第15天，因此他的上诉符合法律规定的期限。同时法律规定期间不包括在途期间，诉讼文书在期满前交邮的，不能算过期。张三于7月1日通过邮局寄出上诉状不能算过期。因此，人民法院的处理是错误的。

【案例9-16】本案中，在直接送达未果的情况下，送达人员可以采取留置送达的方法。根据《民事诉讼法》第79条的规定，受送达人或者他的同住成年家属拒绝接收诉讼文书的，送达人应邀请有关基层组织或者所在单位的代表到场，说明情况，在送达回证上记明拒收事由和日期，由送达人、见证人签名或者盖章，把诉讼文书留在受送达人的住所，即视为送达。

相关法规链接

《中华人民共和国民事诉讼法》

第82条　期间包括法定期间和人民法院指定的期间。期间以时、日、月、年计算。期间开始的时和日，不计算在期间内。期间届满的最后一日是节假日的，以节假日后的第一日为期间届满的日期。期间不包括在途时间，诉讼文书在期满前交邮的，不算过期。

第86条　受送达人或者他的同住成年家属拒绝接收诉讼文书的，送达人可以邀请有关基层组织或者所在单位的代表到场，说明情况，在送达回证上记明拒收事由和日期，由送达人、见证人签名或者盖章，把诉讼文书留在受送达人的住所；也可以把诉讼文书留在受送达人的住所，并采用拍照、录像等方式记录送达过程，即视为送达。

第六节　民事一审程序

案例 9-17　原告起诉未知被告案

退休工人林某去电影院看电影，散场时因出口拥挤被人挤倒摔伤，因此住院治疗，共花去医疗费 2 600 元。后林某向法院起诉，要求法院为他寻找被告并赔偿损失，但林某说不出是谁挤倒他的。

讨论题

法院能否受理林某的起诉？

案例 9-18　被告反诉案

张甲和张乙系父子，两人共同经营了一家五金店，营业执照上登记的店主是张乙。张乙的同学赵某经常到五金店购物。一天，赵某一次性购买了约 3 000 元的货物，由于身上没有足够的现金，便只付了 1 000 元，赵某承诺三天内一定还清剩余的货款并打了欠条。没想到，事后赵某迟迟不肯偿还货款。于是张乙起诉到了法院，要求赵某偿还剩余的 2 000 元货款。在审理中，赵某提出，张乙之父张甲曾经向自己借过 1 500 元，至今未还，并要求法院将张甲追加为第三人，同时提出以借款冲抵货款。

讨论题

1. 法院可否将张甲追加为第三人？
2. 赵某提出以借款冲抵货款的请求是否构成反诉？

案例 9-19　被告庭审缺席案

汪某和李某是邻居。2008 年 5 月上旬，汪某家中进行装修，装修的工人将废弃的建筑材料和一些杂物堆积在两家附近的路边。一天晚上，李某外出吃饭喝醉后一个人往回走，在路经汪家废弃的建筑材料时被不明物体绊倒，导致头部撞在路边的一块石头上，当场昏厥，后被人送至医院抢救，经过治疗3日后李某出院。李某认为正是汪家乱堆垃圾才导致自己的损伤，故起诉至当地的人民法院。人民法院受理了本案，并通知汪某应诉。在开庭前，汪某找到李某表示愿意承担一切医疗费用，但希望李某可以撤诉，免得伤了邻居的和气。李某也表示同意。就在李某准备打电话到法院要求撤诉时，有人告知他的父亲出车祸被送至住院，李某急忙赶去医院，却忘了打电话撤诉。开庭当天，汪某以为李某已经撤诉了，便没有到庭。李某因为需要照顾住院的父亲，故请了律师胡某出庭，但未告知其汪某曾经要求和解。法官见被告没有到庭，便做出缺席判决的处理。判决宣告后，李某委托律师胡某到法院撤回起诉。

讨论题

1. 李某的撤诉是否有效？
2. 本案中法院的处理是否正确？

案例9-20 庭审中被告死亡案

（1）张某和吴某系夫妻。张某因长期感情不和而起诉至法院要求与吴某离婚，法院受理了本案。在法院开庭过程中吴某突发心脏病死亡。

（2）何某与顾某因买卖合同发生纠纷。经数次协商难以达成协议，故何某起诉至当地的人民法院，法院受理了本案。在开庭过程中，何某突发心脏病死亡。

讨论题

在上述案例中，法院应如何处理？

一、起诉

起诉，是指当事人依法向人民法院提出诉讼请求的诉讼行为。我国法院实行“不告不理”原则。如果没有原告的起诉，则法院不会启动审判程序。

在我国，起诉须满足以下几个条件：(1)原告是与本案有直接利害关系的公民、法人和其他组织;(2)有明确的被告;(3)有具体的诉讼请求和事实、理由;(4)属于人民法院受理民事案件的范围和属于受诉法院管辖。

起诉的方式,以书面起诉为原则,以口头起诉为例外。原告的起诉状须载明以下内容:(1)当事人的基本情况,包括原被告双方的姓名、性别、年龄、民族、职业、工作单位和住所。如果一方是法人的话,应写明法人的全称、住所及其法定代表人的姓名、职务;(2)诉讼请求,原告必须明确指出本方的诉讼请求;(3)事实和理由,即所提出的诉讼请求的根据和理由,也应尽量真实详尽;(4)证据和证据来源,证人名单和住所,这里的证据是指原告认为可以帮助其确认案件事实的证据,包括物证、书证、视听资料等。如果有证人需要出庭的话,应写明证人的姓名、住址,以便法院及时通知证人出庭。

法院在收到原告提交的起诉状后,主要是进行形式审查,如果诉状的内容符合法律的规定,应当受理;如果不符合受理条件的,则应裁定不予受理。

二、反诉

反诉,是指在已经开始的诉讼中,本诉的被告通过法院向本诉的原告提出的一种独立的反请求。反诉的目的在于抵消、吞并本诉,使本诉失去作用。

在我国,反诉应当满足如下条件:(1)反诉只能是本诉被告向本诉原告提起,而不能对原告以外其他人;(2)反诉只能向受理本诉的法院提起;(3)反诉与本诉必须是适用同种诉讼程序;(4)反诉不能是其他法院专属管辖;(5)反诉与本诉的诉讼请求必须在事实或法律上有牵连关系。

三、撤诉与缺席判决

1. 撤诉的概念、条件

撤诉,是指法院在受理案件后宣告判决前,当事人撤回诉讼的行为。撤诉的条件包括：(1)当事人必须基于自己的真实意志作出决定；(2)以书面或口头的方式向法院提出；(3)撤诉的目的必须正当、合法；(4)最迟应在法院宣判前提出。

法院在接到原告的撤诉申请后，经审查认为符合条件的，应裁定准许撤诉；如果发现条件有所欠缺或存在恶意撤诉的情况时，应裁定不准撤诉。

同时，根据我国《民事诉讼法》的规定，以下几种情况视为撤诉：(1)原告经传票传唤，无正当理由拒不到庭的，或者未经法庭许可中途退庭的；(2)未按期预交案件受理费或申请减、缓、免未获人民法院批准仍不预交的；(3)无诉讼行为能力的原告的法定代理人，经传票传唤，无正当理由拒不到庭的，或者未经法庭许可中途退庭的；(4)有独立请求权的第三人经传票传唤，无正当理由拒不到庭的，或者未经法庭许可中途退庭的。

对于撤诉的案件，其法律效果是终结本案的诉讼程序。但撤诉不影响反诉的独立性，即如果原告起诉后，被告提起反诉，后即便原告撤诉，反诉依旧需要审理。另外，撤诉之后，当事人为了维护自身的合法权益，可以再次起诉。

2. 缺席判决的概念及常见情形

缺席判决，是指案件中一方当事人无正当理由拒不到庭或未经法庭许可中途退庭的情况下，人民法院经过开庭审理后，依法对案件所作出的判决。

缺席判决常见的情形包括：(1)被告提起反诉的案件，原告经法院传票传唤，无正当理由拒不到庭的，或者未经法庭许可中途退庭，可以就反诉案件缺席判决；(2)非必须到庭的被告经法院传票传唤，无正当理由拒不到庭的，或者未经法庭许可中途退庭；(3)法院不准撤诉的案件，原告经法院传票传唤，无正当理由拒不到庭的。

四、诉讼中止与诉讼终结

1. 诉讼中止的概念及主要情形

诉讼中止，是指在诉讼进行过程中，因出现某种法定特殊的情形，使得诉讼无法继续进行或不宜进行，因而法院裁定暂时停止诉讼程序，等特殊原因消失以后再行恢复诉讼程序的法律制度。

在我国，诉讼中止的情形主要有：(1)一方当事人死亡，需要等待继承人表明是否参加诉讼的；(2)一方当事人丧失诉讼行为能力，尚未确定法定代理人的；(3)作为一方当事人的法人或者其他组织终止，尚未确定权利义务承受人的；(4)一方当事人因不可抗拒的事由(如地震、车祸)，不能参加诉讼的；(5)本案必须以另一案的审理结果为依据，而另一案尚未审结的。

2. 诉讼终结的概念及主要情形

诉讼终结，是指由于特定原因使得本案的诉讼程序已无可能继续进行或已无必要进行时，受诉法院依法裁定终结本案审理的一种制度。

在我国，诉讼终结的情形主要有：(1)原告死亡，没有继承人，或者继承人放弃诉讼权利的；(2)被告死亡，没有遗产，也没有应当承担义务的人的；(3)离婚案件中的一方当事人死亡的；(4)追索赡养费、扶养费、抚育费以及解除收养关系案件的一方当事人死亡的。

五、案例分析

【案例 9-17】本案中，尽管林某是因为被人挤倒摔伤而住院治疗，但在起诉时他无法指明究竟是何人挤倒他，使得本案中没有明确的被告，因而不符合起诉受理的条件，故法院应裁定不予受理。

【案例 9-18】本案中，张甲对于张乙与赵某所争议的诉讼标的没有独立的请求权。同时经过分析可以发现，张乙与赵某之间存在的是买卖合同纠纷，张甲和赵某之间存在的是借贷纠纷，张甲没有还款并不能构成赵某不能履行买卖合同义务的抗辩理由。因此，法院不得追加张甲为第三人。

进一步来说，由于赵某和张乙、赵某和张甲之间的纠纷分属不同类型的法律关系，二者所指向的事实并没有牵连关系。同时，赵某提起反诉时实际上是针对张甲和张乙两个人，但本诉的原告却只有一个。因此,赵某的反诉不能成立。但赵某可以通过另行起诉来获得救济。

【案例 9-19】本案中,尽管开庭前汪某和李某已经达成和解协议,但是由于突发事件导致李某未能及时撤诉,因而法院仍然开庭审理了本案。在判决宣告后,李某委托律师撤诉的行为是无效的,因为根据我国法律的规定,撤诉最迟应在法院宣判前提出。同时,法院在汪某没有到庭的情况下直接进行缺席判决的做法也是错误的。因为按照我国《民事诉讼法》的规定,在被告未到庭的情况下,法院应当向其发出传票要求其出庭,只有在被告无正当理由拒不到庭,或在出庭后未经法庭许可中途退庭时,才可以依法做出缺席判决。

【案例 9-20】两个案例中,均出现了一方当事人死亡的情况,但法院应当如何处理却需要进行具体分析。第一个案例是离婚诉讼。庭审中被告吴某突发心脏病死亡,导致本案无须再继续审理。因为吴某的死亡导致婚姻关系自然终结,这也是我国《民事诉讼法》所规定的诉讼终结的一种情形。因此法院应当裁定终结诉讼。第二个案例是合同纠纷。此种情况较为复杂,根据《民事诉讼法》的规定,一方当事人死亡,需要等待继承人表明是否参加诉讼的,法院应裁定中止诉讼;同时应向其继承人发出通知,询问其是否愿意继续参加诉讼。如果继承人表示愿意参加的话,则应恢复案件的审理;如果原告死亡,没有继承人,或者继承人放弃诉讼权利的,则应依法裁定终结诉讼。

相关法规链接

《中华人民共和国民事诉讼法》

第 119 条 起诉必须符合下列条件:

(一) 原告是与本案有直接利害关系的公民、法人和其他组织;

（二）有明确的被告；

（三）有具体的诉讼请求和事实、理由；

（四）属于人民法院受理民事诉讼的范围和受诉人民法院管辖。

第120条　起诉应当向人民法院递交起诉状，并按照被告人数提出副本。

书写起诉状确有困难的，可以口头起诉，由人民法院记入笔录，并告知对方当事人。

第121条　起诉状应当记明下列事项：

（一）原告的姓名、性别、年龄、民族、职业、工作单位、住所、联系方式，法人或者其他组织的名称、住所和法定代表人或者主要负责人的姓名、职务、联系方式；

（二）被告的姓名、性别、工作单位、住所等信息，法人或者其他组织的名称、住所等信息；

（三）诉讼请求和所根据的事实与理由；

（四）证据和证据来源，证人姓名和住所。

第134条　人民法院审理民事案件，除涉及国家秘密、个人隐私或者法律另有规定的以外，应当公开进行。

离婚案件，涉及商业秘密的案件，当事人申请不公开审理的，可以不公开审理。

第143条　原告经传票传唤，无正当理由拒不到庭的，或者未经法庭许可中途退庭的，可以按撤诉处理；被告反诉的，可以缺席判决。

第144条　被告经传票传唤，无正当理由拒不到庭的，或者未经法庭许可中途退庭的，可以缺席判决。

第148条　人民法院对公开审理或者不公开审理的案件，一律公开宣告判决。

当庭宣判的，应当在十日内发送判决书；定期宣判的，宣判后立即发给判决书。

宣告判决时，必须告知当事人上诉权利、上诉期限和上诉的法院。

宣告离婚判决，必须告知当事人在判决发生法律效力前不得另行结婚。

第七节　民事二审程序

案例9-21　遗产继承纠纷上诉案

张甲、张乙诉张丙继承遗产纠纷一案。一审法院依法作出判决，在向当事人送达判决书时，张甲当场口头表示不上诉，但在上诉期内又向一审法院提交上诉状。张丙当场口头表示上诉，但在上诉期内未直接到一审法院提交上诉状，而是在上诉期届满前的前一天到邮局以挂号的方式向一审法院邮寄了上诉状，法院收到上诉状时，上诉期已过了两天。张乙当场口头表示要上诉，但始终未向法院提交上诉状。后人民法院认为只有张甲的上诉是有效的，故将其作为上诉人，而张乙和张丙的上诉无效，故将张乙列为原审原告，将张丙列为原审被告。

讨论题

1. 本案中，谁是合法的上诉人？
2. 法院的做法是否正确？

案例9-22　二审程序被告反诉案

某市建筑公司为该市老年大学承建教学楼一栋，约定工程造价500万元。工程竣工验收合格后，老年大学向建筑公司支付了400万元，剩余100万元未付。建筑公司以此为由诉至法院。一审判决被告老年大学败诉，被告不服，提起上诉。二审期间，老年大学提起反诉，称建筑公司在施工过程中曾向老年大学借用了60万块砖用于其他工程，要求建筑公司返还60万块砖钱。

讨论题

二审法院应如何处理该反诉？

案例 9-23　二审调解后当事人拒收调解书案

曹某一日经过一居民楼，被从该楼掉下的花盆砸伤，曹某住院治疗共花去 1 000 元。曹某出院后，要求花盆主人付某赔偿。付某拒绝，曹某遂将之诉至人民法院。法院审理后判决付某赔偿张某 1 000 元。付某不服该判决，在收到判决后的 15 日内向上一级人民法院提起上诉。二审法院受理后组成了包括一名陪审员在内的四人的合议庭负责审理本案。合议庭对本案进行调解，使双方达成了协议，法院依此制作了调解书。在送达调解书时，曹某拒绝在送达回证上签字，法院只好采取了留置送达的方式。

讨论题

二审法院的处理有哪些不当之处？

案例 9-24　遗产继承纠纷二审发回重审案

甲之父乙死后，留有遗产房屋两间。甲准备将父亲遗留房屋卖掉时，其堂兄丙不同意，认为甲不能单独处理此项遗产，理由是甲在外地工作时，自己曾对老人尽过赡养义务，也应有此房的继承权。甲不予理睬，丙只好向法院起诉。一审法院经过审理认为，丙确实对死者乙尽过赡养义务，但甲是乙的儿子，是法定继承人，所以房产归甲所有。丙不服一审判决提出上诉。二审法院认为，一审法院在认定案件的事实方面是清楚的，但对丙是否享有继承权在适用法律上是错误的。于是裁定撤销原判决，发回原审人民法院重审。

讨论题

本案中二审法院的做法是否正确？

一、上诉

上诉，是指当事人不服地方各级人民法院的未生效的一审判决或裁定，在法定期限内，请求上一级人民法院进行审判的诉讼行为。

当事人提起上诉必须满足以下条件:(1)上诉人和被上诉人须合格。在第一审程序中具有实体权利的当事人都可以成为上诉人。包括原告、被告、有独立请求权的第三人和法院判决承担实体义务的无独立请求权的第三人。(2)必须在上诉期间提出。不服判决的上诉期间为15日,不服裁定的上诉期间为10日。(3)必须提交书面上诉状。当事人口头表示上诉,未在法定上诉期间内递交上诉状的,视为未提出上诉。

二、二审案件的审理

根据现行民事诉讼法的规定,二审法院在审理上诉案件时,原则上仅针对上诉请求和法律适用进行审查。当事人没有提出的请求,则不予审查。但如果案件中涉及违反法律禁止性规定、侵害社会公共利益或侵害他人利益的事项的,则不受上诉请求范围的限制。

二审法院审理上诉案件,原则上应开庭审理。但经过阅卷和调查、询问当事人,在事实核对清楚后,合议庭认为不需要开庭审理的,也可以径行判决、裁定。人民法院审理第二审民事案件时,应由审判员组成合议庭,陪审员不能参加。合议庭的成员人数必须是单数。

二审案件的审理中同样可以进行调解,但有几个问题值得注意:(1)对当事人在一审中已经提出的诉讼请求,原审人民法院未作审理、判决的,第二审人民法院可以进行调解,调解不成的,发回重审;(2)必须参加诉讼的当事人在一审中未参加诉讼,第二审人民法院可以予以调解,调解不成的,发回重审;(3)在第二审程序中,原审原告增加独立的诉讼请求或原审被告提出反诉的,第二审人民法院可以就新增加的诉讼请求或反诉进行调解,调解不成的,告知当事人另行起诉;(4)一审判决不准离婚的案件,上诉后,第二审人民法院认为应当判决离婚的,可以与子女抚养、财产问题一并调解,调解不成的,发回重审。

三、二审的判决与裁定

人民法院在对二审案件进行审理后，对原审判决、裁定可以作出如下处理：

1. 对原审判决

(1) 原判认定事实清楚、适用法律正确的，应判决驳回上诉，维持原判。

(2) 依法改判。包括两种情况：①原判决认定事实清楚，但适用法律错误，必须改判，不得发回重审；②原判决认定事实不清、证据不足，或者认定事实错误，二审法院可以查清事实后改判。

(3) 撤销原判，发回重审。包括两种情况：①原判决违反法定程序，可能影响案件正确判决的，必须发回重审。例如，审理本案的审判人员、书记员应当回避未回避的；未经开庭审理而作出判决的。②原判决认定事实错误，或者原判决认定事实不清，证据不足的案件，二审法院可以发回重审。

2. 对原审裁定

(1) 原裁定认定事实清楚，证据充足，适用法律正确的，应裁定驳回上诉，维持原裁定；

(2) 原裁定认定事实不清或证据不足，适用法律错误的，应撤销原裁定，依法改判。

二审法院在作出判决或裁定后，当事人不得再行上诉，也不得就同一诉讼标的和理由再行起诉。对于具有给付内容的生效裁判，当事人可以申请法院强制执行。

四、案例分析

【案例 9-21】本案中，原审原告张甲虽口头表示过不上诉，但在上诉期内又向一审法院提交了上诉状，可见他是在法定期限内上诉的，因而他的上诉是有效的。原审被告张丙当场口头表示上诉，但在上诉期内未直接到一审法院提交上诉状，而是在上诉期届满的前一天到邮局以挂号的方式向一审法院邮寄了上诉状。根据我国法律的规定，诉讼文书的在途期间不包括在期间内。只要诉讼文书在期满前交邮的,无论法院收到诉讼文书是在原定的期间内还是超过了原定的期间届满日,均不算过期。该诉讼文书的交付日期,以该文书交邮时邮局在该文书邮件所盖的邮戳上日期为准。因此,尽管法院收到上诉状时已过了上诉期,但张丙的上诉仍然是有效的。而张乙尽管口头提出要上诉,但却未向法院提交上诉状,这不符合上诉的条件。因此张乙不能成为本案的上诉人。综上,本案中上诉人是张甲和张丙。法院的做法部分是错误的。

【案例 9-22】老年大学在二审程序中提起了反诉。对此,根据最高人民法院《关于适用〈中华人民共和国民事诉讼法〉若干问题的意见》第 184 条的规定,原审被告提出反诉的,第二审人民法院可以就新增加的诉讼请求或反诉进行调解,调解不成的,告知当事人另行起诉。之所以这么做的理由在于,对于其所提出的反诉请求,二审法院如果选择用判决的方式进行处理的话,对于反诉请求人民法院实际上是第一次作出处理,那么对于法院的处理如果当事人不服该如何救济呢?显然,当事人不能再次上诉,这与两审终审制是相违背的。因此,对于反诉请求可以调解,调解不成的,应告知其另行起诉。

【案例 9-23】二审法院的不当之处有两处:第一,合议庭的组成不合法。首先二审合议庭的人数应该是单数的,其次合议庭中不能有人民陪审员参加。本案中该法院的合议庭既违背了单数规则,也违背了陪审员不参加的规则。第二,对调解书采取留置送达的方式。根据最高人民法院《关于适用〈中华人民共和国民事诉讼法〉若干问题的意见》第 84 条的规定,调解书应当直接送达当事人本人,不适用留置送达。当事人本人因故不能签收的,可由其指定的代收人签收。

【案例 9-24】本案中,二审法院经过审理后认为,一审法院在认定案件的事实方面是清楚的,但对丙是否享有继承权在适用法律上是错误的。对于这种情况,根据我国《民事诉讼法》的规定,二审法院应当改判,而不能发回重审。因此,二审法院的做法是错误的。

相关法规链接

《中华人民共和国民事诉讼法》

第164条 当事人不服地方人民法院第一审判决的，有权在判决书送达之日起十五日内向上一级人民法院提起上诉。

当事人不服地方人民法院第一审裁定的，有权在裁定书送达之日起十日内向上一级人民法院提起上诉。

第165条 上诉应当递交上诉状。上诉状的内容，应当包括当事人的姓名，法人的名称及其法定代表人的姓名或者其他组织的名称及其主要负责人的姓名；原审人民法院名称、案件的编号和案由；上诉的请求和理由。

第168条 第二审人民法院应当对上诉请求的有关事实和适用法律进行审查。

第172条 第二审人民法院审理上诉案件，可以进行调解。调解达成协议，应当制作调解书，由审判人员、书记员署名，加盖人民法院印章。调解书送达后，原审人民法院的判决即视为撤销。

思考题

1. 在我国，哪些民事案件是不公开审理的？
2. 简述民事代理中特别委托授权的权限？
3. 在我国，哪些民事案件须由中级人民法院管辖？
4. 司法实践中，哪些案件实行“被告就原告”的原则？

第十章　刑事诉讼法

刑事诉讼法学是法学专业主干课程之一，是一门理论性和实践性并重的学科。与民事诉讼法不同的是，刑事诉讼法规范的是追诉犯罪过程中，控诉、辩护、裁判三方的关系和各自的权力(利)义务范围。学习刑事诉讼法，有助于我们了解国家的专门机关是如何追诉和打击犯罪，有助于我们了解刑事案件是如何立案、侦查、起诉、审理、裁判以及执行的。进一步来说，就公民而言，学习刑诉法有助于使我们知道如何通过正当途径来维护我们的合法权益，避免遭受不法侵害。本章主要介绍刑事诉讼法的一般常识和基本程序。

第一节　刑事诉讼法概述

案例 10-1　过失致人死亡私了案

汪某与胡某是男女朋友。一天晚上，两人在河边散步，行至一座桥上时，因琐事发生争吵。胡某一气之下打了汪某一记耳光，汪某也不示弱，用力推了一下胡某，胡某没有站稳便掉进河里。两人都不会游泳，胡某在水中挣扎时，汪某试图找绳子去救人，但未找到，后又四处找人去救胡某。等到有人赶到河边时，胡某已经淹死。事发后，胡某父母痛不欲生，欲将汪某送上法庭。但汪某家人数次求情，汪某本人也表示今后将像亲生儿子一般对待两位老人。后两家签署了一份协议书：汪家拿出 10 万元赔偿金作为补偿，同时汪某与胡某父母签订了一份赡养协议；对于胡某的死亡，对外宣称是意外，与汪某无关。数日后，有人到公安局报案，称当晚在河边亲眼看到是汪某将胡某推进河里。公安机关随即展开了调查。

汪某见无法隐瞒事实后，只得承认是自己将胡某推下河里。但他辩称：第一，案发时，自己曾经设法去救胡某；第二，自己与胡某父母已达成协议，愿意赡养对方，故认为公安机关不应追究他的刑事责任。

讨论题

本案中汪胡两家的协议书是否有效？司法机关是否有权处理本案？

一、刑事诉讼的概念和特点

刑事诉讼，是指公安机关、人民检察院和人民法院在当事人及其他诉讼参与人的参加下，依照法律规定的程序，解决被追诉人刑事责任问题的活动。刑事诉讼具有如下特点：

(1) 它是人民法院、人民检察院和公安机关所进行的一种国家专门活动，其他国家机关无权进行，也无权干涉；

(2) 它是行使国家刑罚权的活动；

(3) 它是在当事人和其他诉讼参与人的参加下所进行的活动；

(4) 它必须严格依照法定程序进行。

二、刑事诉讼法及其任务

刑事诉讼法，是国家制定或认可的用于调整刑事诉讼活动的法律规范的总称。其任务包括：(1)保证准确、及时地查明犯罪事实，正确应用法律，惩罚犯罪分子，保障无罪的人不受刑事追究；(2)教育公民自觉遵守法律，积极同犯罪行为作斗争；(3)维护社会主义法制，保护人民的人身权利、财产权利、民主权利和其他权利，保障社会主义建设事业的顺利进行。

三、案例分析

本案中，对于胡某的死亡，王某负有不可推卸的责任，这已经是一起较为严重的刑事案件。对此，我国法律不允许通过私下和解的方式加以解决。本案只能由公安机关进行侦查，在查明案件事实后如果认为需要追究汪某的刑事责任，则应移交人民检察院审查起诉，再由人民检察院向人民法院提起公诉。

相关法规链接

《中华人民共和国刑事诉讼法》

第 1 条　为了保证刑法的正确实施，惩罚犯罪，保护人民，保障国家安全和社会公共安全，维护社会主义社会秩序，根据宪法，制定本法。

第 2 条　中华人民共和国刑事诉讼法的任务，是保证准确、及时地查明犯罪事实，正确应用法律，惩罚犯罪分子，保障无罪的人不受刑事追究，教育公民自觉遵守法律，积极同犯罪行为作斗争，维护社会主义法制，尊重和保障人权，保护公民的人身权利、财产权利、民主权利和其他权利，保障社会主义建设事业的顺利进行。

第二节　专门机关与诉讼参与人

案例 10-2　校园盗窃案

徐某，男，24 岁，无业。2009 年 6 月的一天傍晚，徐某到某大学校园内闲逛，行至某教学楼时，发现其中的一个教室里自修的学生纷纷离开，但不少课桌上都留有一些书本甚至财物，于是趁机溜进该教室，将学生们留在教室里的值钱物品装在自己随身所带的包里。正当徐某欲携赃物溜出校园之际，被该大学保卫处聘请的保安人员拦住，原来保安人员早已通过监控探头看到徐某作案的全过程。保安人员在对徐某进行讯问后制作了讯问笔录，然后将徐某连同讯问笔录和缴获的赃物送至附近的派出所。该区公安分局的侦查人员迅速对徐某进行了讯问，并组织学生辨认了徐某所盗取的物品及财物。侦查终结后，该区公安分局将此案移送该区人民检察院审查起诉。该区人民检察院审查后,在法定期间内向该区人民法院提起公诉。徐某委托了辩护律师。法院依法判处徐某有期徒刑2年。徐某不服,提起上诉。该市中级人民法院经过审理,驳回了上诉,维持原判。后徐某被送往监狱执服刑。

讨论题

本案中,该大学的保卫处属于我国刑事诉讼中的专门机关吗?保安人员的处理是否恰当呢?

案例10-3 赵某故意伤人案

赵某,男,16岁。齐某,男,17岁。一日,两人因故发生口角,经当时在场的李某劝说无效,继而打了起来。赵某拾起一块石头砸向齐某头部,致使齐某当场倒地昏迷,后被送往医院救治。公安机关立案侦查此案,指派法医纪某对齐某的伤情作了鉴定。公安机关在讯问赵某时,通知其父亲到场。在人民法院审理此案时,赵某的父母聘请了律师邹某为赵某进行辩护,齐某的母亲则提起了附带民事诉讼,要求赔偿物质损失,律师刘某接受齐某母亲的委托,依法出庭为齐某提供法律服务。李某被人民法院通知出庭。

讨论题

本案中的各相关人员是哪一种诉讼参与人?

一、刑事诉讼专门机关

刑事诉讼专门机关,是指依照法定职权进行刑事诉讼活动,并在诉讼中承担一定职能的国家机关。在我国,专门机关主要包括:公安机关、国家安全机关、人民检察院、人民法院、军队保卫部门、监狱、海关走私犯罪侦查部门等。

公安机关是我国主要的侦查机关。在刑事诉讼中,公安机关的主要职权有立案权、侦查权和部分刑罚的执行权。

人民检察院是我国的法律监督机关,代表国家行使检察权。

在刑事诉讼中，其主要职权包括公诉权、诉讼监督权和职务犯罪案件的侦查权。从机构设置来看，我国的检察机关分为最高人民检察院、地方各级人民检察院和专门人民检察院，上下级人民检察院之间是领导与被领导的关系。

人民法院是我国的审判机关，主要负责各类案件的审理和裁判。从机构设置来看，我国的人民法院分为最高人民法院、地方各级人民法院和专门人民法院，上下级人民法院之间是监督与被监督的关系。

二、诉讼参与人

诉讼参与人，是指在刑事诉讼过程中享有一定的诉讼权利、承担一定的诉讼义务的，除国家专门机关的工作人员以外的人。诉讼参与人可以分为当事人和其他诉讼参与人。当事人，是指与案件有直接的利害关系，对刑事诉讼进程发挥较大影响作用的诉讼参与人。根据我国《刑事诉讼法》的规定，当事人包括被害人、自诉人、犯罪嫌疑人、被告人、附带民事诉讼的原告和被告。其他诉讼参与人则包括法定代理人、诉讼代理人、辩护人、证人、鉴定人和翻译人员。

被害人，是指人身、财产或其他合法权益遭受犯罪行为直接侵害的人。作为当事人，被害人享有与犯罪嫌疑人、被告人大致相同的诉讼权利。但在不服一审法院的判决时，被害人不享有上诉权，而只能请求人民检察院抗诉。

自诉人，是指自诉案件中以自己的名义直接向人民法院提起诉讼控告被告人侵犯自己的权益并构成犯罪，要求人民法院依法追究被告人刑事责任的人。在我国刑事诉讼中，能够成为自诉人的，是被害人或其法定代理人。

犯罪嫌疑人和被告人，是对涉嫌犯罪而受到刑事追诉的人的两种称谓。公诉案件中，受刑事追诉者在检察机关向法院提起公诉以前，称为“犯罪嫌疑人”；在检察机关正式向法院提起公诉以后，则称为“被告人”。犯罪嫌疑人、被告人在刑事诉讼中的主要诉讼权利有:(1)有权知悉自己被指控的罪名。(2)犯罪嫌疑人自被侦查机关第一次讯问或者采取强制措施之日起,有权委托辩护人;被告人有权随时委托辩护人。(3)有权进行无罪辩解。(4)有权申请回避。(5)对公安司法人员提出的与本案无关的问题有权拒绝回答;有权核对讯问笔录,认为记载有遗漏或差错时,有权要求补充和修改;有权申请补充鉴定或者重新鉴定。(6)遇到法定情形,有权获得刑事法律援助,接受指定辩护。(7)有权拒绝辩护人继续辩护;有权另行委托辩护人。(8)有权参加法庭调查和法庭辩论;有权申请新的证人到庭,调取新的物证,申请重新鉴定和勘验;有权在法庭辩论结束后作最后陈诉;在自诉案件中,被告人还有权提起反诉;有权对未生效的判决、裁定提起上诉。

犯罪嫌疑人、被告人的诉讼义务主要是:(1)对于公安司法人员的提问,应如实回答;(2)对公安司法机关依法采取的强制措施以及检查、搜查、扣押等强制性措施,应予合作;(3)不得伪造、毁灭证据;(4)按时出席法庭审判,遵守法庭纪律。

三、案例分析

【案例 10-2】本案中,该大学的保卫处并非我国刑事诉讼的专门机关,保安人员的处理也是不恰当的。因为,我国刑事诉讼中的专门机关一般来说是指公安机关、人民检察院和人民法院,只有这些机关的办案人员才有权依照法律的规定处理案件,例如本案中对徐某进行讯问的权力应归属于公安机关。在本案中,专门机关是区公安分局、区人民检察院、区人民法院、市中级人民法院和监狱。

【案例 10-3】本案中,赵某是被告人;齐某是被害人,也是附带民事诉讼原告。所谓附带民事诉讼原告,是指因被告人的犯罪行为而遭受物质损失,并在刑事诉讼中提出赔偿请求的人。根据《刑事诉讼法》和有关司法解释的规定,我国《刑事诉讼法》中有权提起附带民事诉讼的人是因犯罪行为而遭受物质损失的公民,通常就是刑事被害人本人。如果受犯罪行为侵害的人是未成年人、精神病人等无行为能力或行为能力受到限制的人，那么其法定代理人或监护人有权为其提起附带民事诉讼。如果刑事被害人死亡的话，其父母、子女、配偶、兄弟姐妹，可以作为附带民事诉讼的原告。

赵某之父和齐某之母都是法定代理人，他们是由法律规定的对被代理人负有专门保护义务并代其进行诉讼的人。

邹律师是辩护人，是指接受犯罪嫌疑人、被告人的委托或人民法院的指定，帮助犯罪嫌疑人、被告人行使辩护权，以维护其合法权益的人。刘律师是诉讼代理人，是指以当事人的名义，在一定权限范围内，为当事人的利益进行诉讼活动的人。

李某是本案的证人，即知道案情而向办案机关提供证言的人。纪某是本案中的鉴定人，是指受公安、司法机关的指派或者聘请，运用自己的专门知识或技能，对案件中的专门性问题进行分析判断并提出专门意见的人。

相关法规链接

《中华人民共和国刑事诉讼法》

第 3 条　对刑事案件的侦查、拘留、执行逮捕、预审，由公安机关负责。检察、批准逮捕、检察机关直接受理的案件的侦查、提起公诉，由人民检察院负责。审判由人民法院负责。除法律特别规定的以外，其他任何机关、团体和个人都无权行使这些权力。

第 4 条　国家安全机关依照法律规定，办理危害国家安全的刑事案件，行使与公安机关相同的职权。

第 33 条　犯罪嫌疑人自被侦查机关第一次讯问或者采取强制措施之日起，有权委托辩护人；在侦查期间，只能委托律师作为辩护人。被告人有权随时委托辩护人。

第 34 条　犯罪嫌疑人、被告人因经济困难或者其他原因没有委托辩护人的，本人及其近亲属可以向法律援助机构提出申请。

对符合法律援助条件的，法律援助机构应当指派律师为其提供辩护。

犯罪嫌疑人、被告人是盲、聋、哑人，或者是尚未完全丧失辨认或者控制自己行为能力的精神病人，没有委托辩护人的，人民法院、人民检察院和公安机关应当通知法律援助机构指派律师为其提供辩护。

犯罪嫌疑人、被告人可能被判处无期徒刑、死刑，没有委托辩护人的，人民法院、人民检察院和公安机关应当通知法律援助机构指派律师为其提供辩护。

第三节 管辖与回避

案例 10-4 法院拒绝受理故意伤害重伤案

甲将乙打成重伤。乙的配偶丙向县公安局报案。负责审查的办案人员认为受害人和加害人都比较明确，案件事实清楚，本案不需要侦查。于是县公安局作出不立案决定，并告知丙可以直接到县人民法院起诉。丙到县人民法院起诉时，县人民法院认为，本案被害人受伤害情况较为严重，不属于自诉案件的范围，本院不能直接受理；并且，依照我国《刑法》的规定，故意伤害致人重伤的，法定最高刑是死刑，这类案件应由中级人民法院作为一审法院。本院是基层法院，对本案是没有管辖权的。于是，县人民法院告诉丙，要么去找县公安局立案侦查，要么去找中级法院处理。

讨论题

本案应由哪个机关负责侦查？县公安局和县人民法院的做法是否正确？

案例 10-5 出租车司机侵占乘客遗忘物案

王某系甲市某出租汽车公司司机，住该市 A 区。2008 年 1 月 20 日晚，香港居民董某在甲市 B 区乘坐王某驾驶的出租车至该区雨花大酒店，下车时将背包遗忘在车上。包内有价值近2万元的笔记本电脑和现金5 000元。董下车后即意识到将背包遗忘在车上，于是找到王某，向其索要。王某谎称并未见到背包，拒不交出。

讨论题

本案一审管辖法院应当是哪个法院？

案例10-6 现役军人与非军人共同伤人案

张某，系某部队现役军人。2008年1月，张某获准回家探亲。一天晚上，张某与其高中同学赵某、徐某、吴某一起到位于A市甲区的饭店吃饭。其间，服务员薛某在上菜的时候一不小心将汤汁洒在了徐某的身上，徐某非常生气，非要薛某下跪道歉。薛某觉得徐某是在侮辱自己，就推了一下徐某。张某等人见状，立即围了上来，四人将薛某打成重伤后逃离现场。饭店经理当即报警，警方很快将四人抓获。

讨论题

1. 本案应由哪个公安机关立案侦查？
2. 本案应由哪个法院负责审理？

案例10-7 主审法官系抢劫案目击证人

马某，男，26岁，无业。2010年5月1日下午5时许，马某在某火车站附近持刀抢劫旅客王某手提包一个，内有现金5 000元和诺基亚6300手机一部。这一过程正好被路经此地的某法院审判员顾某和法警肖某看到。马某作案后刚要逃跑，顾某和肖某合力将马某抓住后扭送至公安机关，并向办案人员陈述了案发经过。公安机关经过侦查终结认为需要追究其刑事责任，便向人民检察院移送起诉。检察院以抢劫罪向人民法院提起了公诉。人民法院组成合议庭审理此案，审判员顾某是合议庭组成人员，人民法院经过审理，以抢劫罪判处马某有期徒刑13年。

讨论题

本案中人民法院在诉讼程序上是否有问题?

一、立案管辖

1. 立案管辖的概念、依据

立案管辖,解决的是哪类刑事案件由公、检、法机关中的哪一个机关受理的问题。

立案管辖主要是根据公安司法机关在刑事诉讼中的职责分工,以及刑事案件的性质、案件的轻重、复杂程度等不同情况来确定的。

2. 人民法院直接受理的刑事案件

人民法院直接受理的刑事案件包括:(1)告诉才处理的案件,例如侮辱、诽谤罪,暴力干涉婚姻自由,虐待罪,非法侵占罪;(2)被害人有证据证明的轻微刑事案件,例如故意伤害(轻伤),重婚罪,遗弃罪,妨害通讯自由,非法侵入他人住宅;(3)被害人有证据证明对被告人侵犯自己人身、财产权利的行为应当追究刑事责任,而公安机关或者人民检察院不予追究被告人刑事责任的案件。

3. 人民检察院直接受理的刑事案件

人民检察院直接受理的案件包括:(1)贪污贿赂犯罪;(2)国家工作人员的渎职犯罪;(3)国家机关工作人员利用职权实施的非法拘禁、刑讯逼供、报复陷害、非法搜查的侵犯公民人身权利的犯罪以及侵犯公民民主权利的犯罪;(4)对于国家机关工作人员利用职权实施的其他重大的犯罪案件,需要由人民检察院直接受理的时候,经省级以上人民检察院决定,可以由人民检察院立案侦查。

4. 公安机关直接受理的刑事案件

在我国,大多数刑事案件都是由公安机关负责侦查,法律另有规定的除外。这些例外包括:(1)人民法院直接受理的案件;(2)人民检察院自行侦查的案件;(3)国家安全机关负责侦查的案件;(4)军队保卫部门、监狱内的侦查部门负责侦查的案件。

二、地域管辖与级别管辖

1. 地域管辖

地域管辖，是指是指同级人民法院之间在审判第一审刑事案件权限上的划分。确定地域管辖的原则有两个：(1)基本原则是以犯罪地人民法院管辖为主，被告人居住地人民法院管辖为辅。其中，犯罪地包括犯罪预备地、实施地、完成地、结果地、销赃地等。(2)递进原则是以最初受理的人民法院审判为主，主要犯罪地人民法院审判为辅。这主要是为了解决一个犯罪涉及数个犯罪地的问题。当两个以上的法院都有管辖权时，一般来说由最先受理的法院管辖，在必要的时候可以将案件移送主要犯罪地的法院管辖。

2. 级别管辖

级别管辖，是指各级人民法院在审判第一审刑事案件上的权限分工。在我国，最高人民法院管辖的第一审刑事案件是全国性的重大刑事案件。高级人民法院管辖的第一审刑事案件是全省(自治区、直辖市)性的重大刑事案件。中级人民法院管辖的第一审刑事案件包括危害国家安全、恐怖活动案件；可能判处无期徒刑、死刑的案件。基层人民法院管辖的第一审刑事案件是依照《刑事诉讼法》规定由上级人民法院管辖以外的普通刑事案件。

三、专门管辖

专门管辖，是指专门人民法院之间，以及专门人民法院与普通人民法院之间对第一审刑事案件在受理范围上的分工与权限。在我国的刑事司法中，专门法院主要包括军事法院和铁路运输法院。其中，军事法院主要审理现役军人(含军内在编职工)涉及军职犯罪的案件。现役军人与非军人共同犯罪的，则分别由军事法院和地方人民法院或者其他专门法院管辖；涉及国家军事秘密的，全案由军事法院管辖。铁路运输法院主要审理铁路系统公安机关负责侦破的刑事案件、铁路职工违反规章制度的案件等。

四、回避概述

1. 回避的概念

回避，根据《刑事诉讼法》和有关法律的规定，特定办案人员在同所处理案件有法定利害关系或者其他可能影响案件公正处理的关系时，不得参与该案的诉讼活动的制度。

2. 适用回避制度的人员

在刑事诉讼中，适用回避制度的人员包括：(1)审判人员，既包括直接承办案件的审判员、助理审判员、人民陪审员，也包括有权参与案件讨论和作出处理决定的法院院长、庭长以及审判委员会其他成员；(2)检察人员，各级人民检察院的检察官、书记员和司法行政人员；(3)侦查人员；(4)参与侦查、起诉、审判的书记员、翻译人员、鉴定人。值得注意的是，回避制度不适用于诉讼代理人、辩护人和证人。

3. 回避的种类

在我国，回避有三种：一是自行回避，即侦查、检察和审判人员在刑事诉讼中遇有法律规定的应当回避的情形时，主动要求退出诉讼活动的制度；二是申请回避，即侦查、检察和审判人员等具有法律规定的应当回避的情形而没有自行回避时，当事人及其法定代理人向公安机关、人民检察院或人民法院提出申请，要求他们回避的制度；三是指令回避，侦查、检察和审判人员等具有法律规定的应当回避的情形而没有自行回避，当事人及其法定代理人也没有申请回避，公、检、法等机关的负责人可以依职权命令其退出案件诉讼活动的制度。

法定的回避理由包括：(1)是本案的当事人或者当事人的近亲属的；(2)本人或者他的近亲属和本案有利害关系的；(3)担任过本案证人、鉴定人、辩护人或者诉讼代理人的；(4)与本案当事人有其他利害关系，可能影响案件公正处理的；(5)审判人员、检察人员、侦查人员接受当事人及其委托的人的请客送礼，或者违反规定会见当事人及其委托的人；(6)审判人员曾作为裁判者主持或者参与对某一案件的审判活动，而案件后又被同一人民法院重新审判。

五、案例分析

【案例 10-4】本案是故意伤害的重伤案件，因此不属于人民法院的立案管辖，也不属于检察院的立案管辖范围，故应由公安机关立案侦查。因此，公安机关作出不立案的决定是错误的。

根据《刑事诉讼法》第 170 条第 3 款的规定，被害人有证据证明对被告人侵犯自己人身、财产权利的行为应当依法追究刑事责任，而公安机关或检察机关不予追究被告人刑事责任的案件，被害人可以向法院提起自诉。本案的犯罪客体是人身权利，公安机关在作出了不立案的决定后，被害人有权依法向法院提起自诉。因此，县法院让丙去找县公安局或者中级法院的做法是错误的，县人民法院对丙的控告应当受理。在受理以后，如果认为本案被告人可能判处无期徒刑以上刑罚而没有管辖权的，可以移送至有管辖权的法院。

【案例 10-5】本案中，出租车司机王某侵占了香港居民董某遗忘在其车内的笔记本电脑和现金。首先，从级别管辖的角度来看，本案不属于中级人民法院管辖案件的范围，因此，当由基层人民法院管辖。其次，从地域管辖的角度来看，我国刑诉法关于地域管辖的基本原则是以犯罪地人民法院管辖为主，被告人居住地人民法院管辖为辅，本案中并未提到更为适宜由被告人居住地管辖的信息。因此，应当由犯罪地人民法院管辖本案，即由甲市 B 区的基层人民法院管辖。

【案例 10-6】本案中的四名犯罪嫌疑人中既有现役军人，也有非军人。这就涉及现役军人与非军人共同犯罪时如何进行管辖的问题了。根据《公安机关办理刑事案件程序规定》第 22 条的规定："公安机关和军队互涉刑事案件的管辖分工如下：(一)军人在地方作案的，当地公安机关应当及时移交军队保卫部门侦查。……"办理此类案件时，地方公安机关和有关军队保卫部门应当及时互通情况、互相协作，本案中地方公安机关有权负责对赵某、徐某、吴某的犯罪展开侦查，而张某则应移交给他所在部队的保卫部门。

根据《刑事诉讼法》的规定，现役军人与非军人共同犯罪的，分别由军事法院和地方人民法院或者其他专门法院管辖。由于本案不涉及国家秘密，故赵某、徐某、吴某应由 A 市的法院负责审理，张某则应由军事法院负责审理。

【案例 10-7】本案中，法院的审判员顾某和法警肖某首先是目击者，随后又将犯罪嫌疑人扭送至公安机关。根据《刑事诉讼法》的规定，两人都是本案的证人。同时，《刑事诉讼法》又规定，担任过本案证人、鉴定人、辩护人或者诉讼代理人的办案人员应当回避。而本案的审理中，审判员顾某仍然参加了合议庭，依照法律的规定，在当事人没有提出回避申请，办案人员也没有提出自行回避时，法院应当指令其回避。因此，本案中法院让顾某参加合议庭的做法是错误的。

相关法规链接

《中华人民共和国刑事诉讼法》

第 20 条　中级人民法院管辖下列第一审刑事案件：(一)危害国家安全、恐怖活动案件；(二)可能判处无期徒刑、死刑的案件。

第 24 条　刑事案件由犯罪地的人民法院管辖。如果由被告人居住地的人民法院审判更为适宜的，可以由被告人居住地的人民法院管辖。

第 28 条　审判人员、检察人员、侦查人员有下列情形之一的，应当自行回避，当事人及其法定代理人也有权要求他们回避：(一)是本案的当事人或者是当事人的近亲属的；(二)本人或者他的近亲属和本案有利害关系的；(三)担任过本案的证人、鉴定人、辩护人、诉讼代理人的；(四)与本案当事人有其他关系，可能影响公正处理案件的。

第四节　辩护和代理

案例 10-8　公开审理未成年被告人案

某区人民法院审理一起未成年人故意伤害案。被告人秦某，男，1996 年 2 月 12 日生，系某校初中二年级学生。2010 年 3 月某日，秦某与本校另一学生打架，将其打成重伤。开庭前，法院在向秦某送达了起诉书副本，并告知他可以委托辩护人为其辩护。秦某表示不愿增加家庭负担，故不委托辩护人。区人民法院遂将秦某的这一意见记录在案。2010 年 6 月 18 日，区人民法院公开审理了本案。经法庭审理，法院以故意伤害罪判处被告人有期徒刑 3 年。判决后，秦某不服提出上诉。

讨论题

本案审理中，一审法院的做法是否存在问题？

案例 10-9　季某故意伤害案

季某因涉嫌故意伤害而遭到刑事追诉。在审查起诉阶段，季某委托律师程某担任其辩护人。案件起诉到法院以后，被害人吴某提起了附带民事诉讼，并委托律师范某担任代理人。

讨论题

1. 法院在审理本案的刑事部分时，范律师能否参加？为什么？

2. 法院在审理本案的附带民事诉讼部分时，程律师能否参加？为什么？

一、刑事辩护的一般原理

1. 辩护的概念、种类

辩护，是指刑事案件的犯罪嫌疑人、被告人及其辩护人反驳指控，提出有利于犯罪嫌疑人、被告人的事实和理由，以证明犯罪嫌疑人无罪、罪轻或者应当减轻、免除刑罚，维护其合法权益的诉讼活动。

我国刑事诉讼中辩护有三种：一是自行辩护，即犯罪嫌疑人、被告人自己针对指控进行反驳、辩解的行为；二是委托辩护，即犯罪嫌疑人、被告人依法委托律师或其他公民担任辩护人，协助其进行辩护；三是指定辩护，对于没有委托辩护人的犯罪嫌疑人、被告人，人民法院在法律规定的某些特殊情况下，为其指定承担法律援助义务的律师担任其辩护人，协助被告人进行辩护。指定辩护有两种情况，一是公诉人出庭公诉的案件，被告人因经济困难或者其他原因没有委托辩护人的，本人及其近亲属可以向法律援助机构提出申请。对符合法律援助条件的，法律援助机构应当指派律师为其提供辩护。二是犯罪嫌疑人、被告人是盲、聋、哑人，或者是尚未完全丧失辨认或者控制自己行为能力的精神病人，或者是未成年人，或者被告人可能被判处无期徒刑、死刑，而没有委托辩护人的，人民法院、人民检察院和公安机关应当通知法律援助机构指派律师为其提供辩护。

2. 辩护人的范围

在我国，可以担任辩护人的人包括：(1)律师；(2)人民团体或者犯罪嫌疑人、被告人所在单位推荐的人；(3)犯罪嫌疑人、被告人的监护人、亲友。

但有些人则不能担任辩护人，这主要是指：(1)正在被执行刑罚或者被依法剥夺、限制人身自由的人；(2)被宣告缓刑的人；(3)无行为能力或者限制行为能力的人；(4)与本案审理结果有利害关系的人；(5)外国人或无国籍人；(6)律师担任各级人民代表大会常务委员会组成人员期间，不得执业；(7)公检法、国安、监狱的现职人员；(8)本院的人民陪审员；(9)曾担任法官、检察官的律师在离任后两年内不得担任辩护人。其中，第(4)、(5)、(7)、(8)项规定的人员，如果是被告人的近亲属或者监护人，人民法院可以准许其担任辩护人。

3. 辩护人的权利和义务

辩护人在诉讼中享有如下权利：职务保障权、阅卷权、会见通信权、调查取证权、获得通知权、参加法庭辩论和调查权、拒绝辩护权等。辩护人承担如下义务:无正当理由,不得拒绝辩护;不得毁灭、伪造证据、唆使、引诱证人作伪证;保守职业秘密(国家、商业、个人秘密);不得违反规定私自会见法官检察官等。

二、刑事代理

1. 刑事代理的概念、产生的方式

刑事代理,是指代理人接受公诉案件的被害人及其法定代理人或者近亲属、自诉案件的自诉人及其法定代理人、附带民事诉讼的当事人及其法定代理人的委托,以被代理人的名义参加诉讼,由被代理人承担代理行为的法律后果的诉讼活动。

从代理产生的方式来看,刑事诉讼中的代理有两种:一是法定代理,即基于法律规定而产生的代理;二是委托代理,即基于委托人的授权而产生的代理。

2. 刑事代理的主要情形

在我国,刑事代理主要包括:(1)公诉案件中被害人的代理,是指律师或其他公民接受公诉案件中被害人及其法定代理人或者近亲属的委托,担任被害人的代理人参加诉讼。公诉案件的被害人及其法定代理人或者近亲属,自案件移送审查起诉之日起,有权委托诉讼代理人。(2)自诉案件中的代理,是指在自诉案件中,律师或其他公民接受自诉人或其法定代理人的委托,作为代理人参加诉讼。自诉案件的自诉人及其法定代理人,有权随时委托诉讼代理人。(3)附带民事诉讼中的代理,是指接受附带民事诉讼当事人及其法定代理人的委托,以诉讼代理人的身份进行的活动。附带民事诉讼的当事人及其法定代理人,自案件移送审查起诉之日起,有权委托诉讼代理人。(4)申诉案件中的代理,当事人及其法定代理人、近亲属对已发生法律效力的判决、裁定不服的,可以委托律师作为代理人向人民法院或者人民检察院提出申诉。

三、案例分析

【案例 10-8】本案中，被告人秦某在犯罪时已满 14 周岁，属于未成年人案件，根据我国刑诉法的规定，此类案件人民法院应当为其指定辩护人。而人民法院在没有指定辩护人的情况下，即开庭审理了本案，这严重违反了诉讼程序。同时，根据最高人民法院《关于审理未成年人刑事案件的若干规定》第 11 条的规定："对在开庭审理时不满 16 周岁的未成年人刑事案件，一律不公开审理。对在开庭审理时不满 18 周岁的未成年人刑事案件，一般也不公开审理。"法院审理本案时，秦某只有 14 周岁，可见，法院公开审理本案的做法也是错误的。

【案例 10-9】本案中，律师程某是作为被告人季某的辩护人来参加诉讼的，律师范某作为被害人吴某的诉讼代理人来参加诉讼的。

首先看第一个问题，在法院在审理本案的刑事部分时，作为诉讼代理人的范某能否参与呢？根据我国《刑事诉讼法》第 186 条第 2 款的规定："被害人、附带民事诉讼的原告人和辩护人、诉讼代理人，经审判长许可，可以向被告人发问。"第 189 条规定："公诉人、当事人和辩护人、诉讼代理人经审判长许可，可以对证人、鉴定人发问。"第 193 条规定："经审判长许可，公诉人、当事人和辩护人、诉讼代理人可以对证据和案件情况发表意见并且可以互相辩论。"可见，在刑事部分的审理中，被害人或附带民事诉讼的原告人所聘请的诉讼代理人可以向被告人发问，可以对证人、鉴定人发问，可以对证据和案件情况发表意见。因此，律师范某可以参加刑事部分的审理。

再来看第二个问题。法院在审理本案的附带民事诉讼部分时，程律师能否参加呢？需要明确的是，程律师是被告人的辩护人，其在诉讼中的职责在于帮助被告人针对检察机关的指控进行反驳、辩解，至于其能否参加附带民事部分的审理则取决于被告人季某的委托。如果季某同时委托程律师作为其在附带民事诉讼中的诉讼代理人的话，在另行办理委托手续之后，程律师可以参加附带民事部分的审理；如果季某只聘请其作为辩护人，而没有委托其作为诉讼代理人的话，程律师则不能参加附带民事部分的审理。

相关法规链接

《中华人民共和国刑事诉讼法》

第 34 条 犯罪嫌疑人、被告人因经济困难或者其他原因没有委托辩护人的，本人及其近亲属可以向法律援助机构提出申请。对符合法律援助条件的，法律援助机构应当指派律师为其提供辩护。

犯罪嫌疑人、被告人是盲、聋、哑人，或者是尚未完全丧失辨认或者控制自己行为能力的精神病人，没有委托辩护人的，人民法院、人民检察院和公安机关应当通知法律援助机构指派律师为其提供辩护。

犯罪嫌疑人、被告人可能被判处无期徒刑、死刑，没有委托辩护人的，人民法院、人民检察院和公安机关应当通知法律援助机构指派律师为其提供辩护。

第 35 条 辩护人的责任是根据事实和法律，提出犯罪嫌疑人、被告人无罪、罪轻或者减轻、免除其刑事责任的材料和意见，维护犯罪嫌疑人、被告人的诉讼权利和其他合法权益。

第 44 条 公诉案件的被害人及其法定代理人或者近亲属，附带民事诉讼的当事人及其法定代理人，自案件移送审查起诉之日起，有权委托诉讼代理人。自诉案件的自诉人及其法定代理人，附带民事诉讼的当事人及其法定代理人，有权随时委托诉讼代理人。

人民检察院自收到移送审查起诉的案件材料之日起三日以内，应当告知被害人及其法定代理人或者其近亲属、附带民事诉讼的当事人及其法定代理人有权委托诉讼代理人。人民法院自受理自诉案件之日起三日以内，应当告知自诉人及其法定代理人、附带民事诉讼的当事人及其法定代理人有权委托诉讼代理人。

第五节 刑事诉讼证据

案例 10-10 教师办公室失窃案

同班同学甲与乙在家中聊天。甲告诉乙说:“昨天放学后我看到隔壁班的丙翻窗爬进了教师办公室,好像老师们都走了,我当时很好奇,就在一旁偷偷地看,大概 15 分钟之后,丙又翻窗出来,手里多了一包东西,他跳下窗台后,手里的东西散落到地上,我看到了最起码有 4、5 部手机,还有 PSP 一个,另外还有几张一百块的钞票。”甲还告诉乙:“丙这个人很凶的,经常欺负低年级的学生,你要当心,这事最好别对别人说啊……”

乙认为这显然是一起入室盗窃案件,当日就将甲所讲的情况向当地公安机关反映。公安机关依法立案侦查,并找到甲核实情况,甲把当时看到的情况如实地向侦查人员作了陈述。丙被拘留后,对入室盗窃的过程作了供述。公安机关从丙的家中查获被盗的手机、PSP,但现金已经被丙挥霍掉了。

讨论题

1. 本案中甲向公安机关所作的陈述、丙在被拘留后的供述、被盗的手机和 PSP,各属于刑事诉讼证据中的哪一种?

2. 乙向公安机关的检举是直接证据还是间接证据?是原始证据还是传来证据?为什么?

案例 10-11 法院拒绝未成年人作证案

许某因故意杀人被提起公诉,在审判过程中,许某提出让当时在现场的某中学学生江某(14 岁)为自己作证。法院认为江某是未成年人,依照法律规定年幼的人没有作证资格,因而没有同意让江某作证。

讨论题

江某是否可以作为本案的证人?

案例 10-12　胡某巨额财产来源不明案

某县公安机关接到举报，某国有公司董事长胡某有贪污行为。公安机关接到举报后，因本案不属公安机关管辖，便将举报信移送到了县人民检察院。县检察院经过调查取证，未能查实胡某有贪污行为。但是，在调查过程中，检察人员发现胡某的个人生活支出明显高于其收入。于是，县检察院以“巨额财产来源不明罪”对胡某提起公诉。

讨论题

本案中的证明责任应如何分配？

一、刑事证据概述

1. 刑事证据的概念、种类

刑事证据，是指可以用于证明案件事实的各种材料。

根据我国刑诉法的规定，刑事证据包括书证，物证，证人证言，被害人陈述，犯罪嫌疑人、被告人供述和辩解，鉴定意见，勘验、检查、辨认、侦查实验等笔录，视听资料、电子数据。

2. 刑事证据的理论分类

根据不同的标准，证据又可以作出如下分类：(1)根据证据材料来源的不同，证据可以分为原始证据和传来证据。前者是指直接来源于案件事实的证据；后者是指从间接的非第一来源获得的证据。(2)根据证据与案件的待证事实的证明关系的不同，证据可以分为直接证据与间接证据。前者是指能够单独直接地证明案件主要事实的证据；后者是指不能单独直接地证明案件的主要事实，需要与其他证据结合才能证明案件主要事实的证据。(3)根据证据的表现形式的不同，证据可以分为实物证据和言词证据。前者是指以实物作为表现形式的证据；后者是指以言词作为表现形式的证据。

二、证人资格

根据我国《刑事诉讼法》第 60 条的规定：“凡是知道案件情况

的人，都有作证的义务。生理上、精神上有缺陷或者年幼，不能辨别是非、不能正确表达的人，不能作证人。”其中，是否能辨别是非，是否能正确表达是实质的判断标准。

三、证明责任的主体

在我国，证明责任的承担主体主要是控诉机关和负有证明责任的当事人，这一做法的依据是“主张者承担证明义务，否定者不承担证明”的法理。具体来说，我国的证明责任的承担依如下规则分配：

(1) 检察机关负有证明犯罪嫌疑人、被告人有罪的责任；

(2) 自诉案件的自诉人应当对其控诉承担证明责任；

(3) 法院作为中立的裁判者，不承担证明责任；

(4) 在例外的情况下，犯罪嫌疑人、被告人应当承担部分的证明责任。这只适用于某些特殊的案件，例如巨额财产来源不明罪，非法持有国家绝密、机密文件罪，非法持有枪支、弹药、毒品罪等。

四、案例分析

【案例 10-10】本案中，甲向公安机关所作的陈述属于证人证言，丙在被拘留后的供述属于属于犯罪嫌疑人供述和辩解，被盗的手机和 PSP 属于物证。

乙向公安机关的检举可以单独直接证明案件主要事实，即丙盗窃了办公室内的财物，因此这属于直接证据；同时，乙向公安机关检举的情况并非他自己亲眼所见的事实，而是由甲向他陈述的，因此这属于传来证据。

【案例 10-11】本案中，中学生江某能否作证的判断标准不能仅仅根据其年龄决定。关键问题在于他能否辨别是非、能否正确表达。最高人民法院《关于审理刑事案件程序的具体规定》第 42 条第 2 款规定：“年幼的人能够辨别是非并正确表达的，可以作证，但询问方式必须符合年幼人的生理和心理特点。”因此，只要江某能够辨别是非、并正确表达的，就可以作为本案的证人。

【案例 10-12】对于巨额财产来源不明罪，犯罪嫌疑人、被告人负有说明其明显超过合法收入的那部分财产的来源的责任。但是，证明国家工作人员的财产或支出明显超过合法收入并差额巨大的事实存在的责任，则应由公诉机关承担。

因此，在本案中县检察院首先应当收集证据证明胡某的个人生活支出明显高于其收入。然后证明责任发生转移，即由胡某负责说明其个人生活支出明显超过合法收入的那部分财产的来源，若胡某不能说明或证明，差额部分即以非法所得论。

相关法规链接

《中华人民共和国刑事诉讼法》

第 48 条　可以用于证明案件事实的材料，都是证据。

证据包括：（一）物证；（二）书证；（三）证人证言；（四）被害人陈述；（五）犯罪嫌疑人、被告人供述和辩解；（六）鉴定意见；（七）勘验、检查、辨认、侦查实验等笔录；（八）视听资料、电子数据。

证据必须经过查证属实，才能作为定案的根据。

第 49 条　公诉案件中被告人有罪的举证责任由人民检察院承担，自诉案件中被告人有罪的举证责任由自诉人承担。

第 60 条　凡是知道案件情况的人，都有作证的义务。生理上、精神上有缺陷或者年幼，不能辨别是非、不能正确表达的人，不能作证人。

第六节　刑事强制措施

案例 10-13　谢某强奸案

某区石龙路派出所，2009 年 8 月 11 日晚接到被害人李某报案，称其在桂林路上遭遇歹徒实施强奸。公安干警紧急出动，根据被害人指认，将犯罪嫌疑人谢某抓获。当夜，派出所所长签发了拘留证，48 小时后，侦查人员对谢某进行了讯问。同年 8 月 16 日，公安机关提请人民检察院对谢某批准逮捕。人民检察院在 7 日之内作出了不批准逮捕的决定，公安机关认为人民检察院的决定有错误，于是向上一级人民检察院提请复核，并将谢某继续关押。

讨论题

本案诉讼程序中有哪些不当之处？

案例 10-14　周某被取保候审案

犯罪嫌疑人周某，男，68 岁，农民，因伪造虎照骗取钱财被公安机关依法拘留。拘留后公安机关发现其患有严重的肺结核，经医院检查属实，需要隔离。公安机关遂做出取保候审决定，要求周某提供保证人。周某向公安机关提出由其弟做保证人。公安机关经调查发现，周某之弟有一定的财产，但常年在外地做生意，且行踪不定，因此没有同意周某之弟做保证人。

讨论题

1. 本案中可否对周某采取取保候审措施？

2. 公安机关不同意周某之弟做保证人的做法是否正确？

3. 若周某无法提供别的保证人，他还可通过什么途径被取保候审？

一、拘留与逮捕

1. 强制措施的概念、种类

强制措施，是指人民法院、人民检察院和公安机关在诉讼活动中，为了保证诉讼的顺利进行，依照法律规定，对犯罪嫌疑人、被告人所采取的一种带有强制性的方法。

刑事诉讼中强制措施有五种：拘传、取保候审、监视居住、拘留、逮捕。其中较为严厉的，对犯罪嫌疑人和被告人影响较大的是拘留和逮捕。

2. 拘留、逮捕的条件和程序

拘留，是指公安机关、人民检察院对于现行犯或者重大犯罪嫌疑分子，在遇有法定的紧急情况下依法采取的临时剥夺其人身自由的一种强制措施。公安机关对于现行犯或者重大嫌疑分子，如果有下列情形之一的，可以先行拘留：(1)正在预备犯罪、实行犯罪或者在犯罪后即时被发觉的；(2)被害人或者在场亲眼看见的人指认他犯罪的；(3)在身边或者住处发现有犯罪证据的；(4)犯罪后企图自杀、逃跑或者在逃的；(5)有毁灭、伪造证据或者串供可能的；(6)不讲真实姓名、住址，身份不明的；(7)有流窜作案、多次作案、结伙作案重大嫌疑的。

逮捕是指人民法院、人民检察院和公安机关，为防止犯罪嫌疑人或被告人事实妨害刑事诉讼的行为，逃避侦查、起诉或审判或发生社会危险性，而依法暂时剥夺其人身自由的一种强制措施。逮捕犯罪嫌疑人、被告人必须同时具备三个条件：(1)有证据证明有犯罪事实；(2)可能判处徒刑以上刑罚；(3)有逮捕必要。逮捕犯罪嫌疑人、被告人，必须经人民检察院批准或者人民法院决定，由公安机关执行。

公安机关执行拘留时，应由承办单位填写《呈请拘留报告书》，经县以上公安机关负责人审查批准，签发《拘留证》，然后派两名以上公安人员执行。拘留后，应当立即将被拘留人送看守所羁押，最长不得超过 24 小时。除无法通知或者涉嫌危害国家安全犯罪、恐怖活动犯罪通知可能有碍侦查的情形以外，应当在拘留后 24 小时以内，通知被拘留人的家属。待有碍侦查的情形消失以后，应当立即通知被拘留人的家属。

公安机关对被拘留的人，认为应该逮捕的，应在拘留后的 3 日以内，报请人民检察院审查批准。在特殊情况下，提请审查批准的时间可以延长 1 日至 4 日。对于流窜作案，多次作案，结伙作案的重大犯罪嫌疑分子，提请审查批准的时间可延长至 30 日。人民检察院对案件进行审查后，对于符合逮捕条件的，应当做出批准逮捕决定，制作《批准逮捕决定书》，连同案卷、证据一并移交提请批准逮捕的公安机关执行。人民检察院不批准逮捕的，应当说明理由。

逮捕后，应当立即将被逮捕人送看守所羁押。除无法通知的以外，应当在逮捕后24小时以内，通知被逮捕人的家属。人民法院、人民检察院对于各自决定逮捕的人，公安机关对于经人民检察院批准逮捕的人，都必须在逮捕后的24小时以内进行讯问。在发现不应当逮捕的时候，必须立即释放，发给释放证明。

犯罪嫌疑人、被告人被逮捕后，人民检察院仍应当对羁押的必要性进行审查。对不需要继续羁押的，应当建议予以释放或者变更强制措施。有关机关应当在十日以内将处理情况通知人民检察院。

二、取保候审与监视居住

1. 取保候审的概念、期限、适用对象

取保候审，是人民法院、人民检察院、公安机关责令犯罪嫌疑人或者被告人提供保证人或者交纳保证金，保证其不逃避或者妨碍侦查、起诉、审判，并随传随到的一种强制措施。取保候审的时间最长不超过12个月。

取保候审适用的对象包括：(1)可能判处管制、拘役或者独立适用附加刑的；(2)可能判处有期徒刑以上刑罚，采取取保候审不致发生社会危险性的；(3)应当逮捕的犯罪嫌疑人，被告人患有严重疾病，或者是正在怀孕、哺乳自己婴儿的妇女的；(4)对被拘留的犯罪嫌疑人需要逮捕，但证据还不充足的；(5)法定羁押期限届满尚不能结案的。

取保候审有两种保证方式：一是保证人保证方式；二是保证金保证方式。其中，保证人必须符合下列条件：(1)与本案无牵连；(2)有能力履行保证义务；(3)享有政治权利，人身自由未受到限制；(4)有固定的住处和收入。对同一犯罪嫌疑人、被告人，决定取保候审的，不能同时使用保证人保证和保证金保证。

2. 监视居住的概念、期限

监视居住，是指人民法院、人民检察院和公安机关责令犯罪嫌疑

人、被告人在一定期限内不得离开指定的区域,并对其行动加以监视和控制的一种强制措施。监视居住的期限最长不得超过6个月。

三、案例分析

【案例10-13】本案中存在如下不当之处:(1)派出所所长签发拘留证的做法是错误的,应当由县级以上公安机关负责人签发;(2)办案人员在48小时后进行讯问是错误的,依法应当在拘留后的24小时内进行讯问;(3)根据《刑事诉讼法》第90条的规定:"公安机关对人民检察院不批准逮捕的决定,认为有错误的时候,可以要求复议,但是必须将被拘留的人立即释放。如果意见不被接受,可以向上一级人民检察院提请复核。上级人民检察院应当立即复核,作出是否变更的决定,通知下级人民检察院和公安机关执行。"因此,公安机关直接提请上一级人民检察院复核的做法是错误的,应当先要求同级人民检察院复议,如果意见不被接受,可以向上一级人民检察院提请复核。(4)公安机关继续关押犯罪嫌疑人的做法是错误的,公安机关应当在接到人民检察院不批准逮捕的决定后,必须将被拘留的人立即释放。

【案例10-14】本案中,由于被告查实患有严重的肺结核,符合法律中关于取保候审适用对象的规定,因此公安机关可以对周某采取取保候审。本案中,周某之弟无固定的住处,不符合保证人条件的第(2)、(4)项规定,因此公安机关不同意其做保证人的做法是正确的。进一步来说,如果周某无法提供别的保证人的话,可以通过交纳保证金的方式,申请取保候审。

相关法规链接

《中华人民共和国刑事诉讼法》

第78条 逮捕犯罪嫌疑人、被告人,必须经过人民检察院批准或者人民法院决定,由公安机关执行。

第 79 条　对有证据证明有犯罪事实，可能判处徒刑以上刑罚的犯罪嫌疑人、被告人，采取取保候审尚不足以防止发生下列社会危险性的，应当予以逮捕：(一)可能实施新的犯罪的；(二)有危害国家安全、公共安全或者社会秩序的现实危险的；(三)可能毁灭、伪造证据，干扰证人作证或者串供的；(四)可能对被害人、举报人、控告人实施打击报复的；(五)企图自杀或者逃跑的。

第 80 条　公安机关对于现行犯或者重大嫌疑分子，如果有下列情形之一的，可以先行拘留：(一)正在预备犯罪、实行犯罪或者在犯罪后即时被发觉的；(二)被害人或者在场亲眼看见的人指认他犯罪的；(三)在身边或者住处发现有犯罪证据的；(四)犯罪后企图自杀、逃跑或者在逃的；(五)有毁灭、伪造证据或者串供可能的；(六)不讲真实姓名、住址，身份不明的；(七)有流窜作案、多次作案、结伙作案重大嫌疑的。

第 83 条　公安机关拘留人的时候，必须出示拘留证。拘留后，应当立即将被拘留人送看守所羁押，至迟不得超过二十四小时。除无法通知或者涉嫌危害国家安全犯罪、恐怖活动犯罪通知可能有碍侦查的情形以外，应当在拘留后二十四小时以内，通知被拘留人的家属。有碍侦查的情形消失以后，应当立即通知被拘留人的家属。

第七节　刑事诉讼流程

案例 10-15　校园女尸案

一天清晨，据某大学的一名清洁工报案，该大学校园内的某教学楼下发现了一具女尸，很快警察封锁了现场。

讨论题

本案如果需要立案侦查的话，需满足怎样的条件呢？

案例 10-16　盗窃案嫌疑人遭刑讯案

犯罪嫌疑人郭某，男，35 岁，某大学门卫。郭某因盗窃该大学保卫科的公款潜逃至外地。一周后，被当地公安机关抓获后送回案发地的公安机关。为了使本案的证据更充分，侦查员刘某、李某前往郭某所在的大学，将本案的部分证人召集在一间办公室内，进行了询问。第二天，侦查员刘某一人开始讯问郭某，讯问笔录如下：

刘：你老实交待你的罪行，党的政策是“坦白从宽，抗拒从严”，听清楚了吗？

郭：我要请律师！

刘：现在你不能请律师，侦查阶段律师不能介入。

郭：我抗议！你拘留我到现在已经三天了，还没有向我出示拘留证。

刘：对你这种在逃犯，可以不出示。现在你老实交待罪行。

郭：我没罪！你们冤枉我！

刘：你必须自己拿出充分的证据来，我们才能说你无罪。你如果老实交代，说完了我们可以放你出去；你如果顽抗到底，公安机关将从重处罚你。

在讯问过程中，刘某多次打郭某的耳光，并罚郭某跪在地上。

讨论题

在本案的侦查中，侦查人员在收集证据时存在哪些错误？

案例 10-17　检察院审查起诉中拒听被害人意见案

某县人民检察院对一起诈骗案审查起诉时，被害人范某数次要求向人民检察院陈述自己的意见。但承办的检察官认为，该案已经讯问了犯罪嫌疑人赵某，并已听取辩护人和被害人委托的诉讼代理人的意见，并且诉讼代理人已经反映了被害人的要求了，所以没有必要听取被害人的意见。在审查起诉中，县人民检察院认为该案证据不足，决定将案件退回县公安局补充侦查。

讨论题

1. 县人民检察院在对本案进行审查起诉时应当审查哪些

内容?

2. 县人民检察院在审查起诉时是否应当听取范某的意见?

3. 县人民检察院将该案退回补充侦查,应遵循哪些关于退回补充侦查的规定?

案例 10-18 死刑案件被告人要求更换辩护人案

某市公安局于 2009 年 2 月 14 日对朱某(男,24 岁)、方某(男,21 岁)持刀抢劫致人死亡一案进行立案侦查。经侦查查明,朱某、方某实施抢劫犯罪事实清楚,依法应当追究刑事责任。朱某、方某抢劫案于 2009 年 5 月 10 日侦查终结,移送市人民检察院审查起诉。市人民检察院审查后,认为该案部分事实、证据尚需补充侦查,遂退回市公安局补充侦查。补充侦查完毕,再次移送市人民检察院。市人民检察院认为事实清楚、证据充分,遂向市第一中级人民法院提起公诉。

法院审理过程中,被告人朱某当庭拒绝法院指定的辩护人为其辩护,要求自行委托辩护人;方某拒绝其自行委托的辩护人为其辩护,要求法院为其指定一辩护人。合议庭经研究,同意二被告请求,并宣布延期审理。重新开庭后,方某在最后陈述中提出,其参与抢劫是由于朱某的胁迫,由于害怕朱某报复,以前一直不敢说,并提出了可以证明被胁迫参与抢劫的证人的姓名,希望法院从轻判处。

法庭审理后认为,被告人朱某、方某构成抢劫罪,情节严重。根据《刑法》的有关规定,判处朱某死刑,缓期 2 年执行;判处方某有期徒刑 10 年。一审判决后,朱某不服,以量刑过重为由向上一级法院提出上诉;方某未上诉,市人民检察院亦未抗诉。

讨论题

1. 重新开庭后,如果朱某再次拒绝自行委托的辩护人为其辩护,合议庭应当如何处理?

2. 重新开庭后,如果方某又提出拒绝法院为其指定的辩护人为其辩护，合议庭应如何处理？

3. 对于方某在最后陈述中提出其受胁迫的事实，合议庭应如何处理？

4. 假如本案受害人对一审判决不服，可以通过何种方式获得救济？

案例 10-19　二审法院发回重审案

王某与华某是邻居，某日，两人因琐事发生口角。当华某转身正欲离开时，王某举起旁边的铁锹朝华某头部打去，致华某的颅骨粉碎性骨折。华某在被送往医院的途中因伤势过重死亡。王某作案后，到公安机关投案自首。某市中级人民法院经开庭审理后，以故意杀人罪判处被告人王某死刑，剥夺政治权利终身。王某以量刑过重为由，提出上诉。经省高级人民法院二审审理，认为第一审判决认定事实没有错误，但适用法律有错误，且量刑不当，因此裁定撤销原判，发回某市中级人民法院重新审判。

讨论题

本案中二审人民法院的做法是否正确？

案例 10-20　宋某申请监外执行案

被告人宋某，男，25 岁，无业，因抢劫罪被判处无期徒刑。宋某被交付执行后，以其妻已怀孕 8 个月，父母年老多病，无人照顾家人等为由，申请暂予监外执行。

讨论题

宋某的申请能否得到准许？

一、立案程序

立案，即立案程序，是指侦查机关(公安机关、人民检察院)发现犯罪事实或犯罪嫌疑人，或者公安机关、人民检察院和人民法院对接受的报案、控告、举报或自首及自诉人的自诉材料进行审查后，判明有无犯罪事实和应否追究刑事责任，并决定是否作为刑事案件进行侦查或审理的诉讼活动。立案是办理刑事案件必须经过的一个诉讼程序，是刑事诉讼活动开始的标志。只有经过立案程序，其后的侦查、起诉、审判，执行等诉讼阶段才可以依次进行。刑事诉讼的各程序不能颠倒、也不得跳越。

立案的条件有三个：一是有犯罪事实；二是需要追究嫌疑人的刑事责任；三是符合我国法律中管辖的规定。

立案的材料来源包括报案，举报，控告，自首，公安机关、人民检察院自行主动获取的材料，上级机关交办的案件，群众的扭送，行政执法机关和党的纪检部门查处后依送追究刑事责任的案件。

公、检、法对于报案、控告、举报、自首、扭送都应当立即接受，不得以任何借口推诿和拒绝。对不属于自己管辖的案件，上述机关应当先接受后移送主管机关处理；情况紧急必须采取紧急措施的，应当先采取紧急措施，然后移送主管机关。

控告人对公、检、法不予立案的决定不服，可以向决定作出机关申请复议。对于公安机关应当立案而不立案的，控告人可以向人民检察院提出要求人民检察院予以监督。对于公安机关、人民检察院应当立案而不立案的，控告人可以直接向人民法院起诉。

二、侦查程序

侦查，是公安机关、人民检察院在办理案件过程中，依照法律进行的专门调查工作和有关的强制性措施。

在我国，法定的侦查机关包括公安机关，国家安全机关，检察院的自侦部门，监狱的狱侦部门，军队的侦查部门，海关缉私部门。

侦查的主要措施有：讯问犯罪嫌疑人、询问证人、勘验、检查、搜查、扣押、鉴定、侦查实验、辨认、通缉等。

三、审查起诉

审查起诉，是指检察机关为了确定经侦查终结的刑事案件是否应当提起公诉，而对侦查机关确认的犯罪事实和证据进行全面审查核实，并作出处理决定的一项诉讼活动。人民检察院对于公安机关移送起诉的案件，应该在一个月内作出决定；重大复杂的案件，可以延长半个月。

人民检察院应当审查的内容包括：犯罪嫌疑人的身份是否清楚；犯罪事实、情节是否清楚，认定犯罪性质和罪名的意见是否正确；有无法定的从重、从轻、减轻或免除处罚的情节；证据材料是否随案移送，不宜移送的证据的清单、复制件、照片或者其他证明文件是否随案移送；证据是否确实充分；有无遗漏罪行和其他应当追究刑事责任的人；是否属于不应当追究刑事责任的情况；有无附带民事诉讼；采取的强制措施是否恰当；侦查活动是否合法；与犯罪有关的财物及其孳息是否扣押、冻结并妥善保管，以供核查；对被害人合法财产的返还和对违禁物品或者不宜长期保存的物品的处理是否妥当，移送的证明文件是否完备。

四、审判程序

1. 刑事审判的概念、期限

刑事审判是指人民法院对刑事案件进行审理和判决，确定被告人有罪和无罪，犯有何罪，罪重罪轻以及应否判处刑罚和适用何种刑罚的诉讼活动。

在我国，刑事审判程序包括第一审程序、第二审程序、审判监督程序、死刑复核程序。

根据 1997《刑事诉讼法》，公诉一审程序的审结期限是一个月，至迟不得超过一个半月；一审适用简易程序审理的应当在受理后 20 日以内审结。二审程序也应当在一个月以内审结，至迟不得超过一个半月。根据 2012《刑事诉讼法》，人民法院审理公诉案件，应当在受理后二个月以内宣判，至迟不得超过三个月；适用简易程序审理案件，人民法院应当在受理后 20 日以内审结；对可能判处的有期徒刑超过三年的，可以延长至一个半月；第二审人民法院受理上诉、抗诉案件，应当在二个月以内审结。

2. 第一审程序

第一审程序的基本流程是:宣布开庭,法庭调查,法庭辩论,被告人最后陈述,评议和宣判。

其中,被告人最后陈述权是法律赋予被告人的一项不可剥夺的权利。如果被告人在最后陈述中提出了新的事实、证据,合议庭认为可能影响正确裁判的,应当恢复法庭调查。

我国《刑事诉讼法》规定,遇有下列情形之一影响审判进行的,可以延期审理:(1)需要通知新的证人到庭,调取新的物证,重新鉴定或者勘验的;(2)检察人员发现提起公诉的案件需要补充侦查,提出建议的;(3)合议庭认为案件证据不充分,或者发现新的事实,需要退回人民检察院补充侦查或者自行调查的;(4)由于当事人申请回避而不能进行审判的。

3. 第二审程序

被告人、自诉人及其法定代理人,不服地方各级人民法院所作出的未生效的一审判决、裁定,附带民事诉讼的当事人及其法定代理人不服第一审判决、裁定中的附带民事诉讼部分,有权以书面或口头的方式向上一级人民法院提起上诉。被告人的辩护人及其近亲属在征得被告人同意后,也可以代为提起上诉。人民检察院对于未生效的一审判决、裁定,如果认为确有错误的话,可以向法院提起抗诉,但必须使用书面的方式。上诉、抗诉的期限,判决为10日,裁定为5日。上诉或抗诉后所引发的程序就是刑事二审程序。

二审法院在审理上诉、抗诉案件时应遵循两个原则:一是全面审查原则,即二审审查的范围不受当事人上诉和检察院抗诉范围的限制,应当对全案进行审查;二是上诉不加刑原则,即被告人或者他的法定代理人、辩护人、近亲属上诉的案件,不得加重被告人的刑罚。但如果是检察院抗诉的话,或者被告人上诉的同时,检察院也提起了抗诉,则不受上诉不加刑的限制。

根据《刑事诉讼法》第225条规定,第二审人民法院对不服第一审判决的上诉、抗诉案件,经过审理后,应当按照下列情形分别处理:(1)原判决认定事实和适用法律正确、量刑适当的,应当裁定驳回上诉或者抗诉，维持原判；(2)原判决认定事实没有错误，但适用法律有错误，或者量刑不当的，应当改判；(3)原判决事实不清或者证据不足的，可以在查清事实后改判，也可以裁定撤销原判，发回原审人民法院重新审判。同时，第227条规定，第二审人民法院发现第一审人民法院的审理有下列违反法律规定的诉讼程序的情形之一的，应当裁定撤销原判，发回原审人民法院重新审判：(1)违反本法有关公开审判的规定的；(2)违反回避制度的；(3)剥夺或者限制了当事人的法定诉讼权利，可能影响公正审判的；(4)审判组织的组成不合法的；(5)其他违反法律规定的诉讼程序，可能影响公正审判的。

4. 死刑复核程序

死刑复核程序，是指人民法院对判处死刑的案件报请对死刑有核准权的人民法院审查核准应遵守的步骤、方式和方法，它是一种特别的程序。

死刑复核程序有如下特点：(1)本程序只适用于判处死刑的案件，包括判处死刑立即执行和判处死刑缓期两年执行的案件。(2)本程序是死刑案件的终审程序，只有经过复核并核准的死刑判决才发生法律效力。(3)死刑复核程序启动的主动性。死刑复核程序由作出死刑裁判的法院主动逐级上报有核准权的法院，由有核准权的法院核准死刑。(4)死刑复核权力主体的特定性。依照《刑事诉讼法》的规定，拥有死刑复核权力的机关是最高人民法院和各高级人民法院。其中最高人民法院拥有死刑立即执行的复核权，各高级人民法院则对死刑缓期两年执行的案件进行复核。

5. 审判监督程序

审判监督程序，是指人民法院、人民检察院对于已经发生法律效力的判决和裁定，发现在认定事实或者适用法律上确有错误，予以提出并由人民法院对案件重新审判的诉讼程序。

审判监督程序，是整个刑事诉讼的重要组成部分，但它并不是每个案件的必经程序，只有对于已经发生法律效力而且确有错误的判决和裁定才能适用。已经发生法律效力的判决、裁定确有错误，主要指以下几种情况：(1)在认定事实上确有错误。(2)在适用法律上确有错误。

有权申请提起审判监督程序的主体是当事人及其法定代理人、近亲属，而有权提起审判监督程序的主体则是各级人民法院院长及审判委员会、最高人民法院和上级人民法院、最高人民检察院和上级人民检察院。

人民法院按照审判监督程序重新审判的案件，由原审人民法院审理的，应当另行组成合议庭进行。如果原来是第一审案件，应当依照第一审程序进行审判，所作的判决、裁定，可以上诉、抗诉；如果原来是第二审案件，或者是上级人民法院提审的案件，应当依照第二审程序进行审判，所作的判决、裁定，是终审的判决、裁定。人民法院开庭审理的再审案件，同级人民检察院应当派员出席法庭。

五、执行程序

刑事诉讼中的执行是指刑事执行机关为了实施已经发生法律效力的判决和裁定所确定的内容而进行的诉讼活动。

在我国，刑事执行的主体包括人民法院、公安机关、社区矫正机构、监狱、未成年管教所等。依据有关法律的规定，各机关分别行使不同的刑罚执行权。

人民法院负责死刑、罚金、没收财产、无罪判决和免除刑罚判决等的执行。无期徒刑、有期徒刑、死缓由监狱执行。对于被判处有期徒刑的罪犯，在被交付执行刑罚前，剩余刑期在 3 个月以下的，由看守所代为执行。对于被判处拘役、剥夺政治权利的罪犯，由公安机关执行。对被判处管制、宣告缓刑、假释或者暂予监外执行的罪犯，依法实行社区矫正，由社区矫正机构负责执行。

此外，人民检察院作为专门的法律监督机关，对刑事执行活动是否合法有权实行监督。如发现执行中有违法情况，应当通知执行机关予以纠正。

在司法实践中，针对被判处有期徒刑或者拘役的罪犯，有一种特殊的执行方法，即监外执行。具体来说就是由于患有严重疾病需要保外就医，或者妇女怀孕或者正在哺乳自己的婴儿，不适宜在监狱或其他劳动改造场所执行刑罚，可暂由罪犯原居住地的社区矫正机构。

根据《刑事诉讼法》第 254 条的规定，适用监外执行必须符合以下条件：第一，适用监外执行的对象只能是被判处有期徒刑或拘役的罪犯；第二，上述罪犯必须具备下列情形之一：(1)有严重疾病需要保外就医的；(2)怀孕或者正在哺乳自己婴儿的妇女；(3)生活不能自理，适用监外执行不致危害社会的。

六、案例分析

【案例 10-15】本案如果需要立案侦查的话，就必须满足立案的条件。因此，侦查人员需要在初步调查的基础上作出判断，包括通过现场勘查和尸体检验来判断死亡原因、死亡时间，通过询问来了解死者的身份、近期有无异常举动、有无目击证人等。通过综合判断后如果认定存在犯罪事实的话，还要分析是否需要追究相关人员的刑事责任，进而作出是否立案的决定。在此过程中，对于不应当立案而立案的，或应当立案而没有立案的，检察机关有权进行监督。

【案例 10-16】本案中侦查人员在收集证据时主要存在以下问题：

(1) 侦查员刘某、李某将本案的部分证人召集在一间办公室内进行询问的做法是错误的。《刑事诉讼法》第 122 条规定，询问证人应当个别进行。

(2) 侦查员刘某一人讯问郭某的做法是错误的。根据《刑事诉讼法》第 116 条的规定，讯问犯罪嫌疑人必须由人民检察院或者公安机关的侦查人员负责进行。讯问的时候，侦查人员不得少于两人。

(3) 刘的第一个问题不符合讯问的法律规定。《刑事诉讼法》第 118 条规定，侦查人员在讯问犯罪嫌疑人的时候，应当首先讯问犯罪嫌疑人是否有犯罪行为，让他陈述有罪的情节或者无罪的辩解，然后向他提出问题。

(4) 对于郭某请律师的要求，侦查员的回答(侦查阶段律师不能介入)是错误的。《刑事诉讼法》第33条规定，侦查机关在第一次讯问犯罪嫌疑人或者对犯罪嫌疑人采取强制措施的时候，应当告知犯罪嫌疑人有权委托辩护人。可见，侦查阶段律师可以介入，时间是在犯罪嫌疑人在被侦查机关第一次讯问后或者采取强制措施之日起。

(5) 对郭某采取拘留措施时，没有出示拘留证。《刑事诉讼法》第83条规定，拘留后，应当立即将被拘留人送看守所羁押，至迟不得超过24小时。除无法通知或者涉嫌危害国家安全犯罪、恐怖活动犯罪通知可能有碍侦查的情形以外，应当在拘留后24小时以内，通知被拘留人的家属。

(6) 刘某告诉郭某"你必须自己拿出充分的证据来，我们才能说你无罪"，这违背了证明责任的基本规则；后刘某又告诉郭某"你如果老实交代，说完了我们可以放你出去；你如果顽抗到底，公安机关将从重处罚你"。这两句话也是有问题的，侦查人员不能以威胁、引诱、欺骗的方法收集证据。

(7) 在讯问过程中，刘某多次打郭某的耳光，并罚郭某跪在地上的做法是错误的。这已经构成刑讯逼供，是我国法律所禁止的。

【案例10-17】根据《刑事诉讼法》第170条的规定，人民检察院审查案件，应当讯问犯罪嫌疑人，听取辩护人、被害人及其诉讼代理人的意见，并记录在案。因此，检察院应当听取被害人范某的意见。

人民检察院决定退回公安机关补充侦查的案件，应当写出补充侦查意见书，说明需要补充侦查的问题和要求。对于补充侦查的案件，应在1个月之内补充侦查完毕。补充侦查以两次为限。

【案例10-18】本案中，重新开庭后，如果朱某再次拒绝自行委托的辩护人为其辩护，合议庭应不予准许。因为被告人犯罪行为严重，有可能被判处死刑。如果方某又提出拒绝法院为其指定的辩护人为其辩护，可以准许。但被告人不得再另行委托辩护人，人民法院也不再另行指定辩护律师，被告可以自行辩护。对于方某在最后陈述中提出其受胁迫的事实，合议庭应当恢复法院调查。假如本案受害人对一审判决不服，根据《刑事诉讼法》第182条的规定，被害人及其法定代理人应自收到判决书后5日内请求人民检察院提出抗诉。人民检察院自收到请求后5日内，应当作出是否抗诉的决定并答复请求人。

【案例10-19】本案中，二审法院认为第一审判决认定事实没有错误，但适用法律有错误，且量刑不当，因此裁定撤销原判，发回重审的做法是错误的。对于这种情况，二审法院应当改判，而不能发回原审人民法院重新审判。

【案例10-20】本案中，宋某被判处无期徒刑，这并不属于可适用监外执行的对象；同时，宋某也不具备暂予监外执行的法定情形。因此，对于宋某的申请，应当予以驳回。

相关法规链接

《中华人民共和国刑事诉讼法》

第107条　公安机关或者人民检察院发现犯罪事实或者犯罪嫌疑人，应当按照管辖范围，立案侦查。

第108条　任何单位和个人发现有犯罪事实或者犯罪嫌疑人，有权利也有义务向公安机关、人民检察院或者人民法院报案或者举报。

被害人对侵犯其人身、财产权利的犯罪事实或者犯罪嫌疑人，有权向公安机关、人民检察院或者人民法院报案或者控告。

公安机关、人民检察院或者人民法院对于报案、控告、举报，都应当接受。对于不属于自己管辖的，应当移送主管机关处理，并且通知报案人、控告人、举报人；对于不属于自己管辖而又必须采取紧急措施的，应当先采取紧急措施，然后移送主管机关。

犯罪人向公安机关、人民检察院或者人民法院自首的，适用第三款规定。

第 113 条　公安机关对已经立案的刑事案件，应当进行侦查，收集、调取犯罪嫌疑人有罪或者无罪、罪轻或者罪重的证据材料。对现行犯或者重大嫌疑分子可以依法先行拘留，对符合逮捕条件的犯罪嫌疑人，应当依法逮捕。

第 116 条　讯问犯罪嫌疑人必须由人民检察院或者公安机关的侦查人员负责进行。讯问的时候，侦查人员不得少于两人。

犯罪嫌疑人被送交看守所羁押以后，侦查人员对其进行讯问，应当在看守所内进行。

第 121 条　侦查人员在讯问犯罪嫌疑人的时候，可以对讯问过程进行录音或者录像；对于可能判处无期徒刑、死刑的案件或者其他重大犯罪案件，应当对讯问过程进行录音或者录像。

录音或者录像应当全程进行，保持完整性。

第 168 条　人民检察院审查案件的时候，必须查明：

（一）犯罪事实、情节是否清楚，证据是否确实、充分，犯罪性质和罪名的认定是否正确；

（二）有无遗漏罪行和其他应当追究刑事责任的人；

（三）是否属于不应追究刑事责任的；

（四）有无附带民事诉讼；

（五）侦查活动是否合法。

第 169 条　人民检察院对于公安机关移送起诉的案件，应当在一个月以内作出决定，重大、复杂的案件，可以延长半个月。

人民检察院审查起诉的案件，改变管辖的，从改变后的人民检察院收到案件之日起计算审查起诉期限。

第 172 条　人民检察院认为犯罪嫌疑人的犯罪事实已经查清，证据确实、充分，依法应当追究刑事责任的，应当作出起诉决定，按照审判管辖的规定，向人民法院提起公诉，并将案卷材料、证据移送人民法院。

第 183 条　人民法院审判第一审案件应当公开进行。但是有关国家秘密或者个人隐私的案件，不公开审理；涉及商业秘密的案件，当事人申请不公开审理的，可以不公开审理。

不公开审理的案件，应当当庭宣布不公开审理的理由。

第 195 条 在被告人最后陈述后，审判长宣布休庭，合议庭进行评议，根据已经查明的事实、证据和有关的法律规定，分别作出以下判决：

（一）案件事实清楚，证据确实、充分，依据法律认定被告人有罪的，应当作出有罪判决；

（二）依据法律认定被告人无罪的，应当作出无罪判决；

（三）证据不足，不能认定被告人有罪的，应当作出证据不足、指控的犯罪不能成立的无罪判决。

第 196 条 宣告判决，一律公开进行。

当庭宣告判决的，应当在五日以内将判决书送达当事人和提起公诉的人民检察院；定期宣告判决的，应当在宣告后立即将判决书送达当事人和提起公诉的人民检察院。判决书应当同时送达辩护人、诉讼代理人。

第 202 条 人民法院审理公诉案件，应当在受理后二个月以内宣判，至迟不得超过三个月。对于可能判处死刑的案件或者附带民事诉讼的案件，以及有本法第一百五十六条规定情形之一的，经上一级人民法院批准，可以延长三个月；因特殊情况还需要延长的，报请最高人民法院批准。

人民法院改变管辖的案件，从改变后的人民法院收到案件之日起计算审理期限。

人民检察院补充侦查的案件，补充侦查完毕移送人民法院后，人民法院重新计算审理期限。

第 216 条 被告人、自诉人和他们的法定代理人，不服地方各级人民法院第一审的判决、裁定，有权用书状或者口头向上一级人民法院上诉。被告人的辩护人和近亲属，经被告人同意，可以提出上诉。

附带民事诉讼的当事人和他们的法定代理人，可以对地方各级人民法院第一审的判决、裁定中的附带民事诉讼部分，提出上诉。

对被告人的上诉权,不得以任何借口加以剥夺。

第 219 条 不服判决的上诉和抗诉的期限为十日,不服裁定的上诉和抗诉的期限为五日,从接到判决书、裁定书的第二日起算。

第 222 条 第二审人民法院应当就第一审判决认定的事实和适用法律进行全面审查,不受上诉或者抗诉范围的限制。

共同犯罪的案件只有部分被告人上诉的,应当对全案进行审查,一并处理。

第 225 条 第二审人民法院对不服第一审判决的上诉、抗诉案件,经过审理后,应当按照下列情形分别处理:

(一) 原判决认定事实和适用法律正确、量刑适当的,应当裁定驳回上诉或者抗诉,维持原判;

(二) 原判决认定事实没有错误,但适用法律有错误,或者量刑不当的,应当改判;

(三) 原判决事实不清楚或者证据不足的,可以在查清事实后改判;也可以裁定撤销原判,发回原审人民法院重新审判。

原审人民法院对于依照前款第三项规定发回重新审判的案件作出判决后,被告人提出上诉或者人民检察院提出抗诉的,第二审人民法院应当依法作出判决或者裁定,不得再发回原审人民法院重新审判。

第 226 条 第二审人民法院审理被告人或者他的法定代理人、辩护人、近亲属上诉的案件,不得加重被告人的刑罚。第二审人民法院发回原审人民法院重新审判的案件,除有新的犯罪事实,人民检察院补充起诉的以外,原审人民法院也不得加重被告人的刑罚。

人民检察院提出抗诉或者自诉人提出上诉的,不受前款规定的限制。

第 227 条 第二审人民法院发现第一审人民法院的审理有下列违反法律规定的诉讼程序的情形之一的,应当裁定撤销原判,发回原审人民法院重新审判：

（一）违反本法有关公开审判的规定的；

（二）违反回避制度的；

（三）剥夺或者限制了当事人的法定诉讼权利，可能影响公正审判的；

（四）审判组织的组成不合法的；

（五）其他违反法律规定的诉讼程序，可能影响公正审判的。

第 235 条　死刑由最高人民法院核准。

第 236 条　中级人民法院判处死刑的第一审案件，被告人不上诉的，应当由高级人民法院复核后，报请最高人民法院核准。高级人民法院不同意判处死刑的，可以提审或者发回重新审判。

高级人民法院判处死刑的第一审案件被告人不上诉的，和判处死刑的第二审案件，都应当报请最高人民法院核准。

第 237 条　中级人民法院判处死刑缓期二年执行的案件，由高级人民法院核准。

第 245 条　人民法院按照审判监督程序重新审判的案件，由原审人民法院审理的，应当另行组成合议庭进行。如果原来是第一审案件，应当依照第一审程序进行审判，所作的判决、裁定，可以上诉、抗诉；如果原来是第二审案件，或者是上级人民法院提审的案件，应当依照第二审程序进行审判，所作的判决、裁定，是终审的判决、裁定。

人民法院开庭审理的再审案件，同级人民检察院应当派员出席法庭。

第 247 条　人民法院按照审判监督程序重新审判的案件，应当在作出提审、再审决定之日起三个月以内审结，需要延长期限的，不得超过六个月。

接受抗诉的人民法院按照审判监督程序审判抗诉的案件，审理期限适用前款规定；对需要指令下级人民法院再审的，应当自接受抗诉之日起一个月以内作出决定，下级人民法院审理案件的期限适用前款规定。

第 249 条　第一审人民法院判决被告人无罪、免除刑事处罚的，如果被告人在押，在宣判后应当立即释放。

第 250 条　最高人民法院判处和核准的死刑立即执行的判决，应当由最高人民法院院长签发执行死刑的命令。

被判处死刑缓期二年执行的罪犯，在死刑缓期执行期间，如果没有故意犯罪，死刑缓期执行期满，应当予以减刑，由执行机关提出书面意见，报请高级人民法院裁定；如果故意犯罪，查证属实，应当执行死刑，由高级人民法院报请最高人民法院核准。

第 258 条　对被判处管制、宣告缓刑、假释或者暂予监外执行的罪犯，依法实行社区矫正，由社区矫正机构负责执行。

第 259 条　对被判处剥夺政治权利的罪犯，由公安机关执行。执行期满，应当由执行机关书面通知本人及其所在单位、居住地基层组织。

第 261 条　没收财产的判决，无论附加适用或者独立适用，都由人民法院执行；在必要的时候，可以会同公安机关执行。

思考题

1. 什么是刑事诉讼？刑事诉讼有哪些特征？
2. 在我国，哪些人可以担任辩护人？
3. 简述物证与书证的区别。
4. 简述辩护人与诉讼代理人之间的区别。
5. 什么是上诉不加刑？

第十一章　行政诉讼法

在我国，行政诉讼又称“民告官”的诉讼，解决的是行政相对人与行政机关之间的纠纷。行政诉讼法颁行的时间（1989年）较晚，但却具有非常重大的意义，它为老百姓在官民纠纷中获得司法救济提供了可能性，因而自颁行以来，行政诉讼案件逐年增长，公民权利的维护也得到了较大的进步。本章介绍了行政诉讼法的一些基础知识。

第一节　行政诉讼法概述

案例 11-1　工商所工作人员拒付价款案

张某经营一家杂货店。一天下午，当地工商所的工作人员吴某走进杂货店，提出要买一条中华烟。张某将烟拿给吴某后，让吴付款，吴某暗示他就不要收钱了，但遭到张某的拒绝。随后，两人发生口角，继而扭打起来，结果双方各有损伤，但张某伤得更重。事后，工商所派人出面调解，让吴某向张某赔礼道歉，但就医药费一事并未提出解决方案，张某认为工商所明显偏袒自己的工作人员，于是到法院提起行政诉讼，要求工商所和吴某共同承担其医药费及相关损失。

讨论题

对于张某提起的行政诉讼，法院能否受理呢？

一、行政诉讼的概念

行政诉讼，是指公民、法人或者其他组织认为行政机关及其工作人员的具体行政行为侵犯了其合法权益，依法向人民法院提起诉讼,由人民法院审理并作出裁判的活动。与其他诉讼相比,行政诉讼较为特别的地方在于,原告是不服行政机关具体行政行为的公民、法人或者其他组织,而被告始终是作出具体行政行为的行政机关。因此,行政诉讼常常被称为“民告官”。但必须注意的是,公民、法人或者其他组织只能针对行政机关的具体行政行为提起行政诉讼,行政机关工作人员的非职务行为也不能成为行政诉讼的对象。

二、案例分析

本案中,张某因为与工商所的工作人员吴某发生冲突而受伤,但这并不意味着张某有权提起行政诉讼。这是因为,尽管吴某是工商所的工作人员,但他与张某发生冲突与履行职责无关,属于私人行为,因而本案不属于行政争议。故法院不应受理张某所提起的行政诉讼。张某可以通过提起民事诉讼来维护自己的合法权益。

相关法规链接

《中华人民共和国行政诉讼法》

第2条 公民、法人或者其他组织认为行政机关和行政机关工作人员的具体行政行为侵犯其合法权益,有权依照本法向人民法院提起诉讼。

第二节 行政诉讼的受案范围和管辖权

案例 11-2 黄某不服公安机关侦查行为案

2008 年 7 月 1 日,居住在某小区的胡某到公安局报案,称自己家中遭窃,包括笔记本电脑一部、手机一个、现金 5 000 元还有几件衣服。公安机关经过初步调查后认为胡某的邻居黄某有作案嫌疑,于是拘传了黄某,同年 7 月 15 日决定对其监视居住。7 月 28 日,公安机关又宣布解除监视居住,但没有给出任何解释。黄某表示不服,遂向人民法院提起行政诉讼,要求公安机关向其赔礼道歉,并赔偿其经济损失 3 000 元。

讨论题

人民法院能否受理黄某的起诉?

案例 11-3 制药厂不服新闻出版局处罚案

某市新闻出版局在一次执法检查中发现,该市某知名制药厂向社会发送的广告挂历只在工商局办理了广告手续,却没有办理新闻出版方面的准印手续。于是以该制药厂非法印制出版物为由罚款 6 万元。制药厂不服,向国家新闻出版总署申请复议,新闻出版总署复议维持原处罚。

讨论题

本案中,如果制药厂欲提起行政诉讼,应以谁为被告?向哪个法院起诉?

一、行政诉讼受案范围

行政诉讼的受案范围,是指人民法院受理行政诉讼案件的权限范围。

根据我国《行政诉讼法》的规定,公民、法人和其他组织对下列具体行政行为不服的,可以向人民法院提起行政诉讼:(1)对拘留、罚款、吊销许可证和执照、责令停业停产、没收财物等行政处罚不服的;(2)对限制人身自由或者对财产的查封、扣押、冻结等行政强制措施不服的;(3)认为行政机关侵犯法律规定的经营自主权的;(4)认为符合法定条件申请行政机关颁发许可证和执照,行政机关拒绝颁发或者不予答复的;(5)申请行政机关履行保护人身权、财产权的法定职责,行政机关拒绝履行或者不予答复的;(6)认为行政机关没有依法发给抚恤金的;(7)认为行政机关违法要求履行义务的;(8)认为行政机关侵犯其他人身权、财产权的;(9)法律、法规规定可以提起诉讼的其他行政案件。

但有一些行政行为人民法院是不予受理的，这包括：(1)国防、外交等国家行为；(2)行政法规、规章或者行政机关制定、发布的具有普遍约束力的决定、命令；(3)行政机关对行政机关工作人员的奖惩、任免决定；(4)法律规定由行政机关最终裁决的具体行政行为。另外，根据最高人民法院《关于执行〈中华人民共和国行政诉讼法〉若干问题的解释》第 1 条的规定，公民、法人或者其他组织对下列行为不服提起诉讼的，不属于人民法院行政诉讼的受案范围：(1)行政诉讼法第 12 条规定的行为；(2)公安、国家安全等机关依照刑事诉讼法的明确授权实施的行为；(3)调解行为以及法律规定的仲裁行为；(4)不具有强制力的行政指导行为；(5)驳回当事人对行政行为提起申诉的重复处理行为；(6)对公民、法人或者其他组织权利义务不产生实际影响的行为。

二、行政诉讼管辖

行政诉讼中，也存在级别管辖和地域管辖。

就级别管辖而言，最高人民法院管辖的第一审行政案件，为全国范围内重大、复杂的行政案件。高级人民法院管辖的第一审行政案件，为本辖区内重大、复杂的行政案件。中级人民法院管辖的案件较为复杂：(1)确认发明专利权的案件和海关处理的案件；(2)对国务院各部门或者省、自治区、直辖市人民政府所作的具体行政行为提起诉讼的案件；(3)本辖区内重大、复杂的行政案件。除依法由上级人民法院管辖的第一审行政案件以外，其余的第一审行政案件均由基层人民法院管辖。

就地域管辖而言，分为一般地域管辖和特殊地域管辖。前者的一般规则是，根据最初作出具体行政行为的行政机关所在地为标准确定的管辖。一般地域管辖有两类：第一，行政案件由最初作出具体行政行为的行政机关所在地的人民法院管辖；第二，行政案件经过复议机关复议改变了原具体行政行为的，也可以由复议机关所在地人民法院管辖。特殊地域管辖是指以行政案件的诉讼标的所在地、或者引起行政法律关系产生、变更、消灭的法律事实所在地为标准所确定的管辖。特殊地域管辖有两类：第一，对限制人身自由的行政强制措施不服而提起的诉讼，既可以向被告所在地人民法院起诉，也可以向原告所在地人民法院起诉；第二，因不动产引起的行政诉讼，由不动产所在地人民法院管辖。

三、案例分析

【案例 11-2】本案中，公安机关针对黄某所实施的属于刑事侦查行为，尽管黄某认为这已经侵犯了自己的合法权益，但最高法的司法解释已经明确将公安机关依照刑事诉讼法的明确授权实施的行为排除出行政诉讼的受案范围，因此黄某不能提起行政诉讼，即便提起法院也不会受理。

【案例 11-3】本案中，由于国家新闻出版总署复议维持原处罚，故制药厂如仍旧不服，应以作出原处罚决定的某市新闻出版局为被告，向被告所在地的基层人民法院提起行政诉讼。

相关法规链接

《中华人民共和国行政诉讼法》

第 14 条　中级人民法院管辖下列第一审行政案件：(一)确认发明专利权的案件、海关处理的案件；(二)对国务院各部门或者省、自治区、直辖市人民政府所作的具体行政行为提起诉讼的案件；(三)本辖区内重大、复杂的案件。

第 17 条　行政案件由最初作出具体行政行为的行政机关所在地人民法院管辖。经复议的案件，复议机关改变原具体行政行为的，也可以由复议机关所在地人民法院管辖。

第 18 条　对限制人身自由的行政强制措施不服提起的诉讼，由被告所在地或者原告所在地人民法院管辖。

第 19 条　因不动产提起的行政诉讼，由不动产所在地人民法院管辖。

第三节 行政诉讼参加人

案例 11-4 赵某不服派出所行政处罚案

张甲与张乙是亲兄弟，张甲 18 岁，张乙 15 岁。某日，两人到家附近的舞厅跳舞，张甲与赵某发生口角并打了起来，这时张乙立即帮其兄张甲打赵某。舞厅老板打了 110 报警，警察迅速赶到现场将三人带到派出所。后派出所对张甲、张乙每人处以 50 元的处罚。赵某不服，向县公安局申诉，县公安局改处二人各拘留 5 日，兄弟俩均表示不服。

讨论题

1. 如张甲、张乙提起行政诉讼，他们二人、赵某、派出所、公安局在诉讼中各处于什么地位？

2. 张乙可否委托其兄张甲为诉讼代理人？

3. 如果县公安局撤销了派出所对二人的处罚，赵某可否提起行政诉讼？如果可以，怎样确定张氏兄弟、赵某、派出所和公安局的诉讼地位？

一、行政诉讼参加人概述

行政诉讼参加人包括行政诉讼的原告、被告、第三人、诉讼代表人和诉讼代理人。行政诉讼的原告，是指对行政机关的具体行政行为不服，以自己的名义提起诉讼的公民，法人或者其他组织。行政诉讼的被告，是指因原告起诉指控其具体行政行为侵犯原告合法权益，而被人民法院通知应诉的行政机关。行政诉讼中的第三人，是指同提起诉讼的具体行政行为有利害关系，并依申请或人民法院通知参加到诉讼中来的公民、法人或其他组织。

二、案例分析

本案中，如张甲、张乙提起行政诉讼的话，那么兄弟二人为共同原告，县公安局为被告，赵某为第三人，派出所不是诉讼参加人。

张乙不能委托张甲为其诉讼代理人，因为张乙仅 15 岁，系未成年人，应由其法定代理人代为诉讼。

如果县公安局撤销了派出所对二人的处罚，赵某可以提起行政诉讼。赵某为原告，县公安局为被告，张氏兄弟为第三人，派出所不是本案当事人。

相关法规链接

《中华人民共和国行政诉讼法》

第 25 条　公民、法人或者其他组织直接向人民法院提起诉讼的，作出具体行政行为的行政机关是被告。

经复议的案件，复议机关决定维持原具体行政行为的，作出原具体行政行为的行政机关是被告；复议机关改变原具体行政行为的，复议机关是被告。

两个以上行政机关作出同一具体行政行为的，共同作出具体行政行为的行政机关是共同被告。

由法律、法规授权的组织所作的具体行政行为，该组织是被告。由行政机关委托的组织所作的具体行政行为，委托的行政机关是被告。

行政机关被撤销的，继续行使其职权的行政机关是被告。

第四节　行政诉讼的起诉、受理与审判

案例 11-5　海警支队扣押、变卖货物案

2006 年底，中国甲公司与国外乙公司签订大豆买卖合同并支付了全部货款。2007 年 1 月，乙公司委托某国际货运公司代为运货，当货运公司的货轮将货物运抵中国港口时，某公安厅所属的海警支队以该批货在该港的存放和装船数量有问题为由将船及货物

扣押。同年1月16日，海警支队向甲公司出具一份扣押清单。2007年3月5日，海警支队将该批货以市场价格的50%予以变卖，得货款500万元，随后放走了该国际货运公司的货轮。此后，甲公司多次要求海警支队处理此事，均遭拒绝。

讨论题

1. 国际货运公司是否有权就货轮被扣行为提起行政诉讼？被告是谁？

2. 甲公司于2008年9月就扣押行为提起行政诉讼，法院应否受理？为什么？

案例11-6 卫生局上诉案

某区卫生局以出售假冒伪劣商品为由对祝某处以罚款5 000元。祝某不服，向人民法院提起行政诉讼。诉讼期间被告拒不举证，也不出庭应诉，至一审法院审结前，被告始终未能提供作出行政行为的规范性文件和事实证据。一审法院以事实不清、证据不足为由作出撤销具体行政行为的判决。被告不服提起上诉，上诉期间，上诉人向二审法院提供了作出处罚决定所依据的规范性文件和事实依据。

讨论题

1. 一审法院的判决是否正确？为什么？

2. 二审法院能否接受上诉人在二审期间所提出的新证据？

一、行政诉讼的起诉和受理

1. 起诉

起诉，是指公民、法人或者其他组织认为具体行政行为侵犯其合法权益，依法请求人民法院行使国家审判权给予救济的诉讼行为。

起诉的条件：(1)原告是认为具体行政行为侵犯其合法权益的公民、法人或者其他组织；(2)有明确的被告；(3)有具体的诉讼请求和事实理由；(4)属于人民法院受案范围和受诉人民法院管辖。

当事人直接向人民法院提起行政诉讼的应当在知道作出具体行政行为之日起 3 个月内提出。不服行政复议而起诉的一般期限为 15 日，即在收到复议决定书之日起 15 日内向人民法院起诉。若复议机关逾期不作决定的，当事人要在复议期满之日起 15 日内向人民法院提起诉讼。

2. 受理

受理，是指人民法院对公民、法人或其他组织的起诉进行审查，对符合法定条件的起诉决定立案审查，从而引起诉讼程序开始的职权行为。

人民法院审查的结果：(1)对于符合起诉条件的，受诉人民法院应当在收到起诉状之日起 7 日内立案，即正式受理。(2)不符合起诉条件的，受诉人民法院应当在收到起诉状之日起 7 日内作出不予受理的裁定。当事人对不予受理的裁定不服的，可以在接到裁定书之日起 10 日内向上一级人民法院提出上诉，上一级人民法院的裁定为终局裁定。(3)对起诉条件有欠缺但可以补正或者更正的，人民法院应当责令当事人在限期补正；起诉人补正后经审查符合法定条件，人民法院应当依法受理。(4)受诉人民法院自收到起诉状之日起 7 日内不能决定是否受理的，应当先予受理；受理后经审查不符合起诉条件的，裁定驳回起诉。受诉人民法院自受到起诉状之日起 7 日内既不立案，又不作裁定的，起诉人可以向上一级人民法院申诉或起诉，上一级人民法院认为符合受理条件的，应当予以受理，受理后可以移交或指定下级人民法院审理，也可以自行审理。

二、行政诉讼的审理(一审程序)

1. 审理前的准备

审理前的准备是合议庭开庭审理行政案件之前必须经过的诉讼阶段，包括以下各项内容：(1)应向被告发送起诉状副本和应诉通知书，将答辩状副本发送原告；(2)审查决定是否需要并案审理或者分案审理；(3)初步审查诉讼文书和证据材料；(4)决定是否裁定停止具体行政行为的执行；(5)准备并研究审理本案所需要依据的法律文件。

2. 开庭审理

根据《行政诉讼法》的规定，在第一审程序中应当一律实行开庭审理，不得进行书面审理。审理行政案件不适用调解，但行政赔偿和附带民事案件可以调解。

行政诉讼第一审程序的流程包括：(1)庭前准备。(2)出庭情况审查。(3)法庭调查。(4)法庭辩论。(5)合议庭评议。(6)公开宣判。

3. 审理期限

人民法院审理第一审行政案件，应当自立案之日起3个月内作出判决。不过，鉴定、处理管辖权异议和诉讼中止的期间不计算在内。有特殊情况需要延长的，由高级人民法院批准，高级人民法院审理第一审行政案件需要延长的，由最高人民法院批准。

三、案例分析

【案例11-5】本案中，国际货运公司的货轮运货抵达中国港后遭海警支队扣押，对此货运公司有权要求确认扣押货轮行为违法以维护其合法权益。那么，该诉讼应以谁为被告呢？根据我国《行政诉讼法》第25条第4款规定："由法律、法规授权的组织所作的具体行政行为，该组织是被告。由行政机关委托的组织所作的具体行政行为，委托的行政机关是被告。"同时，根据最高人民法院《关于执行〈中华人民共和国行政诉讼法〉若干问题的解释》第20条第1款规定："行政机关组建并赋予行政管理职能但不具有独立承担法律责任能力的机构，以自己的名义作出具体行政行为，当事人不服提起诉讼的，应当以组建该机构的行政机关为被告。"本案中，海警支队不是由法律、法规授权成立的组织，因此不具有行政主体资格，不能成为行政诉讼的被告。对其作出的具体行政行为，当事人如果不服的，应以组建他的上级行政机关为被告。因此，国际货运公司提起行政诉讼时，被告应为海警支队所属的上级公安厅。

甲公司于2008年9月就扣押行为提起行政诉讼，对此人民法院能否受理呢？《行政诉讼法》第39条规定，原告直接向人民法院提起行政诉讼，应当在知道作出具体行政行为之日起三个月内提出。同时，最高人民法院《关于执行〈中华人民共和国行政诉讼法〉若干问题的解释》第41条规定，行政机关作出具体行政行为时，未告知公民、法人或者其他组织诉权或者起诉期限的，起诉期限从公民、法人或者其他组织知道或者应当知道诉权或者起诉期限之日起计算，但从知道或者应当知道具体行政行为内容之日起最长不得超过2年。综合本案的案情来看，海警支队在将船及货物扣押后，于1月16日向甲公司出具了一份扣押清单，这意味着货运公司应在清单送达后的3个月内提起行政诉讼，本案不存在最高人民法院《关于执行〈中华人民共和国行政诉讼法〉若干问题的解释》第41条所提到的情况，故法院不应受理。

【案例11-6】根据我国《行政诉讼法》的规定，行政诉讼中举证责任应由被告承担，其侧重点主要在于被诉具体行为的事实基础与合法性。根据最高人民法院《关于贯彻执行〈中华人民共和国行政诉讼法〉若干问题的意见》第30条的规定："被告在第一审庭审结束前，不提供或者不能提供作出具体行政行为的主要证据和所依据的规范性文件的，人民法院可以依据行政诉讼法第32条和第54条第（二）项的法规，判决撤销被诉具体行政行为。"本案中，某区卫生局至一审法院审结前，既不出庭应诉，也未能提供作出该具体行政行为的规范性文件和事实证据。因此，一审法院根据有关法律规定判决撤销该具体行政行为是正确的。

至于二审法院该如何处理上诉人所提交的证据。根据最高人民法院《关于执行〈中华人民共和国行政诉讼法〉若干问题的解释》第31条规定："未经法庭质证的证据不能作为人民法院审判的依据。复议机关在复议过程中收集和补充的证据，不能作为人民法院维持原具体行政行为的根据。被告在二审过程中向法院提交在一审过程中没有提交的证据，不能作为二审法院撤销或者变更一审裁判的根据。”本案中，被告人在一审过程中并未出示有关证据，且一审法院已经依法作出了判决。因此其在二审中出示的证据即已依法失去了效力，所以二审法院不应采纳。

相关法规链接

《中华人民共和国行政诉讼法》

第32条 被告对作出的具体行政行为负有举证责任，应当提供作出该具体行政行为的证据和所依据的规范性文件。

第37条 对属于人民法院受案范围的行政案件，公民、法人或者其他组织可以先向上一级行政机关或者法律、法规规定的行政机关申请复议，对复议不服的，再向人民法院提起诉讼；也可以直接向人民法院提起诉讼。

第38条 公民、法人或者其他组织向行政机关申请复议的，复议机关应当在收到申请书之日起两个月内作出决定。法律、法规另有规定的除外。

申请人不服复议决定的，可以在收到复议决定书之日起十五日内向人民法院提起诉讼。复议机关逾期不作决定的，申请人可以在复议期满之日起十五日内向人民法院提起诉讼。法律另有规定的除外。

第39条 公民、法人或者其他组织直接向人民法院提起诉讼的，应当在知道作出具体行政行为之日起三个月内提出。法律另有规定的除外。

第41条 提起诉讼应当符合下列条件：(一)原告是认为具体行政行为侵犯其合法权益的公民、法人或者其他组织；(二)有明确的被告；(三)有具体的诉讼请求和事实根据；(四)属于人民法院受案范围和受诉人民法院管辖。

第43条 人民法院应当在立案之日起五日内，将起诉状副本发送被告。被告应当在收到起诉状副本之日起十日内向人民法院提交作出具体行政行为的有关材料，并提出答辩状。人民法院应当在收到答辩状之日起五日内，将答辩状副本发送原告。被告不提出答辩状的，不影响人民法院审理。

第45条 人民法院公开审理行政案件，但涉及国家秘密、个人隐私和法律另有规定的除外。

第46条 人民法院审理行政案件，由审判员组成合议庭，或者由审判员、陪审员组成合议庭。合议庭的成员，应当是三人以上的单数。

第48条 经人民法院两次合法传唤，原告无正当理由拒不到庭的，视为申请撤诉；被告无正当理由拒不到庭的，可以缺席判决。

第57条 人民法院应当在立案之日起三个月内作出第一审判决。有特殊情况需要延长的，由高级人民法院批准，高级人民法院审理第一审案件需要延长的，由最高人民法院批准。

第58条 当事人不服人民法院第一审判决的，有权在判决书送达之日起十五日内向上一级人民法院提起上诉。当事人不服人民法院第一审裁定的，有权在裁定书送达之日起十日内向上一级人民法院提起上诉。逾期不提起上诉的，人民法院的第一审判决或者裁定发生法律效力。

第59条 人民法院对上诉案件，认为事实清楚的，可以实行书面审理。

思考题

1. 在我国，哪些情形是不能提起行政诉讼的？
2. 简述行政诉讼中确定被告的规则。
3. 在行政诉讼中，人民法院能否适用缺席裁判？

第四编

劳动与社会保障法律制度

劳动与社会保障法是我国七大法律部门之一，也称为社会法。其事关亿万劳动者的切身利益，具有其他法律部门不可取代的功能和重要性；同时，它也是一门实践性较强的课程，它主要从劳动法学的基本理论、劳动合同、劳动标准、社会保障、劳动争议处理等方面阐述了我国劳动法和社会保障法的立法基础、调整的对象以及调整的程序和方法。学习劳动法与社会保障法，使学生了解我国劳动法学的基本理论和我国劳动法的社会主义性质以及我国劳动法如何保护劳动者的合法权益和调整维护双方稳定和谐的劳动关系，并能在以后的工作中自觉遵守和运用劳动法。结合案例和当前劳动关系中出现的热点问题，使学生进一步了解劳动法律制度改革的重要性，以及劳动法律制度改革对于我国经济体制改革的保证作用，从而促使他们更加自觉地学习和研究劳动法学，为完善劳动与社会保障法进行理性思考。

学习劳动与社会保障法，可以了解我国劳动与社会保障法的基本理论和基本规范，了解我国劳动法对于保护劳动者的合法权益和调整维护双方稳定和谐的劳动关系；学习劳动与社会保障法学，可以了解劳动与社会保障法改革的重要性，以及劳动与社会保障法改革对于我国经济体制改革的保证作用，从而做到自觉学习；学习劳动与社会保障法，可以为学生就业提供帮助，可以帮助学生在工作中更好地维护自己的合法权益。

由于劳动与社会保障法知识体系庞大，内容丰富，且还在不断发展，其性质决定了该课程的学习需要大量相关知识基础，这样才能对中国社会主义的劳动法与社会保障法法制建设及其学科建设和发展有一个比较正确的理解和认识。鉴于此，我们首先应掌握相关的基础知识和原理；其次，应当理论紧密联系实际，利用学生能够理解的社会生活的片断、事例辅助讲解，融会贯通，灵活运用。本编主要介绍劳动法、社会保险法、劳动争议解决途径方面的内容。

第十二章　劳　动　法

劳动法是调整劳动关系以及与劳动关系密切联系的一些关系的法律规范的总称。而劳动法调整的劳动关系是指劳动者和用人单位之间为实现劳动过程而发生的劳动者向用人单位有偿提供劳动力，从而实现劳动力和生产资料相结合的社会关系。1995年1月1日《中华人民共和国劳动法》(以下简称《劳动法》)开始实施生效，《劳动法》是我国保护劳动者合法权益的基本法律，是我国劳动立法的里程碑。随着我国市场经济的不断深入，劳动人事制度改革的不断深化，为了进一步保护劳动者的合法权益，2008年1月1日《中华人民共和国劳动合同法》(以下简称《劳动合同法》)开始实施生效，其是我国劳动立法的又一个新的里程碑。

本章主要介绍什么是劳动关系，劳动合同的订立、履行、变更，劳动合同的解除和终止，劳务派遣的相关规定。

第一节　劳　动　关　系

案例12-1　张某与餐饮公司劳动关系争议案

张某于2009年3月进入上海某餐饮集团有限公司(以下简称餐饮公司)担任司机，并以自有的汽车为公司出车。每月工资一部分为底薪1 800元，另一部分为浮动工资，主要根据出车的里程数计算发放，通过银行卡转账的形式发放。自用工之日起，双方一直未曾签订过书面的劳动合同，张某只从公司领取了一张盖有公司印章的工作证。工作期间，张某直接接受餐饮公司车队经理的领导，每天7点50分开车到公司候命。另外，按照公司规定每次出车都需填写出车单，一式两份，司机自己保留一份，上盖有餐饮公司印章。2009年10月10日，由于业务量骤减，餐饮公司书面通知决定不再聘用张某，并要求张某自接到通知之日起3日内到公司办理交接手续。张某拒不服从，餐饮公司则未再安排张某出车任务，并禁止张某进入公司。张某申请劳动争议仲裁，要求恢复劳动关系，并由餐饮公司支付应签而未签书面劳动合同的双倍工资。

仲裁审理过程中双方经调解就"恢复劳动关系"的诉讼请求达成一致，张某不再回去工作，公司一次性向张某支付3 000元作为补偿。然而对"应签而未签书面劳动合同而应支付的双倍工资"这一诉请双方分歧很大。餐饮公司认为张某系"带车租赁"，属于个人承包，公司与张某的关系是发包方与承包方的关系，故双方不应受劳动法的调整。张某则向劳动争议仲裁委员会提供了工作证、工资卡、出车单等证据，并向仲裁委申请了证人(原公司职工，现已退休)出庭证明其是餐饮公司的员工。

讨论题

1. 餐饮公司认为张某系"带车租赁"，属于个人承包，公司与张某的关系是发包方与承包方的关系，故双方不应受劳动法的调整的说法是否有法律依据?

2. 张某与餐饮公司之间是否存在劳动关系。如何认定劳动关系?

案例12-2 被派遣单位解除劳动合同案

张某是某外企服务公司派遣到一家外资企业工作的员工，同该外企服务公司签订了为期两年的劳动合同。2006年，该外资企业单方面以公司结构发生重大变化为由向张某发出了解除劳动合同的通知，并让张某当天离开了公司。张某比较纳闷，自己明明是与外企服务公司签订的劳动合同，怎么该外资企业向自己发出了解除劳动合同的通知？于是张某找到了该外企服务公司，被告知会给他书面答复。一个月过去了，该外企服务公司没有给张某任何消息。张某想把该外企服务公司告到仲裁委，但又有点顾虑，不知道是否有胜诉的可能。

讨论题

1. 该案中，被派遣单位向张某发出的解除劳动合同的通知是否有效？

2. 该外企服务公司应当承担什么责任呢？

案例 12-3　“临时工”被解雇案

老王多年前失业在家，为了养活一家人，不得不四处找工作。但由于年龄较大，又没有一技之长，老王一直找不到合适的工作。不久前，街道办事处给老王介绍了一个工作，到一家公司做保洁。看到工资待遇都不错，老王就开始上班了。

公司人力资源部的负责人告诉老王，他从事的保洁工是非全日制的临时工，每天工作 8 小时，主要工作是保持工作环境整洁及主管安排的其他工作，不上保险，工资按月发放；老王在公司应当遵守公司的规章制度，服从主管人员的指挥，好好地完成工作。后来，老王在工作中受伤，伤愈后，公司随即与他解除了劳务合同。

讨论题

1. 什么是非全日制用工？

2. 非全日制用工与全日制用工有何区别？

案例 12-4　何某遭解聘案

何某于 2003 年 6 月 10 日进入非正规就业组织家厨餐饮服务社工作，但未签任何协议。2008 年 4 月 25 日，餐饮服务社向何先生开具《退出非正规就业劳动组织证明》，并在其《劳动手册》进行退工记载。

2008 年 6 月 2 日，何某向徐汇区劳动争议仲裁委员会申请仲裁，要求餐饮服务社支付经济补偿金和替代提前通知金。仲裁委以餐饮服务社无营业执照不具备主体资格，双方之间争议不属于受理范围为由，不予受理。何某遂诉至徐汇区人民法院。

何某诉称，自己于2003年6月10日经介绍进入餐饮服务社任杂务工，未签劳务合同；当时约定每月工资650元，之后随本市最低工资标准的调整而调整，最终为每月850元；实际工作至2008年4月25日；餐饮服务社仅为何某缴纳2008年1月至4月期间的社会保险费；何某认为，餐饮服务社终结双方劳务关系，应按劳动法律法规的规定，按自己工作年限支付经济补偿金和替代提前通知金；要求餐饮服务社支付相当于5个月工资的解除劳动合同经济补偿金4 250元(850元×5个月)，相当于1个月工资的替代提前通知金850元。

餐饮服务社辩称，其确为何某缴纳2008年1月至4月期间的社会保险费，但属误缴，并无法律依据。服务社为非正规就业组织，无义务支付经济补偿金和替代提前通知金。

讨论题

法院能否支持何某的诉讼请求?

一、标准劳动关系

认定劳动关系我们主要从三方面入手：

(1) 主体资格。用人单位和劳动者应当都符合法律、法规规定的主体资格。

(2) 接受管理、领取报酬。这一点主要体现在用人单位依法制定的各项劳动规章制度均适用于劳动者，同时劳动者接受用人单位的劳动管理，从事由用人单位安排的有报酬的劳动。

(3) 业务组成。劳动者提供的劳动应是用人单位业务的组成部分。

只要双方的关系同时具备以上特点，则可以认定双方之间存在的是劳动关系。劳动者可通过提交以下证据来证明劳动关系的存在，主要包括：工资支付凭证或记录(职工工资发放花名册)，缴纳各项社会保险费的记录；用人单位向劳动者发放的“工作证”、“服务证”等能够证明身份的证件；劳动者填写的用人单位招工招聘“登记表”、“报名表”等招用记录；考勤记录；其他劳动者的证言等。

二、非标准劳动关系

1. 劳务派遣

第一，劳务派遣及其价值。劳务派遣是近年来许多企业采取的用工方式，其方式是劳务派遣单位将本单位员工派遣到要派单位工作。在派遣单位与要派单位之间存在劳务派遣关系，要派单位向派遣单位支付管理费、被派遣员工的工资、社会保险等费用，派遣单位负责向要派单位派遣劳动者。

为什么企业用工要采取劳务派遣方式呢？一方面是企业对专业化人才使用要求的需要；另一方面是为了灵活用工，节约劳动成本，如节约人力资源管理成本、节约因解除劳动合同而须支付的经济补偿金成本、节约劳动争议成本等。这种用工方式虽然使追求利润最大化的企业能够灵活用工，实现劳动力资源使用效益的最大化，但极易使劳动者权益“一脚踏空”，使劳动者的权益维护发生困难。

第二，相关法律建议：

（1）劳务派遣中劳动者、派遣单位、被派遣单位之间是三种不同的法律关系。在这三种法律关系当中，三方的权利义务关系，一定要用书面的形式固定下来，否则一旦引发纠纷，都将受到牵连。

（2）劳动者一定要意识到自己只与派遣单位有劳动关系。如果发生劳动纠纷，派遣单位应当是第一被告人，应当承担劳动关系中的相关义务，在争议涉及被派遣单位时，才可以将被派遣单位作为共同被告人。因此在选择派遣单位的时候，一定要找有能力承担将来法律风险的派遣单位。

（3）被派遣单位也要意识到自己与劳动者只是劳务关系，不可以对劳动者行使劳动关系中的权利。例如解除劳动合同、调整工作岗位等，这些行为要通过派遣单位来行使。

2. 非全日制用工

第一，非全日制用工的概念。根据《劳动合同法》第 68 条之规定，非全日制用工，是指以小时计酬为主，劳动者在同一用人单位一般平均每日工作时间不超过 4 小时，每周工作时间累计不超过

24 小时的用工形式。需要注意的是,如果是某个个人或者家庭聘请一位清洁工每天做清洁工作,那么这种方式并不构成非全日制用工,而只是一种民事上的雇佣关系。因为在非全日制用工中,必须一方是用人单位。

第二,非全日制用工的特征:

(1) 是否必须签订书面劳动合同。根据《劳动合同法》第 69 条之规定,在非全日制用工中,用人单位可以与劳动者签订书面劳动合同,也可以订立口头协议,两种合同形式均为法律所认可。

(2) 用人单位是否可以与劳动者约定试用期。根据《劳动合同法》第 70 条之规定,在非全日制用工中,用人单位不得与劳动者约定试用期。

(3) 劳动合同的解除和终止。根据《劳动合同法》第 71 条之规定,非全日制用工双方当事人任何一方都可以随时通知对方终止用工;并且终止用工,用人单位无须向劳动者支付经济补偿。

(4) 劳动报酬支付周期。在非全日制用工中,劳动报酬结算支付周期最长不得超过 15 日。

(5) 社会保险的缴纳。根据上海市的相关规定,社会保险费由用人单位向劳动者个人支付,然后劳动者自行向劳动部门缴纳。非全日制用工小时计酬标准不得低于用人单位所在地人民政府规定的最低小时工资标准,从 2010 年 4 月 1 日起,上海市非全日制小时最低工资标准为 9 元,且小时最低工资标准不包括个人和单位依法缴纳的社会保险费。

3. 劳务关系

劳务关系,是劳动者与用工者根据口头或书面约定,由劳动者向用工者提供一次性的或者是特定的劳动服务,用工者依约向劳动者支付劳务报酬的一种有偿服务的法律关系。劳务关系是由两个或两个以上的平等主体,通过劳务合同建立的一种民事权利义务关系。该合同可以是书面形式,也可以是口头形式和其他形式。其适用的法律主要是《中华人民共和国合同法》。

劳务关系的特点如下:

（1）是一种准劳动关系。

（2）用工方不具备劳动法中用人单位的主体资格，或者具备主体资格但工作内容具有临时性。

（3）由用工方提供工作环境和工作条件。

（4）根据用工方的指示从事生产经营活动。

（5）由用工方承担在劳作过程中人身伤害的风险。

三、案例分析

【案例 12-1】本案中，双方均符合法律规定的主体资格；张某向劳动仲裁提供了工作证、工资卡、出车单、证人证言等证据，证明张某在职期间接受餐饮公司的管理，而餐饮公司也向其支付劳动报酬；同时张某出车也是餐饮公司的业务组成。综合这三方面，可以肯定双方之间存在的是劳动关系。最终，劳动仲裁依法裁决餐饮公司向张某支付应签未签书面劳动合同而应支付的双倍工资。

【案例 12-2】为了解决劳务派遣而引发的劳动争议，最高人民法院《关于审理劳动争议案件适用法律若干问题的解释（二）》第10 条规定："劳动者因履行劳动力派遣合同产生劳动争议而起诉，以派遣单位为被告；争议内容涉及接受单位的，以派遣单位和接受单位为共同被告。"

根据这一规定，张某可以将该外企服务公司诉诸仲裁，同时由于该外资企业向张某发出的解除劳动合同的通知是无效的，该外资企业也应承担法律责任，张某可以将其作为共同被告，要求其承担连带责任，以保护自己的合法权益。

【案例 12-3】在本案中，老王每天工作 8 小时。因此，老王与单位之间并不构成非全日制用工，而是全日制用工。

【案例 12-4】本案中的餐饮服务社为非正规就业组织[①]，并非

---

① 非正规就业劳动组织，是指组织失业人员、协保人员、农村富余劳动力，通过开发社区服务业、家庭工业和工艺作坊等小型制作业，为单位提供社会化服务等进行生产自救，以获得基本的收入和社会保障的一种社会劳动组织。它是特殊就业政策的产物，没有被《劳动合同法》和《劳动合同法实施条例》纳入用人单位的范畴。

《劳动法》意义上的用工主体。故何某与其之间并非受《劳动法》调整的劳动关系，而为一般民事法律关系中的劳务合同关系，受一般民事法律法规的调整。现何某要求餐饮服务社承担劳动权利、义务关系中的用人单位应承担的法定责任，缺乏法律和合同依据，法院对此不予支持。法院判决的法律依据为《民法通则》第 6 条。2008 年 7 月，徐汇区人民法院判决驳回何某的诉讼请求。

相关法规链接

《中华人民共和国劳动合同法》

第 2 条　中华人民共和国境内的企业、个体经济组织、民办非企业单位等组织(以下称用人单位)与劳动者建立劳动关系，订立、履行、变更、解除或者终止劳动合同，适用本法。

国家机关、事业单位、社会团体和与其建立劳动关系的劳动者，订立、履行、变更、解除或者终止劳动合同，依照本法执行。

第二节　劳 动 合 同

一、事实劳动关系

案例 12-5　未签劳动合同者离职后诉原单位案

劳动者在用人单位工作半年多后，用人单位仍然未与劳动者签订劳动合同，劳动者炒了用人单位的鱿鱼后，要求其支付双倍工资。日前，北京市通州区人民法院判决用人单位为不签订劳动合同支付双倍工资。

法院经审理查明，农民工王某于 2007 年 9 月 4 日到被告某公司从事跟单员工作，双方未签订书面劳动合同。工作以后，原告即要求与被告签订劳动合同，但被告一直未给予回应。原告工作期间，被告支付了原告 2007 年 10 月至 2008 年 2 月的工资，汇入原告的银行卡。同时，被告将案外人邱某的工资 9 422.66 元也误汇入了原告的银行卡，双方为退还误汇工资问题产生纠纷。

2008年3月26日原告离开被告公司，并于2008年9月8日申请劳动仲裁，劳动争议仲裁委员会以超过时效为由不予受理。原告遂于2008年9月向通州区人民法院提起诉讼，请求被告支付原告未签订书面合同的双倍工资4 800元、支付2008年3月工资1 600元及赔偿金2 720元、支付解除合同补偿金1 600元。

讨论题

1. 本案中，劳动争议仲裁委员会以超过时效为由不予受理是否符合法律规定？

2. 原告请求被告支付原告未签订书面合同的双倍工资是否有法律依据？

3. 原告请求被告支付赔偿金、支付解除合同补偿金能否得到法院支持？

案例12-6 冒名获签劳动合同案

王某因学历较低，在求职中四处碰壁，遂用其哥哥的身份证及学历证书到甲公司应聘，顺利通过了面试，并与公司签订了劳动合同。不想3个月后，他在车间意外受伤，公司在为其申报工伤时，被工伤保险部门审核出王某系冒名顶替。工伤保险部门拒绝支付其工伤保险待遇，公司也认为他存在欺诈行为而不予工伤赔偿，遂引发劳动争议。

王某代理人认为，虽然王某有错在先，但其本人实际上在甲公司工作，接受公司管理，并领取工资报酬，符合劳动关系成立的要件，应当视为与甲公司建立了事实劳动关系。

甲公司则认为，第一，事实劳动关系是指劳动者与用人单位未签订劳动合同，但劳资双方符合法律、法规规定的主体资格，劳动者实际上已成为用人单位的成员，遵守其规章制度，接受其管理。甲公司在用工之日起即主动与王某签订劳动合同，没有不愿签订劳动合同的主观故意。第二，《劳动法》第18条第2项、《劳动合同法》第 26 条第 1 项规定采取欺诈、威胁等手段订立的劳动合同全部或部分无效。王某冒名顶替与甲公司订立劳动合同，有效劳动合同的最基本条件——签订合同的主体不符合法定有效条件，导致劳动合同全部条款均不能发生法律约束力，因此应属于劳动合同全部无效。

讨论题

本案中王某采用冒名顶替的方式与甲公司签订劳动合同，这种情况能否认定王某与甲公司建立了事实劳动关系？

1. 事实劳动关系及其要件

事实劳动关系，是指劳动者与用人单位未签订劳动合同，但劳资双方符合法律、法规规定的主体资格，劳动者实际上已经成为用人单位的成员，遵守其规章制度，接受其管理。

事实劳动关系主要包括实质要件和形式要件两方面：从实质要件而言，首先是劳动者已经提供劳动行为；其次是劳动者已经成为用人单位成员，如用人单位提供报酬、福利待遇；最后是劳动者已纳入用人单位的劳动管理体系。形式要件即劳动者与用人单位之间并没有签订合同，主要有以下几种情形：(1)应签而未签订劳动合同；(2)以口头协议代替书面劳动合同；(3)劳动合同期满没有终止也没有续签而形成的事实延续的劳动关系；(4)无效劳动合同导致的事实劳动关系。

2. 劳动合同期满后的处理

劳动合同期满后，劳动者继续为用人单位提供劳动，用人单位未表示异议，但未续订书面劳动合同的，当事人应及时补订书面劳动合同。如用人单位已尽诚实信用义务，而劳动者不与用人单位订立书面劳动合同的，又可分为两种情况：一种是劳动者拒绝订立书面劳动合同但继续履行原权利义务的，用人单位可以书面通知劳动者终止劳动关系，并依照《劳动合同法》第 47 条规定支付经济补偿；另一种是劳动者拒绝订立书面劳动合同并拒绝继续履行原权利义务的，视为劳动者单方终止劳动合同，用人单位应支付劳动者已实际工作期间的相应报酬，但无须支付经济补偿金。

二、无固定期限劳动合同

案例 12-7　林某拒绝解除劳动合同案

1994 年 9 月，30 岁的林东被沈阳市一家证券经纪有限公司聘用，从事内勤工作。这一干就是 13 年多，总共跟公司签订了 13 份劳动合同，1 年 1 次。2007 年 4 月份的一天，林东却意外地被公司经理通知，公司即将合并，在合并前要解除和林东的劳动合同。林东当即向经理表示反对。然而次日上班时，公司的保安表示已经接到经理的通知，不允许林东再进入办公区。无奈之下，林东只得来到沈阳市劳动争议仲裁委员会讨要说法。

讨论题

被炒职工能否最终签订无固定期劳动合同？

案例 12-8　副总经理当门卫案

1996 年，陈先生到某公司工作，2001 年签订劳动合同后任公司副总经理。2007 年 7 月，陈先生因重病请假一年。一年后，公司只同意签订两年期限合同，同时把原本任副总经理的陈先生派去当门卫，月薪从 4 500 元缩水到 1 000 元。陈先生不同意。公司称法律规定可签订无固定期限合同，但并未规定签订与原职位一样的合同。陈先生已病假一年，不具备继续担任公司副总的能力，考虑到双方签订无固定期限劳动合同，才安排其做公司门卫。

讨论题

符合签订无固定期条件，未续签劳动合同怎么办？

无固定期限劳动合同，是指用人单位与劳动者约定无确定终止时间的劳动合同。所谓无确定终止时间，是指劳动合同没有一个确切的终止时间，劳动合同的期限长短不能确定，但并不是没有终止时间。只要没有出现法律规定的条件或者双方约定的条件，双方当事人就要继续履行劳动合同规定的义务。一旦出现了法律规定的情形，无固定期限劳动合同也同样能够解除。

无固定期限劳动合同的特征如下：

(1) 劳动合同不约定存续期限，这是无固定期限劳动合同区别于固定期限劳动合同的显著特征；

(2) 除非存在法定或约定合同解除的情形，否则该合同直至劳动者退休才终止。

三、试用期规定

案例 12-9 周某试用期遭解雇案

2008 年 5 月，法学研究生周某通过人才招聘进入一家大型中外合资企业工作，双方签订了期限自 2008 年 5 月至 2010 年 6 月的劳动合同，合同约定周某担任法律部法务经理职务，每月工资人民币 25 000 元，试用期为 2 个月。同年 7 月初，企业人事部门在对周某进行试用期的综合考察和评估中发现，业务部门向周某咨询“法定代表人的定义、职位范围及法律责任”过程中，周某仅回答：“现有法律法规中无直接规定，内容散落于多部法律、规定中”，并附了长达数十页的法律条文；同时企业向其咨询“中标通知书相关法律责任问题”时，周莉莉均提供法律责任的理论观点，没有实质性和可操作性的观点，后该项工作还是经企业原法律部经理修改才得以完成。由此，企业根据劳动合同中如周莉莉在任职期间不能胜任企业安排的工作任务的，视为不符合约定的录用条件，解除与周某的劳动合同关系。7 月底，周某不服企业的解除行为，申请劳动争议仲裁，被裁决不予支持。

法院审理过程中，周某认为，自己在任职前向企业提交了入职申请，该申请得到了企业领导的审核，在任职过程中，自己也兢兢业业地工作。7 月初，企业以不符合任职要求为由单方解除劳动合同的行为,既不合理亦不合法,严重侵犯了自己的权益,要求企业继续履行劳动合同。企业则认为,周某在试用期内不能胜任企业法务经理职位的工作,依据法律规定及合同约定解除与其的劳动合同是合法的,在解除劳动关系的程序上无懈可击,现同意仲裁裁决,不同意诉讼请求。

讨论题

1. 试用期用人单位能否解除劳动合同?

2. 法院对该案应如何处理?

1. 试用期的期限

试用期的期限与劳动合同期限的长短挂钩:

(1) 劳动合同期限3个月以上不满1年的,试用期不得超过1个月。

(2) 劳动合同期限1年以上不满3年的,试用期不得超过2个月。

(3) 3年以上固定期限和无固定期限的劳动合同,试用期不得超过6个月。

2. 试用期的限制

(1) 同一用人单位与同一劳动者只能约定一次试用期。

(2) 以完成一定工作任务为期限的劳动合同不得约定试用期。

(3) 劳动合同期限不满3个月的,不得约定试用期。

(4) 试用期包含在劳动合同期限内。劳动合同仅约定试用期的,试用期不成立,该期限为劳动合同期限。

3. 试用期的工资规定

(1) 不得低于本单位相同岗位最低档工资的80%,并不得低于用人单位所在地的最低工资标准。

(2) 劳动合同约定工资的80%,并不得低于用人单位所在地的最低工资标准。

四、劳动合同的变更

案例 12-10 杜某拒绝劳动合同变更案

杜某应聘到某销售公司工作，并签订了3年的劳动合同。该劳动合同约定，杜某担任销售主管，月工资为6 000元。因市场形势不好，公司与杜某协商将其工资调整为5 000元，杜某未提出异议。随后，该公司产品在市场中占有份额进一步减少，公司决定进行组织结构调整，杜某被公司安排做销售代表，但杜某提出不能降低工资待遇，公司不同意杜某所提要求。杜某随后一个星期没有到公司上班，公司以杜某旷工为由解除了劳动合同。杜某同意解除劳动合同，但要求公司支付解除劳动合同的经济补偿金。单位对之不予理睬。

讨论题

请问杜某如何来维护自己的权利？

案例 12-11 员工拒绝变更工作地点案

有4名员工在旅顺一家单位工作了5年到11年不等。2007年11月，该单位在未与他们协商的情况下，变更了他们的工作地点，把他们安排到总公司下属的其他单位，而那些单位大多在外省。对于单位的这一安排，4名员工当即提出异议，也未到新单位报到，并要求恢复原工作岗位及发放工资等。双方僵持不下，2008年1月，4名员工被下达了"自动离职通知"。此后，4名员工与该单位多次协商未果，无奈之下于2008年9月将该单位告上法院，要求其支付解除劳动合同经济补偿金、加班工资、拖欠的工资等。

在庭审过程中，作为被告的用工单位辩称，该4名员工已被变更到其他单位工作，从2008年以后不再为该单位提供任何劳动，其行为属于"擅自离职"，无权主张2008年那段时间的工资。

讨论题

1. 这4名员工的行为是否属于"擅自离职"？
2. 他们要求其支付解除劳动合同经济补偿金、加班工资、拖欠的工资能否得到法院的支持。

劳动合同的变更，是指在劳动合同开始履行但尚未完全履行之前，因订立劳动合同的主客观条件发生了变化，当事人依照法律规定的条件和程序，对原合同中的某些条款修改、补充的法律行为。劳动合同的变更主要反映在五个方面：一是生产工作任务的增加或减少；二是生产工作任务的变化；三是合同期限长短的变动；四是劳动工种或岗位的变动；五是劳动报酬的增加或减少。

劳动合同的变更具有以下特点：

(1) 劳动合同不能随意变更，只有当订立劳动合同时所依据的主客观情况发生变化，致使劳动合同中一定条款的履行成为不可能、不必要或影响到当事人权益的情况下，劳动合同才进行变更。

(2) 变更劳动合同必须在劳动合同的有效期内进行，劳动合同期满后是不能再变更的。

(3) 劳动合同变更的对象，只限于劳动合同中的部分条款，且需要变更的条款应当是尚未履行或者尚未完全履行的有效条款，已履行完毕的条款则无变更的必要。

(4) 需要变更的劳动合同条款是依法可变更的条款，依法不应作为变更对象的条款，即法律不允许变更的条款，不得进行变更。

五、劳动合同的解除

案例 12-12　王某遭解雇案

小王系大学应届毕业生，2008 年 8 月小王进入了他人生中第一家正式的用人单位——上海某广告设计公司(以下简称广告公司)从事广告宣传策划工作，双方签订了一份为期 3 年的劳动合同，并约定试用期为 3 个月。顺利通过试用期后，小王的工作也慢慢步入了正轨，并且渐入佳境，短短的半年时间里，他便为公司创造了上百万的业务量。

在工作能力得到认可后,2009 年 2 月广告公司分配给小王一个颇具难度的广告宣传计划,并要求由其独立负责完成。与此同时,他还需要协助其上级主管完成公司里其他的工作业务。然而,小王毕竟只是一个从学校里刚刚毕业没多久的学生,再加上平时的工作任务也十分繁重,由他负责的广告宣传计划最终因漏洞百出、想法不切实际而流产。广告公司对小王的表现十分不满。2009 年 7 月 7 日,小王收到了由广告公司发出的解除劳动合同通知书,要求小王自接到通知后立即到相关部门办理离职交接手续,公司愿意支付 1 个月的工资作为代通金,解聘理由为不能胜任工作。对于广告公司的做法,小王无法理解,他认为自己平时工作十分出色,现在仅仅只是一次工作任务未完成而已,怎么就变成了不能胜任工作?公司怎能因此就将其解雇了呢?小王遂向劳动争议仲裁委员会申请仲裁,要求确认广告公司解除劳动合同违法并支付相应的经济赔偿金。

讨论题

1. 公司能否证明小王不能胜任工作?
2. 何为不能胜任工作?
3. “不能胜任工作”与“末位淘汰制度”有什么不同?

案例 12-13 李某遭辞退案

2008 年 9 月 11 日,老李经应聘进入上海某滚动轴承有限公司(以下简称轴承公司)工作,岗位为电工,主要负责设备检修、电路排线等工作。双方签订了一份为期两年的劳动合同,约定老李每月工资为 2 200 元。工作期间老李应当服从上级领导的安排,认真及时地完成分配给他的工作任务。2009 年 11 月 6 日,轴承公司由于搬迁至新址,经理安排老李负责新厂房的电路排线工作,但并未指定完工期限。2009 年 11 月 9 日,经理要求老李在 3 天之内必须完成该工作,而老李则向经理提出现在公司里只有自己一个电工,如此大的工作量仅凭一人之力至少要 10 天以上才能完成，经理不仅不予理睬，反而变本加厉要求老李当天就要完成，如果做不完就走人。第二天，由于老李未完成分配的工作，经理口头通知其由于不服从上级安排且未及时完成工作任务。因此公司决定辞退老李，并要求他立即到相关部门办理离职交接手续。接到通知后的老李手足无措，一片茫然，在朋友的建议下老李申请了劳动仲裁。

开庭审理过程中，轴承公司提出老李上班期间经常游手好闲不认真工作，而且平时就差错百出，这次又不服从安排未及时完成工作任务，所以公司才决定与其解除劳动关系，但是就上述事实轴承公司并未提供任何书面证据。面对公司的指责老李称对方是无事生非，希望劳动仲裁委能公正判决。

讨论题

本案应如何处理？

1. 企业单方解除劳动合同的事由

“不能胜任工作”作为法律规定的用人单位可以单方解除劳动合同的事由之一，与我们日常生活中理解的不能胜任工作还是有所不同的，并不是劳动者无法完成一项工作任务或工作能力差导致不称职用人单位马上就可以解除劳动合同，而是需要经过“两次证明不能胜任工作”后方能解除。同时，有很多人错误地认为“不能胜任工作”与“末位淘汰制度”完全是一回事，其实这二者无论在含义或操作程序上都有着明显的区别。

从字面含义来看，“不能胜任工作”其实就是指经考核后，劳动者因能力欠缺或其他原因完全或部分不能达到既定的考核目标，例如劳动者不能及时地完成工作任务、未充分履行岗位职责，等等。

从实务操作的层面来看，“不能胜任工作”而解除劳动合同应当具备四个条件：

(1) 要有一套行之有效的考核标准体系，具体包括考核目标、考核方法、考核结果等。考核标准的存在是认定“不能胜任工作”

的前提与基础。同时,由于涉及劳动者切身的利益,所以在制定考核标准时,用人单位应当经过民主公示程序,征询并尊重全体职工和工会的意见。

(2)“第一次不能胜任”,即经过第一次考核后劳动者被证明未达到考核目标。

(3)经过培训或者调整工作岗位。在第一次被证明不能胜任工作后,用人单位应当对劳动者进行培训或者调整工作岗位。其中如果选择调岗的,该调整应具有合理性,而不能随意安排。

(4)“第二次不能胜任”,指劳动者经过培训或调岗后再一次经考核被证明不能胜任工作。

经过上述四个步骤之后,用人单位才获得了单方解除劳动合同的权利,缺少任何一个程序都将导致用人单位解除劳动合同的行为违法。同时,用人单位依据“不能胜任工作”解除劳动合同的,还应当提前1个月通知劳动者或者选择额外支付一个月的工资作为补偿。

2. “不能胜任工作”与“末位淘汰制度”的区别

末位淘汰制是现代人力资源管理科学发展的产物,在国外很多大型的跨国公司中极为盛行,其与不能胜任工作有很多相同之处。例如,二者都需设定一定的考核标准,而且都通过考核进行人员的流动与重新配置。但是,“不能胜任工作”与“末位淘汰制度”也存在着明显的区别。

(1)二者的考核方法、考核目的不同。末位淘汰制通过考核后只是将企业内部现有人员的能力进行从上到下的有序排列,处于末位的员工将被淘汰;而“不能胜任工作”的考核则是设定一个合格标准,经考核后超过该标准的即为胜任工作,未超过的则为不胜任,被证明不胜任后用人单位首先应当进行调整,帮助员工胜任工作而不是解除劳动关系。换句话说,末位淘汰制淘汰掉的完全有可能是胜任工作的员工,而不能胜任的员工则并不一定会被淘汰。

(2)二者的操作流程不同。“不能胜任工作”需要先证明员工不能胜任工作,再对其进行培训或调岗,之后再被证明不能胜任工作的员工才会被解除劳动合同，而末位淘汰制则无此要求。值得注意的是，由于用人单位单方解除劳动合同的理由必须由法律法规规定。因此，作为一种非法定事由“末位淘汰制”在我国现行的法律框架下已经很难再进行操作。

3. 用人单位的用工自主权

《劳动合同法》在向保护劳动者合法权益倾斜的同时，也赋予了用人单位一定的用工自主权。在符合法律规定的特殊情形下，用人单位可以依法提前解除劳动合同。这些情形具体可以分为四大类：

第一类，当用人单位与劳动者就解除劳动合同经协商达成一致时，劳动关系可以提前解除；

第二类，如果劳动者存在一定过错，用人单位可以单方解除劳动合同。当然这些过错的种类都是由法律法规事先明确的，用人单位与劳动者不能进行约定。其中主要包括：(1)劳动者在试用期间被证明不符合录用条件的；(2)劳动者严重违反用人单位的规章制度的；(3)劳动者严重失职，营私舞弊，给用人单位造成重大损害的；(4)劳动者同时与其他用人单位建立劳动关系，对完成本单位的工作任务造成严重影响，或者经用人单位提出，拒不改正的；(5)劳动者以欺诈、胁迫的手段或者乘人之危，使用人单位在违背真实意思的情况下订立或者变更劳动合同的；(6)劳动者被依法追究刑事责任的。

第三类，劳动者尽管没有过错，但是由于出现一些特殊情况，此时用人单位也可以解除劳动关系。比如，劳动者患病或者非因工负伤，在规定的医疗期满后不能从事原工作，也不能从事由用人单位另行安排的工作的；或者出现劳动者不能胜任工作，经过培训或者调整工作岗位，仍不能胜任工作的；或者劳动合同订立时所依据的客观情况发生重大变化，致使劳动合同无法履行，经用人单位与劳动者协商，未能就变更劳动合同内容达成协议的。

第四类为经济性裁员，此时用人单位往往因陷入困境或进行了重大调整，需要裁减大量人员，只要按照一定法律程序，劳动关系也可提前解除。此类情况主要包括:用人单位依照企业破产法规定进行重整的;用人单位生产经营发生严重困难的;企业转产、重大技术革新或者经营方式调整,经变更劳动合同后,仍需裁减人员的;其他因劳动合同订立时所依据的客观经济情况发生重大变化,致使劳动合同无法履行的,等等。

以上列举的四类形式基本涵盖了用人单位可以合法地提前解除劳动合同的所有情况。在现行法律框架下,用人单位依据其他事由解除劳动合同的做法将被视为违法。当然,尽管其具有法律规定的解除事由,但是用人单位并没有依照法律规定的程序来操作也可能被认定为违法。

4. 末位淘汰制

末位淘汰制这一绩效管理方式,由美国通用电气公司前 CEO 杰克·韦尔奇首先提出,并于 20 世纪 90 年代传入中国,目前也受到国内的一些企业追捧。这种管理模式,在促使员工增强危机意识、竞争意识,从而最大限度地挖掘员工潜力,达到个人绩效的最大化方面有其积极的意义。然而,在中国的现有法律环境下,末位淘汰制是否有其存在的现实土壤,其合法性又如何?

(1) 排名末位是否等同于"不能胜任工作"?"不能胜任工作",通常是指不能按要求完成劳动合同中约定的任务或者同工种、同岗位人员的工作量,而在绩效考核中,必定有排名末位的员工,排名末位与能否胜任工作不可划一,不具有直接相关性。举例而言,一组员工有 50 人,如果做绩效考核,肯定有排名靠在最后一位的,可能这 50 人均不能胜任工作,也可能只有前 25 名才可以胜任工作而后 25 名不能胜任工作,但是也有一种可能,那就是排名末位的这位员工也完全可以胜任工作。因此,排名末位与"不能胜任工作"并非同一回事。

(2) 末位淘汰制的合法性分析。末位淘汰制引起了人们的广泛关注,有人认为末位淘汰制属于违法,本身就应该被淘汰。笔者认为,这种观点值得商榷。我们不能将末位淘汰制全盘否定、一味地说 NO。末位淘汰制,顾名思义是"将工作业绩末位的员工淘汰掉”。然而,根据笔者的操作经验,末位淘汰主要表现于以下三种形式:(1)调整工作岗位;(2)合同到期不续签;(3)公司提前单方解除劳动合同,对于这三种表现形式的合法性需区别对待。

首先,关于调整工作岗位。用人单位是否可以调整在绩效考核中排在末位的员工的工作岗位?在司法实践中,如果用人单位要调整员工的工作岗位,通常是以合理性为标准,即用人单位需要举证调整员工工作岗位的合理性。是否合理,一般以员工是否胜任工作为标准。如果用人单位能够证明员工不能胜任工作的话,也属于合法。

其次,关于合同到期不续签。劳动合同的签订以双方公平、平等自愿、协商一致为原则,任何一方均有不与对方签订或者续签劳动合同的权利。因此,在这种情形下,合同到期,如果公司不与员工续签劳动合同,除了某些法定顺延情形及必须签订无固定期限劳动合同的,一般也不会被法律所否定,属于一种合法状态。

最后,关于公司提前单方解除劳动合同。《劳动合同法》关于劳动合同的解除的规定是一种法定化的制度设计,在哪些情形下用人单位与劳动者可以解除劳动合同都是由法律事先明确界定的,不允许用人单位与劳动者进行约定,更不允许用人单位任意创设。因此,当单位以员工在绩效考核中处于末位而与其单方解除劳动合同,其违法性是显而易见的。更有甚者,还有一些企业打着“减员增效”的旗号,将考试不及格作为公司裁员的理由。依据现行法律,排名末位及考试不及格均不能够成为用人单位解除劳动合同的理由。即使是员工不能胜任工作,根据《劳动合同法》第40条之规定,也需要给员工培训或者调整工作岗位,只有在培训或者调整工作岗位后仍不能胜任工作的,用人单位才可以与其解除劳动合同。

六、劳动合同的终止

案例12-14 劳动合同“霸王条款”案

小李被一家公司招用,担任产品销售员。当时也签订了劳动合同，但其中有这么一条，即一旦销售不好造成库存积压，公司有权选择和任何一位销售员终止劳动合同。小李觉得这个条款有点问题，心里很疑惑，就到市总工会来咨询。

讨论题

劳动合同的终止条件能否由当事人约定？

案例 12-15 职工质疑劳动合同终止条款案

2008 年 5 月，某压力容器制造公司成立。因该公司生产的产品属特种设备，要求焊工具备压力容器焊工证，但该类人员稀缺，一时难以招聘，公司遂决定招聘部分普通焊工上岗后进行岗位技能培训，然后再委托质量监督部门考核认证。很快，人力资源部招聘了 20 名普通焊工，并与他们签订了为期一年的劳动合同，约定试用期 1 个月，主要考核劳动态度。同时，在合同附件中约定了如下条款：为满足工作需要，甲方（公司）将在 3 个月内统一安排乙方（职工）进行专业焊接培训，培训结束后组织认证考核。如乙方考核不通过无法取得操作证，合同自然终止，并且不能享受经济补偿。3 个月后，经考核，部分焊工没有取得操作证，公司遂依照约定终止了劳动合同。但这些职工提出，《劳动合同法》实施后，双方不能再约定劳动合同的终止条件，劳动合同附件中的约定是无效的，并以此为由诉至当地劳动争议仲裁委员会。

讨论题

1. 《劳动合同法》实施后，双方能否再约定劳动合同的终止条件？

2. 仲裁委员会能否支持这些职工的申诉请求？

1. 劳动合同终止条件的约定

关于劳动合同终止条件的约定，我国《劳动法》第 23 条规定："劳动合同期满或者当事人约定的劳动合同终止条件出现，劳动合同即行终止。"该条款赋予了劳动合同主体双方意思自治的权利，且《劳动法》中规定了合同终止可以不对劳动者支付经济补偿。但该条款被《劳动合同法》第 44 条、《劳动合同法实施条例》第 13 条所修改，上述条款明确了劳动合同终止应当严格按照《劳动合同法》第 44 条中列举的五种终止条件执行，用人单位与劳动者不得约定其他的劳动合同终止条件。

2. 劳动合同期满终止与劳动合同逾期终止

许多用人单位在劳动合同管理过程中，经常会出现劳动合同逾期，但双方仍保持劳动关系的现象。这是由于用人单位劳动合同管理环节的疏忽而导致的。劳动合同期满终止与劳动合同逾期终止属于不同的法律概念。

(1) 劳动合同逾期终止不能等同于劳动合同期满终止。劳动合同期满，用人单位终止员工的工作，让员工办理离职手续，终止双方的劳动关系，这属于劳动合同法定终止事由。劳动合同期满后，用人单位没有终止员工的工作，员工继续为单位提供劳动，形成了事实劳动关系。在续订劳动合同不能达成一致意见的情形下，终止劳动关系的属于劳动合同逾期终止。

劳动合同期满终止的，依据《劳动合同法》第 97 条第 3 款的规定："本法施行之日存续的劳动合同在本法施行后解除或者终止，依照本法第 46 条规定应当支付经济补偿的，经济补偿年限自本法施行之日起计算。"

(2) 劳动合同逾期终止应当适用什么法律，是实践当中争议比较大的一个问题。依据原劳社部 2005 年 12 号文《关于确立劳动关系有关事项的通知》规定："用人单位招用劳动者符合第 1 条规定的情形的，用人单位应当与劳动者补签劳动合同，劳动合同期限由双方协商确定。协商不一致的，任何一方均可提出终止劳动关系……用人单位提出终止劳动关系的，应当按照劳动者在本单位工作年限每满一年支付一个月工资的经济补偿金。"

依据《劳动合同法实施条例》第 5 条和第 6 条的规定，用工 1 个月内，劳动者不愿意与用人单位签订劳动合同，用人单位可以终止劳动关系，且无需支付经济补偿金；用工超过 1 个月不满 1 年，没有签订劳动合同，且劳动者不与用人单位订立劳动合同的，用人单位可以终止劳动关系，但需要依照《劳动合同法》第47条的规定支付经济补偿（即工作满1年支付1个月的工资作为补偿）。

我国原劳社部2005年12号文的规定与《劳动合同法实施条例》关于事实劳动关系的规定，指的都是建立劳动关系但没有签订劳动合同而形成的事实劳动关系。这种事实劳动关系与劳动合同期满后存在劳动关系，但没有签订劳动合同形成的事实劳动关系性质是一样的。至于在实践当中引起争议时，应当适用《劳动合同法实施条例》的规定，因为《劳动合同法实施条例》在位阶上属于上位法，而且立法部门也高于12号文。

(3) 劳动合同逾期终止需要区分不同的情形。逾期一个月内终止和逾期一个月以上终止，两者终止的成本不一样。劳动合同期满后1个月内，用人单位因与员工就续签劳动合同不能达成一致意见且由用人单位终止劳动关系的，应当按逾期之后的年限支付经济补偿金；双方对新的劳动合同不能达成一致意见，劳动者拒签合同的，依据《劳动合同法实施条例》第5条的规定，用人单位无需支付经济补偿金。

劳动合同逾期1个月以上，用人单位与劳动者终止劳动关系的，依据《劳动合同法实施条例》第6条的规定，根据员工的工作年限支付经济补偿金。

七、劳动合同的无效

案例12-16　彭某伪造履历被解除劳动合同案

电视大学专科学历的彭某在向上海某机械有限公司（以下简称“公司”）提交履历时弄虚作假，使自己摇身变成了上海财经大学本科毕业生。2005年11月，彭某成功应聘进入该公司担任营业部部长，月薪人民币8 000元。2007年9月，公司以彭某申报的履历有假，所提供的上海财经大学本科学历是伪造的为由解除了与彭某的劳动合同。2007年9月，彭某向所在区的劳动争议仲裁委员会申请劳动争议仲裁，要求公司支付1.2万余元作为解除劳动合同的经济补偿。

讨论题

1. 劳动者如果伪造假文凭而求职成功，用人单位是否可以解除劳动合同？

2. 用人单位因此而解除劳动合同是否需要支付经济补偿？

1. 哪些情形会导致劳动合同无效

根据《劳动合同法》第 26 条第 1 款之规定，有下列三种情形之一的，劳动合同无效或者部分无效：(1)以欺诈、胁迫的手段或者乘人之危，使对方在违背真实意思的情况下订立或者变更劳动合同的；(2)用人单位免除自己的法定责任、排除劳动者权利的；(3)违反法律、行政法规强制性规定的。此外，如果是劳动合同部分无效的，不影响其他部分效力，其他部分仍然有效。

用人单位和劳动者在签订劳动合同过程中，均负有缔约告知义务。缔约告知义务，是指劳动合同订立过程中，用人单位和劳动者依法承担相互如实告知必要信息以满足需求的义务。根据《劳动合同法》第 8 条之规定，用人单位招用劳动者时，应当如实告知劳动者工作内容、工作条件、工作地点、职业危害、安全生产状况、劳动报酬，以及劳动者要求了解的其他情况；用人单位有权了解劳动者与劳动合同直接相关的基本情况，劳动者应当如实说明。

如果违反了缔约告知义务，则可能构成欺诈。欺诈是指一方当事人故意告知对方虚假情况，或故意隐瞒实情，诱使对方当事人作出错误意思表示的行为。

2. 劳动合同确认无效，劳动报酬如何确定

根据《劳动合同法》第 28 条之规定，劳动合同被确认无效，劳动者已付出劳动的，用人单位应当向劳动者支付劳动报酬。劳动报酬的数额，参照本单位相同或者相近岗位劳动者的劳动报酬确定。

3. 劳动合同认定无效后有何法律后果

劳动合同被认定无效的，可能产生两大法律效果：一是劳动合同的解除，二是赔偿责任的承担。

八、经济补偿金

案例 12-17 王某被解除劳动合同案

2006 年 3 月，王某进入上海某中外合资的物流公司(以下简称物流公司)从事长途运输工作，其工资主要由两部分组成：一部分为基础工资 900 元；另一部分为浮动工资，根据运输路程计算发放。双方签订的最后一份劳动合同到期时间为 2012 年 12 月 31 日。

2009 年 8 月初，由于经营策略发生重大调整，同时也为了降低成本，物流公司决定将整个企业迁往其他省市。王某不同意随企业一同迁移，其与公司签订的劳动合同因无法继续履行而被解除。

在就离职补偿进行计算的过程中，王某发现，公司采取“额外支付一个月工资”即代通金的形式与其直接解除劳动合同，标准按照 7 月份的工资 1 600 元计算，再根据其工作年限按每一年给一个月工资的形式支付相应的经济补偿金，此时月工资标准为其离职前 12 个月的平均工资 2 900 元。

王某从事的是长途运输工作，由于季节、任务性质、奖金按季发放等诸多原因导致其 7 月份的工资远远低于其他月份，故他认为“额外支付一个月的工资”也应当按照离职前 12 个月的平均工资 2 900 元的标准计发。但物流公司坚持称这是法律的明文规定，对于王某的主张不予理睬。王某遂提起了劳动仲裁。

用人单位解除劳动合同常常会涉及代通金、补偿金、赔偿金这“三金”的支付，而相当多的解约争议都涉及这“三金”的计算。无论是用人单位还是劳动者对代通金、补偿金、赔偿金的支付和计算都应该有一个正确的认识，以免产生无谓的争端。

1. “三金”支付各有条件

实践中，一些劳动者认为，只要是单位解除劳动合同就应该支付代通金，这种理解有失偏颇。根据《劳动合同法》的规定，有下列三种情形之一的,用人单位提前30日以书面形式通知劳动者本人或者额外支付劳动者一个月工资后,可以解除劳动合同:一是医疗期满解除;二是不能胜任解除;三是客观情况发生重大变化,协商变更不成解除。也就是说,出现上述三种情形之一,而用人单位不提前30日通知时,才必须支付代通金。其他如单位提出协商一致解除合同的,用人单位依法没有支付代通金的义务。

经济补偿金是因用人单位的原因解除劳动合同或者用人单位终止劳动合同时依法应该支付的;赔偿金则是用人单位违反法律规定解除或者终止劳动合同,而劳动者不要求继续履行劳动合同或者劳动合同已经不能继续履行时,用人单位应当依法支付的。有一点要提醒劳动者的是,赔偿金和补偿金不可兼得,用人单位违反劳动合同法的规定解除或者终止劳动合同,依法支付了赔偿金的,不再支付经济补偿。

2. “三金”计算各有规定

《劳动合同法实施条例》第20条规定:“用人单位依照《劳动合同法》第40条的规定,选择额外支付劳动者一个月工资解除劳动合同的,其额外支付的工资应当按照该劳动者上一个月的工资标准确定。”对此,有人理解为只要根据解除或终止合同前一个月的工资数额支付代通金就可以了,这种理解是错误的。《条例》规定的是“工资标准”而不是“工资数额”,因为上个月的工资数额可能会因为员工请假或者单位加发奖金等等低于或高于劳动者的工资标准,按照这个数额发既有可能对劳动者不利,也有可能对用人单位不利,所以代通金应该按照劳动者上个月的“工资标准”发,如果确有问题,可按解除劳动合同之前劳动者12个月的平均工资确认。

关于补偿金,应该按照劳动者在劳动合同解除或者终止前12个月的平均工资来计算。现实中,一些单位在支付经济补偿金时按照劳动合同上约定的工资来确定,还有的按照劳动者的基本工资来计算,这都是错误的做法。经济补偿的月工资应按照劳动者应得工资计算,包括计时工资或者计件工资以及奖金、津贴和补贴等货币性收入。而且，劳动者在劳动合同解除或者终止前 12 个月的平均工资低于当地最低工资标准的，应按照最低工资标准计算。劳动者工作不满 12 个月的，按照实际工作的月数计算平均工资。补偿金还有分段计算的问题，即 2008 年 1 月 1 日前的补偿金按照上述方法确定的实际数额计算；2008 年 1 月 1 日之后的补偿金则有 3 倍封顶的限制，即劳动者月工资高于用人单位所在直辖市、设区的市级人民政府公布的本地区上年度职工月平均工资 3 倍的，向其支付经济补偿的标准应按上年度职工月平均工资 3 倍的数额计算。

至于赔偿金中劳动者月工资的确定，也是先算出劳动者前 12 个月的平均工资，如果不高于本地区上年度职工月平均工资 3 倍，就照实计算，如果高于则按 3 倍封顶线计算。

九、违约金

案例 12-18　王某与某冶金有限公司违约金争议案

2009 年 2 月 3 日，王某进入上海某冶金有限公司从事英文翻译工作。双方签订的劳动合同中约定，冶金公司将会在王某入职的一个月内安排王某赴南非办事处工作，工资为每月人民币 8 000 元，合同期限自 2009 年 2 月 3 日起至 2012 年 1 月 31 日止。如果王某在合同期满前提前离职则应当承担违约责任，违约金数额为王某赴南非的路程费及公司为其安排岗位所付的其他各项费用之和。

2009 年 3 月，王某到达公司在南非的办事处，但由于水土不服、蚊虫叮咬等原因，王某身体出现腹泻、呕吐、严重水肿等情况。工作至 4 月底，身体状况没有任何好转的王某向公司提出回国工作的请求，公司不予批准，无奈之下王某向公司提出辞职。

2009 年 5 月，在办理离职手续时，冶金公司认为王某在职期间不能胜任工作，消极怠工，没有充分履行翻译职责，故拒绝向王某发放 4 月份工资。同时公司认为王某严重违反当初约定，遂要求王某承担路程费等共计 2 万余元的违约金。双方发生争议，王某诉至劳动争议仲裁委员会后，公司以上述理由提出反诉。

讨论题

1. 违约金能否任意约定？

2. 本案应如何处理？

违约金，是指按照当事人的约定或者法律直接规定，一方当事人违约的，应向另一方支付的金钱。

根据我国《劳动合同法》的规定，用人单位与劳动者可以约定两种违约金：

(1) 用人单位出资让劳动者参加专业技术培训，可以约定服务期违约金，但金额最高不能超过用人单位支出的培训费用，且按约定期限逐年递减。

(2) 用人单位与劳动者可以在劳动合同中约定保守用人单位的商业秘密和与知识产权相关的保密事项。对负有保密义务的劳动者，用人单位可以在劳动合同或者保密协议中与劳动者约定竞业限制条款，并约定在解除或者终止劳动合同后，在竞业限制期限内按月给予劳动者经济补偿。劳动者违反竞业限制约定的，应当按照约定向用人单位支付违约金。

十、医疗期的规定

案例 12-19　冯某与私营企业劳动关系争议案

几年前，小冯通过本市人才市场应聘进入一家私营企业，从事产品销售工作。2008 年 3 月中旬，企业人事部门突然口头通知小冯，月底合同期满，企业不再与其续签合同。几天后小冯去医院就诊，经医生检查，小冯患有慢性疾病，医生建议必须卧床休息。于是小冯就在家安心养病，并将病假单交给部门领导。

2008 年 4 月中旬，小冯突然收到企业寄来的退工通知单，退工的原因是合同期满双方终止劳动关系，并要求小冯尽快来企业办理离职手续。小冯收到退工通知后即与企业联系，表示自己尚在病休之中，企业不能与其终止劳动关系，并与企业理论，但经多次交涉未果。小冯无奈之下，只能诉诸劳动争议仲裁委员会，要求劳动争议仲裁委员会撤销企业与其终止合同的决定，恢复劳动关系。

小冯认为，自己患病在规定的医疗期内，并有医院出具的病假证明，按照《中华人民共和国劳动合同法》的有关规定，即使合同期满，在规定的医疗期内，也理应顺延到医疗期满，企业才可以与其终止合同。现在企业坚持要与本人终止劳动合同的行为，是违反国家规定的。所以请求劳动争议仲裁委员会撤销企业终止合同的决定，恢复与本人劳动关系。

单位认为，企业已经事先通知小冯合同期满不再续签合同，所以他去开病假，小冯的做法缺乏诚信，按照有关规定，劳动合同期满企业可以即行终止。所以，小冯与企业之间已经不再存在劳动关系，对小冯提出的要求不予同意。

讨论题

1. 合同期满遭遇医疗期，劳动合同能否终止？
2. 患病或者非因工负伤的医疗期，如何计算？

一般情况下，劳资双方的劳动合同期满，劳动合同即终止。但在某些特定的情形下，双方的劳动合同必须再履行一定时间，这也就是我们日常所说的合同期满的法定顺延。根据《劳动合同法》第42条和第45条之规定，劳动者有以下6种情形之一的，劳动合同应当续延至相应的情形消失时终止：(1)从事接触职业病危害作业的劳动者未进行离岗前职业健康检查，或者疑似职业病病人在诊断或者医学观察期间的；(2)在本单位患职业病或者因工负伤并被确认丧失或者部分丧失劳动能力的；(3)患病或者非因工负伤，在规定的医疗期内的；(4)女职工在孕期、产期、哺乳期的；(5)在本单位连续工作满15年，且距法定退休年龄不足5年的；(6)法律、行政法规规定的其他情形。这里值得注意的是，第二种情形丧失或者部分丧失劳动能力劳动者的劳动合同的终止，需按照国家有关工伤保险的规定执行。

法律上的医疗期是劳动者根据其工龄等条件，依法享受的停工治疗休息并获得病假工资等待遇且单位不得因此解除和终止劳动合同的期间；医疗期有着明确的法定标准，我国各地施行的医疗期有所不同。仅就上海而言，根据劳动合同签订的或者续订时间点的不同，也有不同的医疗期标准；2002 年 5 月 1 日前签订或者续签劳动合同的，执行老的医疗期标准。2002 年 5 月 1 日后签订或者续签劳动合同的，执行新的医疗期标准。关于医疗期的计算，则进行了大大的简化，医疗期的确定只需根据劳动者在本单位工作年限来确定，根据《关于本市劳动者在履行劳动合同期间患病或者非因工负伤的医疗期标准的规定》第 2 条之规定，医疗期按劳动者在本用人单位的工作年限设置。劳动者在本单位工作第一年，医疗期为 3 个月；以后工作每满 1 年，医疗期增加 1 个月，但不超过 24 个月。

十一、案例分析

【案例 12-5】(1) 2008 年 5 月 1 日起施行的《劳动争议调解仲裁法》第 27 条规定劳动争议申请仲裁的时效期间为一年。原被告之间的劳动争议虽然发生于 2008 年 3 月 26 日，即《劳动争议调解仲裁法》实施之前，但原告于《劳动争议调解仲裁法》实施后的 2008 年 9 月 8 日申请仲裁，按新法优于旧法的原则，应适用《劳动争议调解仲裁法》中关于申请时效的规定，故原告起诉未超过诉讼时效。

(2) 关于原告主张的未签订书面合同而应支付的双倍工资问题。2008 年 1 月 1 日起施行的《劳动合同法》规定，用人单位自用工之日起超过 1 个月不满 1 年未与劳动者订立书面劳动合同，应当向劳动者每月支付双倍的工资。故被告应支付原告 2008 年 2 月至 3 月两个月的双倍工资计 3 200 元，另被告对还未支付原告的 2008 年 3 月份工资 1 600 元应予支付。

(3) 因双方为误汇邱某的工资产生争议，原告离开被告公司后,被告没有支付原告2008年3月份工资不属于故意拖欠,被告不应支付原告拖欠工资的赔偿金。原告在未履行任何手续的情况下离开被告公司,是原告主动辞职,被告不应向原告支付解除合同补偿金。

最终,法院判决被告某公司自本判决生效后3日内支付原告王某双倍工资3 200元及3月份的工资1 600元,驳回原告王某的其他诉讼请求。

【案例12-6】王某与公司之间符合劳动关系建立的各项要件,依据《关于贯彻执行〈中华人民共和国劳动法〉若干问题的意见》(劳部发[1995]309号)、《关于确立劳动关系有关事项的通知》(劳社部发[2005]12号)等相关劳动法律法规,应当认定存在事实劳动关系。至于其采用冒名顶替的方式与甲公司签订劳动合同,甲公司可依据国家相关法规或公司管理制度对王某进行处理。

最终,劳动争议仲裁委裁定王某与公司之间存在事实劳动关系,公司应该对其进行工伤赔偿。

【案例12-7】我国《劳动合同法》第14条扩大了签订无固定期限劳动合同的范围,取消了《劳动法》中"同意续延"限制,改为只要在同一用人单位连续工龄满10年,员工即可提出订立无固定期限劳动合同,用人单位应当签订无固定期限劳动合同。《劳动合同法实施条例》规定:"劳动合同法第14条第2款规定的连续工作满10年的起始时间,应当自用人单位用工之日起计算,包括劳动合同法施行前的工作年限。"

2008年9月,沈阳市劳动争议仲裁委裁定,某证券公司应与林东签订无固定期限劳动合同。

【案例12-8】上海在审裁实践中适用了如下规则:劳动者提出订立无固定期限劳动合同的请求符合法律规定,用人单位未依法与其订立的,根据最高人民法院《关于审理劳动争议案件适用法律若干问题的解释》第16条第2款,可以"视为双方之间存在无固定期限劳动合同关系,并以原劳动合同确定双方的权利义务关系。"其中,"原劳动合同确定的双方权利义务关系",包括以书面合同方式确定的权利义务关系和以事实劳动关系方式确定的权利义务关系。

陈某的原劳动合同已到期，双方未续签，劳动关系仍存在，但原岗位已不可能恢复，此时双方应协商一致重新约定新的工作岗位。上海市高院民一庭确立了如下规则：用人单位和劳动者约定，用人单位有权根据生产经营需要随时调整劳动者工作内容或岗位的，双方为此发生争议，应由用人单位举证证明其调职具充分合理性。如果用人单位不能举证证明其调职具充分合理性，双方仍应按原劳动合同履行。至 2008 年 8 月，陈某已在公司工作 12 年。根据《劳动合同法》，劳动者在该用人单位连续工作满 10 年的，劳动者提出或同意续订、订立劳动合同的，除劳动者提出订立固定期限劳动合同外，应订立无固定期限劳动合同。

【案例 12-9】2009 年 5 月 19 日，上海市闸北区人民法院审理该劳动合同纠纷案，对原告周某的诉讼请求作出不予支持的一审判决。法院经审理认为，试用期是用人单位和劳动者相互认知、了解而设定的期限，劳动者在试用期内可以解除合同，如劳动者的工作能力、思想状况等不符合用人单位的录用条件，用人单位也可以解除劳动合同。原告作为被告高薪聘用的法务经理，应当具备与其岗位、薪资水平向对应的法律素养和工作能力，能为具体业务部门提供良好的法律支持。原告对于“法定代表人的定义、职位范围及法律责任”未能作出明确的解释、概括，仅是简单、机械地罗列法律条文来解答业务部门的咨询，而原告提供的法律意见尚需被告原法律部经理修改，未能表现出高级法律工作者应有的法学知识和分析、总结能力。其工作表现不符合一般情形下对于法务经理的普遍认知，故被告认为原告不能胜任法务经理的工作，不符合录用条件，决定解除劳动合同，并无不当。原告要求继续履行劳动合同的请求，依据不足。据此，法院最后作出上述判决。

【案例 12-10】首先，杜某与公司之间签订的劳动合同有效，双方关于工资待遇的约定合法。在劳动合同履行期间，公司根据本单位经济效益情况对杜某的工资进行调整，杜某当时没有提出异议,此后双方按照调整后的工资标准履行。故可以视为双方就工资待遇的变更达成了一致意见。

其次,公司因客观情况发生重大变化,致使与杜某签订的劳动合同无法继续履行时,有权就工作岗位及工资待遇调整问题,与杜某进行协商。杜某提出不能降低工资待遇,公司不同意杜某所提要求,说明双方就变更工资待遇的内容没有达成一致意见。据此,公司可以根据《劳动法》的规定,解除劳动合同,支付经济补偿金。因公司坚持变更杜某的工作岗位和工资待遇,导致杜某不能提供正常劳动。鉴于杜某同意解除劳动合同,所以可以视为公司提出解除劳动合同,杜某要求支付解除劳动合同经济补偿金的请求,应予支持。

最后,公司以杜某旷工为由解除劳动合同不成立。平等自愿、协商一致是劳动合同变更的原则。公司单方变更劳动合同无效,不能把杜某不来新岗位上班,视为旷工行为。杜某没来公司上班,是公司内部组织结构调整后,其原工作岗位已不存在,又不接受公司为其安排新岗位的工资待遇而造成的。在双方对此问题没有取得一致性意见之前,如果杜某在新岗位工作,就会造成杜某接受公司安排的事实,出现对杜某不利的法律后果。可见,杜某不来公司上班的原因,公司是知道的。杜某的行为不构成旷工。公司作出杜某违纪解除劳动合同的决定是错误的,应予撤销。

基于以上理由,杜某可以向单位所在地的劳动仲裁机构申请仲裁,以维护自身的权利。

【案例 12-11】2008 年 11 月,旅顺口区人民法院作出一审判决,判令该单位赔偿 4 名员工合计近 20 万元。法院审理认为,用人单位可以实行裁员,但是应当向劳动者支付经济补偿,经济补偿按劳动者在本单位工作的年限,每满 1 年,支付 1 个月工资的标准向劳动者支付。另外,法院也支持了 4 名员工关于加班工资的要求。因此,法院判令该单位赔偿 4 名员工合计近 20 万元。

【案例 12-12】在本案开庭审理过程中,小王向劳动争议仲裁委提交了其岗位职责、平时工作任务分配、完成情况等书面材料,以及一张由广告公司签字确认、评价小王在试用期期间工作表现为“优秀”的考核表；而广告公司则提交了小王设计的广告计划以及未能完成这次工作任务的证明材料，进而证明小王不能胜任工作。最终，劳动争议仲裁委员会认为广告公司解除劳动合同的行为缺乏法律依据，因此裁决支持了小王的仲裁请求。

本案中，广告公司解除小王劳动合同的行为并没有进行任何考核以证明其不能胜任工作，更不要说经过培训或者调整工作岗位了。因此，其解除劳动合同的行为明显违法。

【案例 12-13】在本案中，轴承公司因老李无法完成不合理的工作任务便将其解雇的做法明显缺乏解除劳动合同的法定事由，因此其解除行为违法。轴承公司应当向老李支付违法解除劳动合同的经济赔偿金。本案最终也随着劳动仲裁委的裁决而尘埃落定，然而有类似老李这样经历的人却还很多。一个企业如果想要在激烈的市场竞争中生存下去，就应当将员工视为企业的主人，尊重并不断提升员工的参与权，最大限度地激发员工潜力、提高工作效率，这样才能立于不败之地，否则，企业将难有长远的发展。

【案例 12-14】虽然法律规定，除了必备条款以外，劳动合同的双方当事人还可以就试用期、培训、保密事项、补充保险等事项进行约定，但这并不等于任何事项都是可以纳入自由约定的范围，比如少数单位在劳动合同中约定，发生因职工操作失误造成的工伤事故概不负责，不为职工缴纳社会保险等。即使这样的约定条款，职工事先是同意的，因为约定的事项与相关法律法规相抵触，因此属于无效条款，没有法律效力。

同样，在劳动合同的终止条件的约定上，法律也有限制性规定。《劳动合同法》第 44 条规定了劳动合同期满的、劳动者开始依法享受基本养老保险待遇的等六种劳动合同终止的情形。也就是说除了这些法定情形，单位不得假以“协商一致”的名义另行约定终止条件。一些单位想通过这种另行约定劳动合同终止情况的办法，混淆解除和终止的概念，主要是想以逃避经济补偿金。更有些企业是想通过这个约定，逃避非法解雇的赔偿责任或规避裁员的程序,以达到随意解雇的目的。

在本案中,小李所在单位在劳动合同中约定销售不好造成库存积压,就可以终止劳动合同,属霸王条款,是无效的。

【案例 12-15】在本案中,该压力容器制造公司在劳动合同中约定的条款应当属于无效条款,企业无权依据该条款终止劳动合同。劳动争议仲裁委员会审理后,支持了这些职工的申诉请求。

【案例 12-16】在本案中,彭某应聘时向公司提供伪造的上海财经大学本科学历,致使公司与其签订待遇优厚的劳动合同,可以认定彭某的行为构成了欺诈。因此,彭某与公司签订的劳动合同无效。

2008 年 1 月,劳动争议仲裁委员会作出裁决,由公司向彭某支付解除劳动合同经济补偿金 1.2 万余元。公司不服诉至法院,称彭某 2005 年应聘时向公司提供虚假学历,致使公司与其签订待遇优厚的劳动合同。公司依法解除劳动合同,无需支付经济补偿金。彭某不服仲裁,向人民法院起诉。

一审法院经审理,判决对彭某要求公司支付 1.2 万余元解除劳动合同经济补偿金的请求不予支持。彭某不服,向二审法院提起上诉。

二审法院认为,用人单位与劳动者订立劳动合同,应当遵循合法、公平、平等自愿、协商一致、诚实信用的原则,用人单位有权了解劳动者与劳动合同直接相关的基本情况,劳动者应当如实说明。经查证,彭某向公司提供的确为假文凭。因此,公司以彭某隐瞒真实学历,双方签订的劳动合同无效为由解除劳动关系,在此情况下无须向彭某支付任何经济补偿。

【案例 12-17】本案是一起关于“代通金”计算标准的劳动争议。《劳动合同法实施条例》第 20 条对此作出了明确的规定,即“选择额外支付劳动者一个月工资解除劳动合同的,其额外支付的工资应当按照该劳动者上一个月的工资标准确定。”然而,只以单个月的工资为准计算,可能会过高也可能会过低,既有可能对用人单位不利,也有可能对劳动者不利,从整体上来看不利于促进和形成和谐稳定的劳动关系。所以，在司法实践中“上一个月的工资标准”应当理解为劳动者正常的工资标准，如果上一个月的工资不能反映正常工资水平，可以按解除劳动合同之前劳动者 12 个月的平均工资来确定。

在本案仲裁审理过程中，王某向劳动仲裁委员会递交了离职前 12 个月的工资单，以证明其工资的平均水平，物流公司对该证据也予以认可，但是双方依然坚持各自的观点，分歧很大。最终劳动仲裁委依法裁决物流公司按照王某离职前 12 个月的平均工资即 2 900 元的标准支付代通金。王某 7 月份的工资为 1 600 元，远远低于他的正常工资水平，因此按照他离职前 12 个月的平均工资 2 900 元来计算“代通金”更为合理。

【案例 12-18】在本案中，王某在工作期间提供了正常劳动，而冶金公司并未提供王某消极怠工的证据，因此公司应当支付王某 4 月份的工资。本案争议的焦点其实是双方劳动合同中约定的违约金是否有效的问题。《劳动合同法》第 22 条、23 条及第 25 条明确规定，只有两种情形下用人单位和劳动者可以设置违约金，一种是双方约定了服务期条款，另一种是双方约定了竞业限制条款，除此之外双方即便约定了违约金，也将被认定为无效。同时，如果用人单位要求劳动者承担违约责任，还应当就劳动者违约的事实进行举证，而不是只凭一纸合同便可直接要求劳动者支付违约金。

在庭审过程中，王某认为自己在工作期间提供了正常劳动，冶金公司所言纯属子虚乌有，公司应当支付克扣的工资，同时按照法律的规定，只有在特定情况下才能约定违约金，而自己和公司并不符合设置违约金的法定条件，所以其无需向冶金公司支付任何违约金。最终劳动争议仲裁委员会支持了王某的请求，裁决冶金公司向王某发放 2009 年 4 月份的工资，而王某无需向公司支付违约金。

由于王某与冶金公司既未约定服务期也未约定竞业限制，并不符合设置违约金的法定条件，因此双方在劳动合同中关于违约责任的约定无效，王某无需向冶金公司支付违约金。

【案例12-19】在本案中，劳动争议仲裁委员会经过审理后认为，小冯在合同期满前已经病假，且有医院出具的病假证明，属于法定医疗期内，所以企业就不能与小冯终止劳动合同。按照国家有关法律法规规定，企业应继续与小冯履行劳动合同至医疗期满。最后，劳动争议仲裁委员会裁决企业应继续与小冯履行劳动合同。

相关法规链接

《中华人民共和国劳动合同法》

第7条　用人单位自用工之日起即与劳动者建立劳动关系。

第10条　建立劳动关系，应当订立书面劳动合同。

已建立劳动关系，未同时订立书面劳动合同的，应当自用工之日起一个月内订立书面劳动合同。

第14条　无固定期限劳动合同，是指用人单位与劳动者约定无确定终止时间的劳动合同。

用人单位与劳动者协商一致，可以订立无固定期限劳动合同。有下列情形之一，劳动者提出或者同意续订、订立劳动合同的，除劳动者提出订立固定期限劳动合同外，应当订立无固定期限劳动合同：

（一）劳动者在该用人单位连续工作满10年的；

（二）用人单位初次实行劳动合同制度或者国有企业改制重新订立劳动合同时，劳动者在该用人单位连续工作满10年且距法定退休年龄不足10年的；

（三）连续订立2次固定期限劳动合同，且劳动者没有本法第39条和第40条第1项、第2项规定的情形，续订劳动合同的。

用人单位自用工之日起满1年不与劳动者订立书面劳动合同的，视为用人单位与劳动者已订立无固定期限劳动合同。

第22条　用人单位为劳动者提供专项培训费用，对其进行专业技术培训的，可以与该劳动者订立协议，约定服务期。

劳动者违反服务期约定的，应当按照约定向用人单位支付违约金。违约金的数额不得超过用人单位提供的培训费用。用人单位要求劳动者支付的违约金不得超过服务期尚未履行部分所应分摊的培训费用。

用人单位与劳动者约定服务期的，不影响按照正常的工资调整机制提高劳动者在服务期期间的劳动报酬。

第 23 条　用人单位与劳动者可以在劳动合同中约定保守用人单位的商业秘密和与知识产权相关的保密事项。

对负有保密义务的劳动者，用人单位可以在劳动合同或者保密协议中与劳动者约定竞业限制条款，并约定在解除或者终止劳动合同后，在竞业限制期限内按月给予劳动者经济补偿。劳动者违反竞业限制约定的，应当按照约定向用人单位支付违约金。

第 25 条　除本法第二十二条和第二十三条规定的情形外，用人单位不得与劳动者约定由劳动者承担违约金。

第 35 条　用人单位与劳动者协商一致，可以变更劳动合同约定的内容。变更劳动合同，应当采用书面形式。

变更后的劳动合同文本由用人单位和劳动者各执一份。

第 82 条　用人单位自用工之日起超过一个月不满一年未与劳动者订立书面劳动合同的，应当向劳动者每月支付二倍的工资。

用人单位违反本法规定不与劳动者订立无固定期限劳动合同的，自应当订立无固定期限劳动合同之日起向劳动者每月支付二倍的工资。

第三节　工时制度和工资制度

案例 12-20　王某索要加班津贴案

2007 年 5 月 16 日，王某与某纸品集团中国公司签订劳动合同，职务为行政助理，月薪 6 000 元，负责国内各分公司的运营统计及初步策划等工作。受岗位性质所定，王某需要常常到分公司考察工作，出差和加班成了家常便饭。公司的《员工手册》规定，凡超时工作符合公司加班条件的情形，公司都将按照工作年限和工作表现向员工支付不同金额的加班津贴。王某每月的加班津贴金额为平均小时工资乘以 36 小时。由于频繁的出差加班让王某损失了很多私人时间，严重影响了生活品质，2009 年 3 月王某向公司提出辞职，要求公司按照实际加班时间为他补发一年多来的加班工资。公司认为，加班津贴的支付制度是公司通过法定程序制定的规章制度，王某从没有提出过异议。在有公司指定加班的月份，公司都给王某支付了加班津贴，有的月份加班津贴的金额远远超过法律规定加班工资的标准，公司已经履行了给付加班工资的法律义务。协商未果之下，王某向劳动争议仲裁委员会提出仲裁申请，要求公司支付一年多来的加班工资。

讨论题

加班津贴是否可以替代加班工资？

案例 12-21 张某等人索要加班费案

2009 年 2 月，上海 B 建筑公司的员工张某等人，接受企业的安排承担一座商务楼建造任务，由于工程竣工时间将近，为了能够及时完工，B 公司要求张某等人 2009 年 6 月至 7 月期间加班加点，每天工作 10 小时，且无双休日。工程顺利竣工后，张某等人要求 B 企业支付相应的加班费，B 公司则以建筑业实行的是综合工时制为由拒绝支付，而 B 公司实际并未办理任何申请综合工时制的手续。

讨论题

1. 什么是综合计算工时制？
2. 本案应如何处理？

案例 12-22 孙某、刘某索要加班费案

孙某 2008 年 11 月进入上海 S 公司担任保安，负责公司安全

工作，同时S公司向劳动部门申请了不定时工时制，孙某每天值班超过10小时以上，入职后不久，孙某以每天工作超过8小时为由向企业提出支付加班费的请求。

刘某在K公司从事销售工作，由于公司近来频繁失窃，故K公司决定临时安排公司员工轮流夜间值班，以保证公司安全，K公司以正常的小时工资支付值班津贴。刘某提出公司安排夜间值班属于加班，应当按照加班标准支付待遇。

讨论题

1. 什么是不定时工时制?
2. 上述两个案例应如何处理?

为保障劳动者的休息权，我国法律法规对工作时间和加班都有着严格的规定。

一、标准工时制每日加班不能超过3小时

根据国务院《关于职工工作时间的规定》，标准工时制是我国普遍适用的一项职工工作时间制度，即每日工作8小时，每周工作40小时。无论是国家机关、社会团体还是企事业单位、其他组织，都应该适用这种工时制。

任何单位和个人不得擅自延长职工工作时间，更不能强迫劳动者加班。《劳动合同法》第31条规定:“用人单位应当严格执行劳动定额标准，不得强迫或者变相强迫劳动者加班。”此外，《劳动法》第41条规定:“用人单位由于生产经营需要，经与工会和劳动者协商后可以延长工作时间，一般每日不得超过1小时。因特殊原因需要延长工作时间的，在保障劳动者身体健康的条件下延长工作时间每日不得超过3小时，但是每月不得超过36小时。”《劳动法》第38条同时规定:“用人单位应当保证劳动者每周至少休息1日。”

在一些企业，“计件工资制”常常成了超时加班的借口，一些企业经营者常常以计件制是“多劳多得”为由，要求职工超时工作，还

否认存在加班和超时加班。对此,无论是劳动者还是用人单位都应该明白,计件工资制只是一种工资计算方式,但在工作时间上仍须遵守法律规定。

二、综合计时制也有加班限制

根据规定,因工作性质特殊或受季节和自然条件限制的企业可以申请实行综合计算工时制,在一个审批的周期内可以根据生产经营需要安排工作时间的工时制。因为实行综合计时制的企业可采用集中工作、集中休息、轮休调休的方式灵活安排生产任务。

现实中,一些企业就将综合计时制当成了安排职工加班却不支付加班费的挡箭牌。实际上,按照规定,综合计时制的平均日工作时间和平均周工作时间应与法定标准工作时间基本相同。原劳动部《关于职工工作时间有关问题的复函》中规定:“依据劳动部《关于企业实行不定时工作制和综合计算工时工作制的审批办法》第 5 条的规定,综合计算工时工作制采用的是以周、月、季、年等为周期综合计算工作时间,但其平均日工作时间和平均周工作时间应与法定标准工作时间基本相同。也就是说,在综合计算周期内,某一具体日(或周)的实际工作时间可以超过 8 小时(或 40 小时),但综合计算周期内的总实际工作时间不应超过总法定标准工作时间,超过部分应视为延长工作时间并按《劳动法》第 44 条第 1 款的规定支付工资报酬,其中法定休假日安排劳动者工作的,按《劳动法》第 44 条第 3 款的规定支付工资报酬。而且,延长工作时间的小时数平均每月不得超过 36 小时。”

由此可知,单位安排综合计算工时制员工在法定节假日上班的,应该支付不低于工资的 300%的工资报酬。在一个周期内综合计算工作时间,超过法定标准的工作时间部分,应按照不低于工资 150%的标准向劳动者支付加班费。而平均每月不得超过 36 小时则是综合计时制安排加班的上限。

三、不定时工作制节假日上班属加班

不定时工作制是指对于职责范围不能受固定工作时数限制的劳动者实行的工作时间制度。按劳部发[1994]503 号文件规定，可以实行不定时工作制的职工主要有以下三种：(1)企业中的高级管理人员、外勤人员、推销人员、部分值班人员和其他因工作无法按标准工作时间衡量的职工；(2)企业中的长途运输人员、出租汽车司机和铁路、港口、仓库的部分装卸人员以及因工作性质特殊，需机动作业的职工；(3)其他因生产特点、工作特殊需要或职责范围的关系适合实行不定时工作制的职工。

经批准实行不定时工作制的职工，不受日延长工作时间标准和月延长工作时间标准的限制，但用人单位应采用弹性工作时间等适当的工作和休息方式，确保职工的休息休假权利和生产、工作任务的完成。而对于安排实行不定时工作制的职工在法定节假日工作的，用人单位应依法支付不低于工资的 300％的加班工资。

四、案例分析

【案例 12-20】延长工作时间是指劳动者的工作时数超过法律规定的标准时间，包括加班和加点两种。加班是指员工根据用人单位的要求，在法定节假日或公休假日从事生产或工作；加点是指员工根据用人单位的要求，在标准工作日规定的工作时间以外继续从事生产或工作。《劳动法》将加班加点的工资报酬计发比例作了三种不同层次的规定：其一，用人单位安排劳动者延长工作时间的，应当向劳动者支付不低于工资的 150％的工资报酬；其二，用人单位在休息日安排劳动者工作又不能安排补休的，应当向劳动者支付不低于工资的 200％的工资报酬；其三，用人单位在法定休假日安排劳动者工作的，应当向劳动者支付不低于工资的 300％的工资报酬。

本案中，要解决公司是否应该补发王某加班工资的问题，首先应当明确加班津贴是否可以替代加班工资。加班津贴是用人单位给本企业员工设定的一项福利制度，法律对加班津贴并没有强制要求，用人单位可以根据经营特点及企业需要决定是否设定和执行加班津贴制度。加班工资与之不同，是法律给用人单位设定的一项法定义务，劳动者超过工作时间工作，用人单位应当根据实际发生的加班加点时间不同按照相应的比例计发加班工资。由此可见，用人单位支付了加班津贴不必然免除支付加班工资的法定义务。但是在法律实践中，很多用人单位设定加班津贴的目的是对加班工作人员超时工作进行补偿，与法律对加班工资规定的立法目的相同，基于公平原则，加班津贴可以部分抵消加班工资。但加班津贴应当实行“多不退少要补”的原则，当实际加班工资高于加班津贴时，用人单位应当按照实际加班工资金额支付；当实际加班工资低于加班津贴标准时，用人单位可以按照企业内部规定的加班津贴标准支付。

【案例 12-21】综合计算工时制，也称为综合计算工时工作制，它是以标准工作时间为基础，以一定的期限为周期，综合计算工作时间的工时制度。其工作时间周期可以按照周、月、季、年四种方式计算，但其平均日工作时间和平均周工作时间应与法定标准工作时间基本相同。一般情况下，适用综合工时制的范围主要有三类：一是因工作性质特殊，需连续作业的职工，例如交通、铁路、邮电、水运、航空、渔业等行业；二是受季节和自然条件限制的行业的部分职工，例如地质及资源勘探、建筑、制盐、制糖、旅游等行业；三是其他适合实行综合计算工时工作制的职工。

同时，综合计算工时制需要经过严格的审批程序后方能实行。实行以周、月、季为平均综合计算工时工作制的，企业应当向企业工商登记注册地的区县劳动部门提出申请；实行以年为周期综合计算工时工作制的，企业应当向市劳动部门提出申请；如果是中央直属企业则要经其主管部门审核后，报中央劳动部门批准，同时报市劳动部门备案。当然，实行综合工时制的企业应注意让员工劳逸结合，保障劳动者身体健康，过长时间工作还应取得工会和劳动者的同意。

本案中，B 企业属于可以实行综合计算工时制的行业范围，但由于其并没有向劳动部门提出申请并获得批准,故并不能当然地实行综合计算工时制。

企业应当按照实际申请的周期综合计算工时,相对而言,周期越长,企业工作时间安排也相对越灵活;同时企业应设计相应的工资制度与综合计算工时制相匹配,为了方便计算,可以按照小时工资计薪;在工作淡季或业务量较低的情况下,可以将工时适当后延,安排员工休息,待业务高峰时期集中安排工作。

【案例 12-22】不定时工时制,是指因工作性质和工作职责的限制,劳动者的工作时间不能受固定时数限制的工时制度。不定时工时制是一种较为灵活的工时制度,不受最高时数的限制,因此可以有效降低企业的加班成本,但其适用范围同样也受到严格限制,只有在符合法定情形并且经过劳动部门审批后方能实行,主要包括:一是因工作无法按标准工作时间衡量的职工,如企业中的高级管理人员、外勤人员、推销人员、部分值班人员;二是因工作性质特殊,需机动作业的职工,如企业中的长途运输人员、出租汽车司机和铁路、港口、仓库的部分装卸人员;三是其他因生产特点、工作特殊需要或职责范围的关系适合实行不定时工作制的职工。

第一个案例,由于孙某担任保安工作并且企业已经为孙某申请了不定时工时制,因此,S 公司可以不再向孙某支付加班费。第二个案例与第一个案例的情况应当加以区分,刘某从事的是销售工作,虽不属于不定时工时制,但轮流值夜班是企业为了维护安全而临时安排的,且与刘某本职工作并无关联,根据相关规定,因单位安全、消防、假日等需要担任单位临时安排或制度安排的与劳动者本职工作无关的值班,因此刘某也不能视为加班。

相关法规链接

《中华人民共和国劳动合同法》

第 30 条 用人单位应当按照劳动合同约定和国家规定,向劳动者及时足额支付劳动报酬。

用人单位拖欠或者未足额支付劳动报酬的，劳动者可以依法向当地人民法院申请支付令，人民法院应当依法发出支付令。

第 31 条　用人单位应当严格执行劳动定额标准，不得强迫或者变相强迫劳动者加班。用人单位安排加班的，应当按照国家有关规定向劳动者支付加班费。

思考题

1. 劳动合同的履行主要内容是什么？

2. 简述劳动合同、劳务合同的区别和联系。

3. 什么是延长工时？我国是如何对延长工时进行限制的？

4. 什么是最低工资标准？确定和调整最低工资标准的依据是什么？

第十三章　社会保险法

社会保障的核心内容就是社会保险。社会保险作为社会保障的一种形式，其最大的特点在于它的保障形式——保险。保险是一种“投入—产出”型的保障形式，必须要投保、缴费才能够享受待遇。这是社会保险与其他几种保障形式最大的不同。但是应当看到的是这种保障形式覆盖面最广，同时也对国家财力要求较低。比较适合目前我国的形势和条件。总的来说，我国的社会保险分为基本养老保险、基本医疗保险、失业保险、工伤保险和生育保险，分别对应退休后的生活、疾病医疗、失业、因工负伤以及生育期间的待遇保障。以上五种保险形式中，最为重要的是基本养老保险和基本医疗保险。

我国的社会保险制度坚持广覆盖、保基本、多层次、可持续的方针，坚持社会保险水平应当与经济社会发展水平相适应。所谓“广覆盖”，是指社会保险的覆盖面要尽量覆盖大多数人群；“保基本”，是指按照我国目前的经济社会发展水平，社会保险的待遇水平主要保证参保人员的基本生活水平，而不是较高的生活水平。

本章在介绍以上保险的内容时，结合上海的实施情况一起介绍。

第一节　社会保险概论

案例 13-1　张某索要社保金案

1999 年，张某进入杭州市某餐饮连锁企业总公司工作，劳动合同一年一签。几个月后，张某因工作需要被总公司派往其下属在上海的某连锁店工作。这一做就到了 2008 年初。在 2005 年时，连锁店升级成分公司，但张某的劳动合同仍与总公司签订。

眼看公司效益渐佳，可张某并未因此而受益。原来，不管是总公司还是分公司，都一直未为张某缴纳社会保险金。2006 年，张某为此和总公司大吵一架后，总公司终于同意为其从 2006 年开始缴纳社保金，但之前未缴纳的概不负责。理由是张某一直在上海工作，工资由分公司（之前是连锁店）发放，所以张某应向发工资的单位主张补缴。但分公司认为，张某一直和总公司签合同，应向总公司主张补缴。像只皮球一样被踢来踢去的张某忍无可忍，只好去打官司。

讨论题

1. 张某主张补缴 2006 年前的社保金是否可行？是应向总公司还是分公司主张呢？

2. 如果张某可以主张补缴，那应该是按照杭州的标准还是上海的标准呢？

案例 13-2　某公司要求员工返还社保金案

2006 年 8 月，王某受聘于一家工艺品公司，任产品设计总监一职。双方签订的劳动合同第 5 条第 1 款约定："为保证劳动合同的履行，经双方协商一致，甲方（某工艺品公司）先行一次性支付乙方 17 万余元作为乙方（王某）的社保基金。乙方每年年初从该基金中提取相应的金额作为社保金，办理后乙方应将社保缴纳的凭证交给公司的财务以留档备案。"

工艺品公司按照合同约定履行了付款义务，至于王某参加社会保险的方式，双方口头协定由王某个人以自由职业者的身份参保并缴费。但事实上，自 2006 年 8 月至今，王某并未缴纳过任何社会保险费。

2008 年 11 月，工艺品公司向惠山区劳动争议仲裁委员会申请劳动仲裁，要求王某返还公司支付的社保基金16万余元。劳动争议仲裁委员会裁决王某应返还社保基金，但王某不服裁决，于2009年2月诉至法院。

讨论题

1. 用人单位和劳动者私下协定，公司将社保折合成现金的形式支付给劳动者，劳动者再以自由职业者身份参保。这一做法是否违规？

2. 双方因此产生的劳动纠纷是否受法律保护？

一、我国社会保险的主要内容

目前，我国《劳动法》规定应当建立的社会保险种类包括基本养老保险、基本医疗保险、失业保险、工伤保险和生育保险。社会保险的特点在于用人单位和劳动者必须依法参加社会保险，缴纳各种社会保险费，才能根据有关规定享受社会保险待遇，待遇的多少与缴费的数额密切相关。社会保险是社会保障的核心。

二、上海社会保险的类型和主要内容

1. 原来的类型

(1) 城镇保险，包括基本养老保险、基本医疗保险、失业保险、工伤保险和生育保险。

(2) 小城镇保险，包括基本养老保险、基本医疗保险、失业保险、工伤保险和生育保险。

(3) 外来从业人员综合保险，包括工伤保险、基本医疗保险、基本养老保险。

2. 上海城镇保险的主要内容

按上海城镇保险的规定，用人单位缴纳社会保险有哪些项目和比例？劳动者缴纳社会保险有哪些项目和比例？

用人单位缴纳基本养老保险20%，基本医疗保险9.5%，失业保险0.5%，工伤保险0.2%—1.9%，生育保险1%；劳动者缴纳基本养老保险8%，基本医疗保险2%，失业保险0.5%。2017年城镇社会保险缴费基数单位职工个人缴费基数上限为19 512元，下限为3 902元。

3. 上海社会保险的新规定

从2011年7月1日起，本市将外来从业人员和郊区用人单位从业人员纳入城镇职工社会保险范围。原来"综保"个人不缴纳社会保险费，但现在凡与本市用人单位建立劳动关系的外来从业人员，应当参加本市城镇职工养老、医疗、工伤、生育、失业等社会保险。其中，非城镇户籍人员目前按规定参加养老、医疗、工伤三项社会保险。为实现平稳过渡，本市对非城镇户籍的外来从业人员缴纳"三险"设定了五年过渡期。此外，从"镇保"转到"城保"也设定了三年过渡期。

三、案例分析

【案例13-1】首先，这家企业的做法不仅不道德，更是违法的。因为分公司虽然也可以经营和用工，但是作为总公司的分支机构，没有独立的财产，总公司应当对分公司的行为承担最终责任。因此，总公司与分公司之间的相互推诿是没有法律依据的。

其次，社保金的缴纳可以与劳动合同的订立相分离。也就是说，即便张某与总公司签订劳动合同，但是通过分公司或者专业代理机构缴纳社保金也符合法律规定。因此在本案中，总公司或者分公司为张某缴纳社保金都是可行的。但是由于缴纳的地点不同，会造成相关的标准和享受的待遇不同。所以，从法律上首选的是由签订劳动合同的总公司缴纳。而在什么地方缴纳就应当按照当地标准执行。

最后，作为劳动者的张某，也完全不必因为公司的推诿而慌乱。因为无论是在总公司工作还是分公司工作，都依法享有获得社会保障的权利。而社会保险的欠缴可以通过两种方式寻求救济：仲裁、诉讼的司法救济和投诉劳动监察的行政救济。比较好的方式是行政救济，张某可向劳动监察部门举报和投诉。

【案例 13-2】在社会保险费的征缴关系中，社会保险费的征缴方式不得随意作出约定。本案中，用人单位和劳动者双方私下协定将社保折合成现金的形式支付给劳动者，劳动者再以自由职业者身份参保就是一种典型的违规行为，该行为具有隐蔽性，不少劳动者以为只是将社保费变现，自己并没有吃亏，殊不知在无形之中其合法权益已经受到了侵害。从长远来看，用人单位这种行为其实还是少为员工缴纳了社会保险费，规避了用人单位缴纳社保的强制性义务。同时，劳动者以自由职业者身份参保并不能认定为权益的放弃，劳动者在将相关费用依法返还之后，仍然可以通过法律途径要求单位为其缴纳相应的社保基金。

无锡市惠山区人民法院受理此案后，确认双方劳动合同第 5 条第 1 款的约定因违反强制性法律法规无效，王某应返还工艺品公司社保基金 16 万余元。王某不服一审判决，又向市中院提起上诉。市中院作出终审判决，驳回王某的上诉，维持原判。

第二节 基本养老保险

案例 13-3 曹女士索要养老保险补偿金案

2009 年 11 月 30 日，北京华奈制衣有限公司职工曹女士向平谷区劳动争议仲裁委员会申请仲裁，要求其所在的制衣公司支付养老保险补偿金 1.3 万元。曹女士说，她于 1999 年 5 月至 2008 年 3 月 8 日在该制衣公司工作。在此期间，制衣公司没有给她缴纳过养老保险费。2009 年 1 月 28 日，仲裁委员会作出裁决，要求制衣公司向曹女士支付养老保险补偿金 12 848 余元。制衣公司不服仲裁裁决，将曹女士起诉到了法院。虽然制衣公司称，养老保险已经以工龄补贴形式，每月随工资直接支付给曹女士，但却没有提出有力的证据予以证明。

讨论题

制衣公司称,养老保险已经以工龄补贴形式,每月随工资直接支付给曹女士能否成立?

案例13-4 员工追讨养老保险案

言某、陈某、黄某等6人系某大学后勤保障部门员工,各人均在某大学下属的后勤保障部门工作十年以上,但单位却未依法为他们缴纳费用办理养老保险,并且在《劳动合同法》颁布之后,拒绝依法与他们签订无固定期限的劳动合同。经多次协商未果,言某、陈某、黄某等6人依法向劳动争议仲裁委员会申请劳动仲裁。

讨论题

本案劳动争议仲裁委员会应如何裁定?

一、基本养老保险的概念和特点

1. 养老保险的概念

养老保险是指国家通过立法强制征收养老保险费,建立养老保险基金,在劳动者到达法定退休年龄并退出工作岗位后,由该基金向其发放养老金,从而保证其晚年基本生活的一种制度。养老保险在整个社会保险中处于最重要的地位,也是实施最为广泛的一种社会保险制度。

2. 养老保险的特点

(1) 普遍性。由于养老保险的待遇支付对象是达到法定退休年龄而退出工作岗位的人,而这一阶段是几乎每一个劳动者都要经历的。因此,养老保险的覆盖面非常广,具有普遍性。

(2) 储蓄性。养老保险的待遇水平和劳动者缴纳的保费额直接相关,而且采取按月交费,按月享受的方式,因此具有储蓄性。

(3) 可预见性。由于养老保险的待遇水平由法律法规明文规定,因此劳动者可以根据自己的缴费情况预计出自己将来的待遇水平，具有可预见性。

二、养老保险的结构

养老保险的结构分为三个层次：国家基本养老保险、用人单位补充养老保险、劳动者个人储蓄性养老保险。

（1）国家基本养老保险是由国家统一建立并强制实施的，为全体劳动者平等地提供基本生活保障的一种养老保险制度。

（2）用人单位补充养老保险是用人单位及其职工在参加了法定基本养老保险，并完全履行了缴费义务的前提下，根据自己的经济负担能力，自主地为本单位劳动者建立的一种补充养老保险。用人单位补充养老保险的最典型方式就是企业年金制度。

（3）个人储蓄养老保险是劳动者根据个人收入情况，自愿以储蓄形式为自己建立的一种补充养老保险。

三、案例分析

【案例 13-3】法院审理后认为，曹女士与制衣公司之间形成了劳动关系，因此制衣公司应为曹女士缴纳养老保险。法律规定，“为劳动者缴纳社会保险费是用人单位的法定义务”。由于在曹女士工作期间，制衣公司没有为她缴纳养老保险费，因此法院判决制衣公司败诉，赔偿曹女士的养老保险损失 1 万余元。

【案例 13-4】养老保险是社会保障制度的重要组成部分，是国家、用人单位、劳动者三者共同解决劳动者在达到国家规定的解除劳动义务的劳动年龄界限，或因年老丧失劳动能力退出劳动岗位后的保障劳动者基本生活而建立的一种社会保险制度。用人单位为劳动者依法缴纳保险费用办理养老保险，是法律对用人单位设置的强制义务；如果补缴社保存在时效的话，那么就会形成以仲裁裁决免除企事业单位法定义务的现象，这显然与《社会保险费征缴暂行条例》第 12 条“社会保险费不得减免”的规定相悖。

根据法律规定，在劳动纠纷中，劳动者无法提供由用人单位掌握管理的与仲裁请求有关的证据，仲裁庭可以要求用人单位在指定期限内提供。用人单位在指定期限内不提供的，应当承担不利后果。因用人单位作出的开除、除名、辞退、解除劳动合同、减少劳动报酬、计算劳动者工作年限等决定而发生劳动争议，用人单位负举证责任。因此，在劳动者提供证据证明自己在何时进入用人单位工作之后，用人单位认为该情况不属实的，就应当依法提交与劳动者不存在劳动关系或者曾经解除过劳动关系的证据；如果用人单位无法提供，则应承担举证不能的后果。此外，用人单位提交上述证据时，应当提交完整的劳动者档案以及劳动者所在机构全部员工的工资表及相应的账本、报表等证据，而非抽取其中部分对自己有利的证据加以提交，如用人单位拒不提交完整的证据材料，属未完成举证，仍应承担举证不能的后果。

最终，劳动争议仲裁委员会裁定用人单位某大学为言某、陈某、黄某等6人依法补缴养老保险并与其签订无固定期限的劳动合同。

第三节　基本医疗保险

案例13-5　史某与某公司社保费争议案

2007年4月9日，史某与上海某公司签订了3个月的试用期同意书后到公司上班。5月24日，史某因肾结石入住医院，并作了手术治疗。就在史某住院这天，某公司为其办理了招工入职手续和社保缴费登记，并缴纳了当年4月至6月的社保费款。6月，史某出院结账，共支出了医疗费2万余元。因史某的医保账户是在单位缴费后6月份才开始启用，这之前史某支出的2万余元医疗费，究竟由谁承担？史某与某公司产生了纠纷。

讨论题

医保账户启用前，史先生支出的医疗费由谁承担？

一、基本医疗保险概述

基本医疗保险，是为补偿劳动者因疾病风险造成的经济损失而建立的一项社会保险制度。通过用人单位和个人缴费，建立医疗保险基金，参保人员患病就诊发生医疗费用后，由医疗保险经办机构给予一定的经济补偿，以避免或减轻劳动者因患病、治疗等所带来的经济风险。

我国目前建立了城镇职工基本医疗保险制度、新型农村合作医疗制度和城镇居民基本医疗保险制度。其中，城镇职工基本医疗保险由用人单位和职工按照国家规定共同缴纳基本医疗保险费，建立医疗保险基金，参保人员患病就诊发生医疗费用后，由医疗保险经办机构给予一定的经济补偿，以避免或减轻劳动者因患病、治疗等所带来的经济风险。新型农村合作医疗和城镇居民基本医疗保险实行个人缴费和政府补贴相结合，待遇标准按照国家规定执行。

二、案例分析

本案的判决是从审判实践层面对于用人单位与劳动者建立劳动关系后，针对劳动者医保账户尚未启用期间发生医疗费用由所在单位承担的操作规则，即用人单位在为劳动者办理社会保险缴费登记行为，即便符合相关规定的情况下，仍须承担劳动关系建立至医保账户启用这一时间段内，劳动者不能享受社会保险待遇而产生的医疗费损失。

2008 年 8 月，上海市第一中级人民法院作出终审判决，判决某公司须承担史某近 1 万 5 千元的医疗费用。

第四节　生 育 保 险

案例 13-6　生二胎产假待遇案

王女士准备生育二胎，但该生育违反国家计划。王女士向单位申请产假，单位是否应当批准？产假待遇如何计算？

讨论题

王女士向单位申请产假，单位是否应当批准？产假待遇如何计算？

案例 13-7 外来务工人员晚育待遇案

小张是外来务工人员，2007 年应聘到一家企业担任前台，双方签订了为期两年的劳动合同，合同期限自 2007 年 5 月 1 日至 2009 年 4 月 30 日。合同约定小张月工资为 1 000 元，岗位补贴为 500 元，另外还会根据绩效考核有一定的奖金。工作半年多后，小张于 2008 年初发现自己怀孕，工作至 2008 年 8 月开始休产假。在小张休产假期间，企业停止向其发放工资。

2008 年 11 月初，企业通知小张说她的产假即将到期，要求她按期返岗工作。小张按照单位通知的日期来到企业，她提出自己的产假并未到期，因自己生育时已年满 24 周岁，所以要求休 30 天的晚育假，并就企业未发放工资事宜进行询问。该企业答复说，按照企业规章制度的规定，企业女职工只允许休 90 日的产假，且在产假期间因未提供劳动，所以不发放工资，而只是保留劳动关系，待其休完产假后继续为企业工作，再开始计发工资。小张觉得企业的解释不合理，企业坚持女职工产假期间就是没有工资。双方不能达成一致，小张随即向劳动争议仲裁委员会申请仲裁，要求企业按照上海市相关规定，允许其休晚育假 1 个月，并补发产假期间工资。

讨论题

1. 小张可以休多久的产假？
2. 小张在产假期间待遇如何？
3. 该企业规章制度的相关规定是否有效？

案例 13-8 刘某未婚生子申请产假案

沂水县某公司职工小刘，与男友同居后一直未办理结婚登记手续，在未取得准生核准的情况下生育一子。生育后，单位告知小刘违反了计划生育政策，既不准休产假，也不能享受生育保险待遇。小刘觉得委屈，认为有病都可以请病假，何况是生孩子，自己也参加了生育保险，怎么就不能享受生育保险待遇呢？一气之下，小刘到当地劳动争议仲裁委员会提请仲裁。

讨论题

未婚同居生子享受产假能否享受生育保险？

一、生育保险概述

生育保险，是国家通过立法，在怀孕和分娩的妇女劳动者暂时中断劳动时，由国家和社会提供医疗服务、生育津贴和产假的一种社会保险制度，国家或社会对生育的职工给予必要的经济补偿和医疗保健的社会保险制度。我国生育保险待遇主要包括两项：一是生育津贴，二是生育医疗待遇。其宗旨在于通过向职业妇女提供生育津贴、医疗服务和产假，帮助他们恢复劳动能力，重返工作岗位。

根据《上海市城镇生育保险办法》的规定，城镇生育保险待遇项目包括：（一）生育生活津贴；（二）生育医疗费补贴。从业妇女的生育生活津贴由城镇生育保险基金支付，失业妇女的生育生活津贴由失业保险基金支付；生育妇女的生育医疗费补贴由城镇职工基本医疗保险基金支付。申领生育生活津贴、生育医疗费补贴的妇女必须同时具备下列条件：（一）具有本市城镇户籍；（二）参加本市城镇社会保险；（三）属于计划内生育；（四）在按规定设置产科、妇科的医疗机构生产或者流产（包括自然流产和人工流产）。

申请领取生育生活津贴、生育医疗费补贴时需提供下列材料：（一）人口和计划生育管理部门出具的属于计划内生育的证明；（二）本人的身份证；（三）医疗机构出具的生育医学证明。

申领人是失业妇女的除提供前款规定的材料外，还需提供经失业保险机构审核的《劳动手册》。

二、案例分析

【案例 13-6】我国《劳动法》第 62 条规定，女职工生育享受不少于 90 天的产假。产假针对的是将要生育的女职工，为保证其能够正常生育，而给予其休养的时间，满足的是生育人员生理上的需求。产假的概念本身并没有严格区分计划生育与非计划生育，在员工生育时，单位应当给予员工足够的休养时间，确保其顺利生育。

《上海市人口与计划生育条例》第 43 条规定，对违反本条例规定生育子女的公民，除征收社会抚养费外，分娩的住院费和医药费自理，不享受生育保险待遇和产假期间的工资待遇。由此可见，违反计划生育的公民，将无权享受生育保险待遇和产假工资待遇；换句话说，违反计划生育的员工所享受的是“无薪产假”。单位虽然应当为其放假，但无需支付报酬，类似于无薪事假的处理。当然，有的单位从人性化的角度出发，在规章制度设定时，将病假制度与产假制度衔接，规定员工违反计划生育的，可以用病假去抵充产假时间，在此期间，员工可享受病假工资待遇。

【案例 13-7】(1) 小张可以休多久的产假？根据《上海市女职工劳动保护办法》规定，女职工单胎顺产者给予产假 90 天；另根据《上海市人口与计划生育条例》规定，已婚女子生育第一个子女时，年满 24 周岁的，为晚育。晚育产妇，除享受国家规定的产假外，增加晚育假 30 天，晚育假期间产妇将享受产假同等待遇。小张在生育时已经超过 24 周岁，单胎顺产，因此她该休的产假应该是 90 天产假加 30 天晚育假，共计 120 天。

(2) 小张在产假期间待遇如何？根据《上海市女职工劳动保护办法》规定，女职工在产假期间的工资照发。当然，参加本市生育保险的女职工在休产假时，由生育保险基金支付“产假工资”，其标准是该年度本人缴纳社会保险费的基数，其所在单位不再支付产假工资。但本人上一年度月平均工资收入高于全市职工月平均工资的 300%、超过部分不计入缴费基数，生育保险基金不支付超过部分，高于全市职工月平均工资的 300%部分应由所在单位以生育生活津贴的形式支付。但外来务工人员的产假工资则由用人单位全额支付。因此，小张应享受的产假工资为 1 500 元/月，企业应补发其 3 个月的产假工资，并在其晚育假一个月里支付工资。

(3) 该企业规章制度的相关规定是否有效？企业的规章制度关于女职工产假和产假待遇有明确规定，小张也承认知悉该规章制度内容。但由于该规章制度违反了政府相关的政策法规，所以，该企业规章制度中关于女职工产假和产假待遇的规定无效。该企业应允许小张休 30 日的晚育假，并补发其产期工资。

劳动争议仲裁委员会审理过程中，小张提供了病历卡、住院单、病假条及银行工资卡发放记录等；企业提供了员工手册、工会证明等。本案经过劳动争议仲裁委员会调解，企业同意小张休 30 日晚育假，并补发其 3 个月共计 4 500 元的产假工资。

【案例 13-8】劳动争议仲裁委员会经审理认为，根据《劳动法》第 7 章规定，国家对女职工实行特殊劳动保护，女职工生育享受不少于 90 天的产假。《山东省企业职工生育保险规定》第 10 条规定："具备下列条件的职工，享受生育保险待遇：(一)符合国家计划生育政策或者实施计划生育手术；(二)所在单位按照规定参加生育保险并为该职工连续足额缴费 1 年以上。"《人口与计划生育法》规定："不符合本法规定生育子女的公民，应当依法缴纳社会抚养费，按照本法缴纳社会抚养费的人员，是国家工作人员的，应当依法给予行政处分，其他人员还应当由其所在单位或者组织给予纪律处分。"根据以上规定，小刘休产假的请求应当批准，但由于她在未办理结婚登记手续、未获取计划生育服务手册(准生核准)的情况下生育，不符合国家计划生育政策，因此不享受生育保险待遇。劳动争议仲裁委员会遂裁决，单位不给小刘上报生育保险待遇的决定符合生育保险政策规定，予以支持，但要允许小刘休产假，且产假不得少于 90 天。

第五节 失业保险

案例 13-9 某公司拒为已辞职员工办理失业登记案

董某在某食品公司工作已近 3 年。工作期间，该公司一直为其缴纳失业保险费。前不久,离劳动合同到期还有5个月,但由于身体原因,董某想辞职,于是按程序向公司提出申请,公司经研究决定批准其辞职。辞职后,董某要求公司为其办理失业登记,享受失业保险待遇,但公司告知他没有资格享受失业保险待遇。他带着疑问到当地劳动保障部门进行咨询。

讨论题

劳动者在何种情况下可享受失业保险待遇?

案例13-10 刘某索赔失业保险金案

刘某于2004年5月20日到山东省某工程公司工作,双方最后一次签订的劳动合同期限为2008年1月1日至2008年12月31日。2008年10月至12月,刘某闲置在家,没有到公司和项目工地上班,工程公司即以此为由未发放其这期间的工资。刘某在劳动合同终止前12个月的平均工资为3 900元。2008年12月31日,工程公司终止了与刘某的劳动合同,并支付了刘某一个月工资的经济补偿。由于工程公司没有按照国家规定为刘某缴纳社会保险费,致使刘某终止劳动合同后,无法领取失业保险金,为此,刘某诉至济南市劳动争议仲裁委员会,要求工程公司承担未缴纳社会保险费的法律责任,赔偿其失业保险金损失,同时支付其2008年10月至12月的工资。仲裁委作出裁决后,刘某不服,诉至济南市市中区法院。

讨论题

1. 失业金找谁要?
2. 刘某的失业金损失由谁承担?

一、失业保险概述

失业保险,是指国家通过立法强制实行的,由社会集中建立基金,对因失业而暂时中断生活来源的劳动者提供物质帮助的制度。它是社会保障体系的重要组成部分,是社会保险的主要项目之一。

失业人员同时具备以下条件,即可享受失业保险待遇:(1)按规定参加失业保险，所在单位和个人已按规定履行缴费义务满1年的；(2)非因本人意愿中断就业的；(3)已办理失业登记，并有求职要求的。

其中，非因本人意愿中断就业的情形主要包括：(1)终止劳动合同的；(2)被用人单位解除劳动合同的；(3)被用人单位开除、除名和辞退的；(4)因用人单位以暴力、威胁或者非法限制人身自由的手段强迫劳动，与用人单位解除劳动合同的；(5)因用人单位未按照劳动合同约定支付劳动报酬或者提供劳动条件，与用人单位解除劳动合同的；(6)法律法规另有规定的。

二、案例分析

【案例13-9】我国《失业保险条例》第14条规定："具备以下条件的失业人员，即可享受失业保险待遇：(1)按规定参加失业保险，所在单位和个人已按规定履行缴费义务满1年的；(2)非因本人意愿中断就业的；(3)已办理失业登记，并有求职要求的。"我国原劳动和社会保障部《失业保险金申领发放办法》第4条规定："'非因本人意愿中断就业的'是指下列人员：(1)终止劳动合同的；(2)被用人单位解除劳动合同的；(3)被用人单位开除、除名和辞退的；(4)根据《中华人民共和国劳动法》第32条第2、3项与用人单位解除劳动合同的(即因用人单位以暴力、威胁或者非法限制人身自由的手段强迫劳动的，因用人单位未按照劳动合同约定支付劳动报酬或者提供劳动条件的)；(5)法律法规另有规定的。"由此可见，虽然董某所在单位为其参加失业保险并为其缴费满一定年限，但是董某合同未到期，因个人原因辞职，属因本人意愿中断就业，因此不享受失业保险待遇。

【案例13-10】法院查明，自2008年1月1日起，济南市最低工资标准为760元/月；2008年济南市失业保险金为380元/月。

法院认为，关于刘某主张的失业保险金损失，根据劳动法的相关规定，用人单位应当按时足额为职工缴纳失业保险费，因工程公司未为刘某缴纳失业保险费，导致刘某不能领取失业保险金，工程公司应承担赔偿责任。《失业保险条例》第 17 条规定，失业人员失业前所在单位和本人按照规定累计缴费时间满 1 年不足 5 年的，领取失业保险金的期限最长为 12 个月。根据上述规定，工程公司应赔偿刘某 12 个月的失业保险金损失。对于刘某主张的 2008 年 10 月至 2008 年 12 月的工资 11 700 元，因这期间刘某未到岗上班，工程公司未予发放工资并无不当，但是在双方劳动关系存续期间，工程公司应依据国家相关规定，按济南市最低工资标准的 70％为其发放生活费。

综上，依照《劳动合同法》第 47 条、第 97 条，《失业保险条例》第 17 条等规定，法院判决，工程公司于本判决生效之日起 10 日内赔偿刘某失业保险金损失 4 560 元（380 元/月×12 个月）；支付刘某 2008 年 10 月至 12 月的生活费 1 596 元。

第六节 工 伤 保 险

案例 13-11 王某工伤索赔案

王某于 2004 年 8 月到某造纸厂车间干操作工。2008 年 12 月 20 日，在工作中由于违章操作，右手手指被严重损伤，后被送往当地医院治疗，医药费 2 万余元由王某自己垫付。2009 年 2 月，王某回到公司后要求报销医药费及支付工伤待遇，公司以“王某系违反操作规程，且给公司造成了一定的经济损失”为由，不但不给予任何赔偿，还根据公司制度予以处罚。王某不服，遂向当地劳动争议仲裁委员会提起申诉，要求公司报销医药费并支付相应的工伤待遇。

讨论题

1. 劳动者违章操作能否认定为工伤？
2. 工伤认定采取无过错补偿原则的理由是什么？

案例 13-12 工伤争议案

王某是 A 市某公司的仓库保管员，1991 年被确诊患有精神分裂症。此后，王某曾三次住院治疗，1998 年企图自杀被人发现后获救。2004 年 9 月，王某又因病发去医院就诊，医院为其出具了 7 天的病假证明。病假结束后，王某回单位正常上班。10 月，王某被发现死于其工作场所仓库内。经公安部门鉴定，王某是服用该公司保存在仓库中的杀虫剂死亡的，而该杀虫剂含有甲胺磷成分。

A 市劳保局作出了工伤认定书，认定王某为因工死亡。该公司不服，提起行政复议，省劳动和社会保障厅作出维持工伤认定结论的决定。该公司仍然不服，提起了行政诉讼，将 A 市劳保局告上了法院。

该公司称，王某是自杀身亡，对此公安机关已经得出结论。并且，王某死亡当天及之前工作生活一切正常，不存在无意识服食农药或者误食农药的情况，因此被告认定王某因工死亡缺乏事实依据。

A 市劳保局辩称，根据公安机关的鉴定结论，可以证实王某死于工作时间和工作场所内；王某确实有精神病史，并且在事发前不久又因病发到医院就诊，医生还出具了病假证明。因此，王某在工作时间喝杀虫剂的行为当属精神病发作期间的无意识行为。并且该公司也没有按照国家有关规定妥善保管甲胺磷，因此对王某的死亡应承担相应的责任。所以，他们作出的工伤认定书是完全正确的。

讨论题

王某的自杀行为属工伤吗？请说出你的依据。

案例 13-13　费某工伤争议案

费某是某公司员工，男，33 岁。按公司排班，费某上的是夜班，每晚 9 时为上班时间。费某住处到公司上班地点，骑摩托车一般在 20 分钟左右。2007 年 8 月 12 日晚 7 时 30 分左右，费某提前 1 个半小时驾驶摩托车到公司上班，途中为躲避一行人受伤，被送至市医院住院治疗，诊断结论为右膝韧带断裂，2007 年 10 月 4 日出院。费某向市劳动局申请工伤认定，后劳动局认定费某负伤为工伤，而单位则根据费某上班时间认为劳动局认定工伤不当。

讨论题

1. 职工在上下班途中，受到机动车事故伤害的能否认定为工伤？
2. 提前上班途中受伤能否算工伤？

案例 13-14　朱某过劳死案

2009 年 4 月，深圳媒体报道了一起“过劳死”个案，引起社会广泛关注。死者朱某为某数码公司一名中层干部，在某数码深圳公司工作 6 年。2009 年 3 月 25 日上午 8 时，朱某妻子发现其长睡不起；8 时 20 分，医院急救车到达，但抢救无效。事后经法医鉴定为“猝死”。年仅 30 多岁的朱某突然离世，留下了妻子以及 3 岁多的女儿，还有尚未偿还的银行房屋贷款。有该公司员工反映，某数码公司一直存在着严重的加班现象，朱某之死可能与长期加班有关。于是，社会舆论普遍把朱某之死与此前的胡某、郑某个案联系在一起，对企业的“床垫文化”进行反思，希望国家能及早立法将“过劳死”纳入“工伤”范畴。

讨论题

1. 什么是“过劳死”？
2. “过劳死”算工伤吗？

一、工伤认定

新颁布的《中华人民共和国工伤保险条例》第 14 条规定，职工有下列情形之一的，应当认定为工伤：

（1）在工作时间和工作场所内，因工作原因受到事故伤害的；

（2）工作时间前后在工作场所内，从事与工作有关的预备性或者收尾性工作受到事故伤害的；

（3）在工作时间和工作场所内，因履行工作职责受到暴力等意外伤害的；

（4）患职业病的；

（5）因工外出期间，由于工作原因受到伤害或者发生事故下落不明的；

（6）在上下班途中，受到非本人主要责任的交通事故或者城市轨道交通、客运轮渡、火车事故伤害的；

（7）法律、行政法规规定应当认定为工伤的其他情形。

第15条　职工有下列情形之一的，视同工伤：

（1）在工作时间和工作岗位，突发疾病死亡或者在48小时之内经抢救无效死亡的；

（2）在抢险救灾等维护国家利益、公共利益活动中受到伤害的；

（3）职工原在军队服役，因战、因公负伤致残，已取得革命伤残军人证，到用人单位后旧伤复发的。

职工有前款第（1）项、第（2）项情形的，按照本条例的有关规定享受工伤保险待遇；职工有前款第（3）项情形的，按照本条例的有关规定享受除一次性伤残补助金以外的工伤保险待遇。

第16条　职工符合本条例第14条、第15条的规定，但是有下列情形之一的，不得认定为工伤或者视同工伤：

（1）故意犯罪的；

（2）醉酒或者吸毒的；

（3）自残或者自杀的。

二、劳动能力鉴定

工伤保险制度中，除了工伤的认定外，还有一个重要的内容——劳动能力鉴定。劳动能力鉴定，是指在职工发生工伤，经治疗伤情相对稳定后，仍存在残疾、影响劳动能力的，对其劳动能力障碍程度和生活自理障碍程度的等级鉴定。

劳动能力障碍分为10个伤残等级，最重的为1级，最轻的为10级。1～4级属于完全丧失劳动能力；5～6级属于大部分丧失劳动能力；7～10级属于部分丧失劳动能力。

生活自理障碍分为3个等级：生活完全不能自理、生活大部分不能自理、生活部分不能自理。

三、上海市工伤保险待遇的新标准

1. 致残一至四级待遇

工伤人员因工致残被鉴定为一级至四级伤残的，保留劳动关系，退出工作岗位，享受以下待遇：

(1) 从工伤保险基金支付一次性伤残补助金。一级伤残的，为27个月的工伤人员本人工资；二级伤残的，为25个月；三级伤残的，为23个月；四级伤残的，为21个月。

(2) 从工伤保险基金按月支付伤残津贴。一级伤残的，为工伤人员本人工资的90%；二级伤残的，为85%；三级伤残的，为80%；四级伤残的，为75%。

(3) 工伤人员到达法定退休年龄并办理按月领取养老金手续后，停发伤残津贴，享受基本养老保险待遇。基本养老保险待遇低于伤残津贴的，由工伤保险基金补足差额。工伤人员到达法定退休年龄又不符合按月领取养老金条件的，由工伤保险基金继续支付伤残津贴。

(4) 参加本市基本医疗保险的用人单位和工伤人员以伤残津贴为基数，按月缴纳基本医疗保险费，享受基本医疗保险待遇。工伤人员到达法定退休年龄后，继续享受基本医疗保险待遇。工伤人员到达法定退休年龄，但不符合继续享受基本医疗保险待遇条件的，用人单位和工伤人员以伤残津贴为基数，按照基本医疗保险规定一次性缴纳基本医疗保险费至符合条件后，继续享受基本医疗保险待遇。

2. 致残五至六级待遇

工伤人员因工致残被鉴定为五级、六级伤残的，享受以下待遇：

(1) 从工伤保险基金支付一次性伤残补助金。五级伤残的，为18个月的工伤人员本人工资；六级伤残的，为16个月。

(2) 保留与用人单位劳动关系，由用人单位安排适当工作。难以安排工作的，由用人单位按月发给伤残津贴。五级伤残的，为工伤人员本人工资的70%；六级伤残的，为60%。并由用人单位和工伤人员继续按照规定缴纳各项社会保险费。伤残津贴实际金额低于本市职工最低月工资标准的，由用人单位补足差额。

经工伤人员本人提出，该工伤人员可以与用人单位解除或者终止劳动关系，由工伤保险基金支付一次性工伤医疗补助金，由用人单位支付一次性伤残就业补助金。五级伤残的，分别为18个月的上年度全市职工月平均工资；六级伤残的，分别为15个月。

经工伤人员本人提出与用人单位解除劳动关系，且解除劳动关系时距法定退休年龄不足5年的，不足年限每减少1年，一次性工伤医疗补助金和一次性伤残就业补助金递减20%，但属于《中华人民共和国劳动合同法》第38条规定的情形除外。

因工伤人员退休或者死亡使劳动关系终止的，不享受《上海市工伤保险实施办法》第40条第2款规定的待遇。

3. 致残七至十级待遇

工伤人员因工致残被鉴定为七级至十级伤残的，享受以下待遇：

(1) 从工伤保险基金支付一次性伤残补助金。七级伤残的，为13个月的工伤人员本人工资；八级伤残的，为11个月；九级伤残的，为9个月；十级伤残的，为7个月。

(2) 劳动合同期满终止，或者工伤人员本人提出解除劳动合同的，由工伤保险基金支付一次性工伤医疗补助金，由用人单位支付一次性伤残就业补助金。七级伤残的，分别为12个月的上年度全市职工月平均工资；八级伤残的，分别为9个月；九级伤残的，分别为6个月；十级伤残的，分别为3个月。

经工伤人员本人提出与用人单位解除劳动关系，且解除劳动关系时距法定退休年龄不足5年的，不足年限每减少1年，一次性工伤医疗补助金和一次性伤残就业补助金递减20%，但属于《中华人民共和国劳动合同法》第38条规定的情形除外。

因工伤人员退休或者死亡使劳动关系终止的，不享受《上海市工伤保险实施办法》第39条第1款第2项规定的待遇。

4. 非全日制从业人员的规定

招用非全日制从业人员的用人单位应当按照《上海市工伤保险实施办法》规定的缴费基数和费率，为其缴纳工伤保险费。

非全日制从业人员因工作遭受事故伤害或者患职业病后，与用人单位的劳动关系按照《中华人民共和国劳动合同法》、《上海市劳动合同条例》的规定执行，享受下列工伤保险待遇：

（1）按照本办法规定由工伤保险基金支付的工伤保险待遇；

（2）由承担工伤保险责任的用人单位参照《上海市工伤保险实施办法》规定支付停工留薪期待遇，且不得低于全市职工月最低工资标准；

（3）致残一级至四级的，由承担工伤保险责任的用人单位和工伤人员以享受的伤残津贴为基数，一次性缴纳基本医疗保险费至工伤人员到达法定退休年龄，享受基本医疗保险待遇；

（4）致残五级至十级的，由承担工伤保险责任的用人单位按照本办法规定的标准支付一次性伤残就业补助金。

5. 协保人员的工伤待遇

用人单位使用经就业登记的协保人员的，协保人员的工资收入不计入用人单位工伤保险缴费基数。

协保人员发生工伤的，可以按照《上海市工伤保险实施办法》规定享受工伤保险待遇，社保经办机构按照规定核定用人单位下一年度的浮动费率。

6. 非正规就业劳动组织从业人员的规定

非正规就业劳动组织参照《上海市工伤保险实施办法》规定的缴费基数和费率缴纳工伤保险费后，其按照规定在市或者区、县人力资源社会保障局进行登记的从业人员发生工伤的，可以享受本办法规定由工伤保险基金支付的工伤保险待遇。

7. 非城镇户籍外来从业人员的特别规定

因工致残一级至四级的非城镇户籍外来从业人员，可以按照《上海市工伤保险实施办法》规定的待遇项目标准和支付方式，享受工伤保险待遇，也可以选择按一次性领取的方式享受。选择一次性领取工伤保险待遇的，由工伤人员在首次申领待遇时向社保经办机构提出，并以协议方式确认。一经确认，不再变更，其工伤保险关系终止，并与用人单位的劳动关系解除或者终止。

因工致残一级至四级的非城镇户籍外来从业人员选择按一次性领取的方式享受工伤保险待遇的，其工伤复发医疗费以及经鉴定委员会鉴定可以享受的一次性伤残补助金、伤残津贴、生活护理费和经确认配置辅助器具费等，由工伤保险基金一次性支付，支付标准由市人力资源社会保障局另行拟订，报市人民政府批准后执行。

8. 生活自理障碍的等级和护理费的确定标准

依据工伤职工进食、翻身、大小便、穿衣及洗漱、自我移动等五项条件进行划分。五项均需要护理的，定为生活完全不能自理，护理费标准为本市上年度职工月平均工资的50%；五项中三项需要护理的，定为生活大部分不能自理，护理费标准为本市上年度职工月平均工资的40%；五项中一项需要护理的，定为生活部分不能自理，护理费标准为本市上年度职工月平均工资的30%。工伤职工经劳动能力鉴定委员会鉴定后的护理费由工伤保险基金按月支付。工伤职工对护理的依赖程度主要取决于伤残的严重程度。为此，在通常情况下，劳动功能障碍被鉴定为三级以上的，同时具备护理依赖条件的，才能享受护理费。

9. 因工死亡待遇

从业人员因工死亡，其近亲属按照下列规定从工伤保险基金领取丧葬补助金、供养亲属抚恤金和一次性工亡补助金：

（1）丧葬补助金为从业人员因工死亡时6个月的上年度全市职工月平均工资。

（2）供养亲属抚恤金按照从业人员生前本人工资的一定比例发给其生前提供主要生活来源、无劳动能力的亲属。其中，配偶每月40%，其他亲属每人每月30%；孤寡老人或者孤儿每人每月在上述标准的基础上增加10%。核定的各供养亲属的抚恤金之和不应高于因工死亡人员生前本人工资。

（3）一次性工亡补助金标准为从业人员因工死亡时上一年度全国城镇居民人均可支配收入的20倍。

工伤人员在停工留薪期内因工伤导致死亡的，其近亲属享受《上海市工伤保险实施办法》第43条第1款规定的待遇。

致残一级至四级的工伤人员在停工留薪期满后死亡的，其近亲属可以享受《上海市工伤保险实施办法》第 43 条第 1 款第 1 项、第 2 项规定的待遇。

供养亲属的具体范围，按照国家有关规定执行。

四、案例分析

【案例 13-11】工伤保险是国家对因工作负伤、致残、死亡而暂时或永久丧失劳动能力的劳动者及其亲属提供物质帮助的一种社会保险制度。工伤保险实行无责任补偿原则，又称无过错补偿原则。这是对工伤职工实行保护性的补偿原则，此原则确立了即使职工本人存在一定的过错，仍应按照工伤保险待遇给予补偿的规则。违章操作的行为，并不影响工伤性质的认定。违章操作属于过失行为，只要不是蓄意违章，便可以认定为工伤。《工伤保险条例》第 16 条规定："因犯罪或者违反治安管理伤亡的；醉酒导致伤亡的；自残或者自杀的不得认定工伤或者视同工伤。"本案中，王某在工作中受伤虽然是违章所致，但并不是王某蓄意所为，因此公司称王某因违反操作规程不能享受工伤待遇显然缺乏依据。当然，法律规定企业可以制定内部的规章制度，并对劳动者进行管理。王某违反劳动操作规程，违反了企业的规章制度，也应当受到企业规章制度的处罚。

劳动争议仲裁委员会依据《工伤保险条例》相关规定裁决，公司对王某的全部医药费应予以报销，并应支付相应的工伤待遇。

【案例 13-12】公司明知王某属于有自杀倾向的精神病职工，对其应负有更为严格的劳动安全卫生保护义务。甲胺磷系危险化学品，原告在未经培训和考核的情况下，安排一名精神病人从事储存危险化学品的工作，显然未尽到劳动安全卫生保护的义务，使得王某的工作场所存在不安全因素，并直接导致他的死亡。可见，王某的死亡与其工作环境存在不安全因素有关，据此可以认定王某系因工作原因死亡。

《工伤保险条例》第 16 条规定，自杀不得认定为工伤。原告仅能证明王某在白天的精神状态正常，不能证明王某喝甲胺磷时精神状态正常。结合王某的精神病史，可以推定王某是在精神病发作、无意识的状况下喝甲胺磷的。所以不能认定王某主观上有结束自己生命的故意。

法院经审理认为，王某是在工作时间和工作场所内，因工作原因死亡的，不属于不应当认定工伤的情形。因此，A 劳保局作出的工伤认定是正确的，依法应予维持。

【案例 13-13】国务院《工伤保险条例》第 14 条第 6 项规定，职工在上下班途中，受到机动车事故伤害的应当认定为工伤。劳动部《关于实施〈工伤保险条例〉若干问题的意见》第 2 条将“受到机动车事故伤害的”解释为既可是职工驾驶或乘坐的机动车发生事故造成的，也可以是职工因其他机动车事故造成的。

本案的焦点在于费某当时是否是在上班途中。首先，从时间上看，该行政法规并未规定职工必须准时准点上下班，职工无论是提前上班还是推迟上班，均不影响工伤的认定。虽然从客观上看，费某于 2007 年 8 月 12 日晚 7 时 30 分左右发生交通事故，距离所规定的上班时间 9 时还有将近一个半小时的时间。但考虑到费某从住处到达单位仍需近 20 分钟的时间，而且其到单位后还需要换衣服和别人进行交接班，因此费某关于其是提前上班的陈述具有合理性。其次，上下班的路线应当是职工上下班通常可以选择的路线，而不应限于是职工上下班的最近路线或者最方便路线。“上下班途中”应是在合理时间内经过合理路线。本案中，费某到单位上班可能有不同路线，其发生交通事故当天行走的路线，也是其中的一条，且该条路线是其平日常走路线，应为解释中的“合理路线”。且费某事发当天上班所行走的路线也没有明显的绕道或者南辕北辙的情形，因此可以认定其上班的路线为合理路线。最后，《工伤保险条例》第 19 条第 2 款规定，职工或者其亲属认为是工伤，用人单位不认为是工伤的，由用人单位承担举证责任。而本案公司在行政机关认定工伤过程中并没有提供证据来证明费某发生事故不是在上班途中。综上，据此本案中费某驾驶机动车发生事故而受伤属于认定工伤的范畴。

【案例13-14】“过劳死”一词源于日本，最早出现于日本20世纪七八十年代经济繁荣时期，它并不是临床医学病名，而是一个社会医学词汇。在日本，它被定义为：“由于过度的工作负担，导致高血压等基础性疾病恶化，进而引起脑血管或心血管疾病等急性循环器官障碍，使患者死亡。”

中山大学劳动法专家黄巧燕认为，“过劳死”目前并不是一个法律术语，按照《工伤保险条例》第15条的规定，“在工作时间和工作岗位，突发疾病死亡或者在48小时之内经抢救无效死亡的”视同工伤。从朱波的个案来看，朱波是在家中睡眠时死亡，并不是在工作场所，不能被视为因工死亡。既然不能认定为因工死亡，按照目前的规定，暂时不能得到工伤法律方面的保护。但家属可以因劳动者因病死亡，获得一次性抚恤金、一次性救济金、丧葬补助费等补偿。

虽然舆论大肆宣传，也只有日本等个别国家将“过劳死”视为因工死亡，大多数国家并没有对“过劳死”专门立法。而事实上，“猝死”的原因是多样的，认定“过劳”和“死亡”之间的联系非常困难。黄巧燕认为，本案中家属应该更清楚地了解死者“猝死”的原因，而且家属在程序上仍然有申请工伤认定的权利，不妨一试。

对于过劳死死者来说，赔偿只能抚恤家人，对死者则没有用处；对于长期处于亚健康状态的职场人士应该认识到，健康比事业更重要，而本人应该对自己的健康负主要责任。如果用人单位长期、恶意延长雇员劳动时间，雇员有权利获得《劳动法》保护的休息权和加班费。

思考题

1. 广义的社会保障包括哪些内容？
2. 社会保险的主要内容？
3. 社会保险有哪些特征？
4. 社会保险与我国过去的劳动保险有什么区别？
5. 论述社会保险、商业保险的区别。

附录

1. 2017 年上海市社会保险费缴费标准

项目 对象	缴费基数	养老保险		医疗保险		失业保险		生育保险	工伤保险
		单位	个人	单位	个人	单位	个人	单位	单位
机关、事业单位、企业、社会团体等单位	3 902—19 512 元（注 1）	20%	8%	9.5%	2%	0.5%	0.5%	1%	0.2%—1.9%
个体工商户	3 902—19 512 元	个体业主缴付 20%	个人（包括业主自己）缴付 8%	个体业主缴 9.5%	个人（包括业主自己）缴 2%	个体业主缴付 0.5%	个人（包括业主自己）缴付 0.5%	1%	0.2%—1.9%
灵活就业人员	3 902—19 512 元	28%		11.5%		……		……	……
非正规就业劳动组织从业人员	3 902—19 512 元	28%		11.5%		1%		1%	0.2%—1.9%

注 1：单位职工个人缴费基数上限为 19 512 元，下限为 3 902 元。单位缴费基数按单位内个人月缴费基数之和确定。

本标准执行期：2017 年 4 月 1 日至 2018 年 3 月 31 日。

2. 关于本市基本医疗保险 2017 医保年度转换有关事项的通知

沪人社规〔2017〕17 号

市医疗保险事业管理中心，各区人力资源和社会保障局、区医疗保险办公室、各定点医药机构：

经市政府批准，2017 医保年度（2017 年 4 月 1 日至 2018 年 3 月 31 日），本市职工基本医疗保险（以下简称“职工医保”）用人单位缴纳的基本医疗保险费计入个人医疗账户的标准（以下简称个人账户计入标准）按新标准执行，参保人员门急诊自负段标准、统筹基金起付标准暂不调整，仍按 2016 医保年度标准执行。职工医保统筹基金最高支付限额，从 42 万元提高到 46 万元。现就有关事项通知如下：

一、关于职工医保参保人员个人账户计入标准

2017医保年度，本市职工医保参保人员个人账户计入标准按新标准执行。具体标准见下表：

2017医保年度职工医保个人账户单位缴费计入部分计入标准

参 保 对 象		计入标准(元)
在职职工	34岁以下	175
	35—44岁	350
	45岁以上	525
退休人员	74岁以下	1 400
	75岁以上	1 575

二、关于职工医保统筹基金的最高支付限额、门急诊自负段标准、统筹基金的起付标准

为进一步提高职工基本医疗保障水平，2017医保年度，职工医保统筹基金的最高支付限额从42万元提高到46万元，统筹基金最高支付限额以上的医疗费用，仍由地方附加医疗保险基金支付80%，其余部分由职工自负；门急诊自负段标准、统筹基金起付标准继续按照《职工医保办法》规定的定额标准执行，不作调整。具体见下表：

2017医保年度职工医保参保人员“三项标准”

参保对象		门急诊自负段标准(元)	统筹基金起付标准(元)	统筹基金最高支付限额(元)
在职职工		1 500	1 500	460 000
退休人员	2000年12月31日前退休	300	700	460 000
	2001年1月1日后退休	700	1 200	460 000

三、关于住院和家庭病床费用结算

对于2017年3月31日之前已办妥出院(含急诊观察室留院观察，下同)手续的参保人员，各定点医疗机构应当在3月31日之前进行出院费用网上结算。

对于2017年3月31日前住院或开设家庭病床时间已满6个

月的参保人员，各定点医疗机构应当在3月31日之前进行在院或在床的网上结算。

四、关于暂停联网结算

为配合2017医保年度转换工作，本市医保计算机系统将于2017年3月30日、31日和4月1日部分时段内暂停联网结算。暂停联网结算的具体时间如下：

医保计算机系统部分时段暂停联网结算时间表

日　　期	暂停联网时段
3月30日(星期四)	0:00—6:00
3月31日(星期五)	0:00—6:00
	20:30—24:00
4月1日(星期六)	0:00—7:00

暂停联网结算期间，参保人员(包括本市城乡居民基本医疗保险等参保人员)在定点医疗机构急诊医疗发生的医疗费用，以及参保人员在定点零售药店使用个人医疗账户资金购药所发生的费用，由参保人员个人全额现金垫付。定点医药机构应当告知参保人员在15个工作日内，凭医疗费用收据(或药费发票)、社会保障卡或社会保障卡(医疗保险专用)、门急诊就医记录册、有效身份证件，至邻近的区医保事务中心办理零星报销手续。

五、其他事项

2017医保年度，本市未退休协保人员个人医疗账户个人缴费计入标准，按照2016年社平工资80%的2%计入。

各定点医药机构和相关部门应做好2017医保年度转换有关事项的宣传解释工作。

本通知自发文之日起实施，有效期至2018年3月31日。

特此通知，请遵照执行。

上海市人力资源和社会保障局

上海市医疗保险办公室

2017年3月30日

3. 关于调整本市失业保险金支付标准的通知

沪人社规〔2017〕13 号

各区人力资源和社会保障局：

为切实提高失业人员的生活保障水平，根据《中华人民共和国失业保险条例》（国务院第 258 号令）以及《上海市失业保险办法》（沪府发〔1999〕7 号）的相关规定，经市政府同意，现就调整本市失业保险金支付标准相关事项通知如下：

一、对符合领取失业保险金条件的失业人员，按下列标准计发失业保险金：

1. 第 1—12 个月领取失业保险金的失业人员，失业保险金发放标准为 1 660 元/月；

2. 第 13—24 个月领取失业保险金的失业人员，失业保险金发放标准为 1 328 元/月；

3. 延长领取失业保险金的失业人员，失业保险金发放标准为 1 063 元/月。

二、上述失业保险金支付标准自 2017 年 4 月 1 日开始执行。本通知有效期至 2019 年 3 月 31 日。《上海市人力资源和社会保障局关于调整本市失业保险金支付标准的通知》（沪人社就发〔2016〕13 号）同时废止。

上海市人力资源和社会保障局

2017 年 3 月 31 日

第十四章　劳动争议的解决途径

劳动争议是劳动关系当事人之间因劳动的权利与义务而发生的争执，是劳动关系不协调的反映。在不同的社会制度下，劳动争议的性质有所不同。在我国，由于用人单位所有制的不同，劳动争议的性质也有区别。无论在什么性质的用人单位中，妥善、合法、公正、及时处理劳动争议是一致的要求，只有正确处理劳动争议，才能维护劳动关系双方当事人的合法权益、维护社会秩序和正常的经济建设秩序。

本章对劳动争议及其救济途径进行了系统阐述，分析了劳动争议的概念和种类、劳动争议的形成的原因、劳动争议的范围、劳动争议解决的途径。在此基础上进而阐述了劳动争议的主要救济途径进行了概述和分析。

第一节　劳动争议概述

案例 14-1　尹某索赔案

广西贵港市一茶厂员工尹某工作了十几年，2003 年突然被茶厂解雇，但其 5 年后才向法院提起诉讼索赔，最终因超过诉讼时效未获支持。1 月 15 日，贵港市港北区人民法院审结了这起劳动争议纠纷案，以尹某超过诉讼时效为由依法驳回其诉讼请求。

法院审理查明，1988 年 6 月起贵港市某茶厂雇佣尹某从事机修工作，后因该茶厂经营不善，无法维持正常生产，于 2003 年解雇了尹某，后又返聘为水电工，工资发至 2008 年 10 月止。社会保险金发至 2003 年 6 月止。后尹某因补偿金问题于 2008 年 4 月 23 日向贵港市劳动争议仲裁委员会提出仲裁，该仲裁委员会于同日作出不予受理决定书。尹某于2008年12月1日诉至该院。

讨论题

尹某的诉讼是否超过受法律规定的诉讼时效?

一、劳动争议的概念

劳动争议从广义理解,是指因劳动关系而发生的一切争议,包括劳动关系双方当事人即用人单位与劳动者发生的争议,用人单位与劳动者团体即工会发生的争议,也包括用人单位与政府主管部门之间发生的争议。但这里所讲的劳动争议是从狭义上理解的,它是指劳动关系当事人即用人单位与职工之间就劳动权利、义务所发生的纠纷,也叫劳动纠纷或劳资纠纷。

二、劳动争议的内容

2008年5月1日起生效的《中华人民共和国劳动争议调解仲裁法》(以下简称《劳动争议调解仲裁法》)进一步明确了劳动争议的内容,其第2条规定:"中华人民共和国境内的用人单位与劳动者发生的下列劳动争议,适用本法:(1)因确认劳动关系发生的争议;(2)因订立、履行、变更、解除和终止劳动合同发生的争议;(3)因除名、辞退和辞职、离职发生的争议;(4)因工作时间、休息休假、社会保险、福利、培训以及劳动保护发生的争议;(5)因劳动报酬、工伤医疗费、经济补偿或者赔偿金等发生的争议;(6)法律、法规规定的其他劳动争议。"用人单位与职工之间发生的争议如果不是上述劳动权利、义务的内容,那就不是劳动争议,而是一般的民事争议、经济争议或其他争议。

三、劳动争议解决的途径

《劳动争议调解仲裁法》第4条规定:"发生劳动争议,劳动者可以与用人单位协商,也可以请工会或者第三方共同与用人单位协商,达成和解协议。"第5条规定:"发生劳动争议,当事人不愿协商、协商不成或者达成和解协议后不履行的,可以向调解组织申请调解；不愿调解、调解不成或者达成调解协议后不履行的，可以向劳动争议仲裁委员会申请仲裁；对仲裁裁决不服的，除本法另有规定的外，可以向人民法院提起诉讼。”《劳动法》第77条第1款规定：“用人单位与劳动者发生劳动争议，当事人可以依法申请调解、仲裁、提起诉讼，也可以协商解决。”

根据上述规定，劳动争议的处理途径有四种：当事人协商解决；用人单位劳动争议调解委员会调解；劳动争议仲裁委员会仲裁；人民法院审判解决。

四、新《劳动争议调解仲裁法》的诸多变化

新《劳动争议调解仲裁法》于2008年5月1日开始实施。该法与2008年1月1日起实施的《劳动合同法》一样体现了“倾斜立法”的原则，强化了对劳动者权利的倾斜。《劳动合同法》的实体权利倾斜和《劳动争议调解仲裁法》的诉讼程序倾斜，两者的结合，形成一个整体，全面提高了我国劳动法律制度对劳动者权益的保障。

与国务院1993年发布的《企业劳动争议处理条例》和全国人大常委会1994年通过的《劳动法》所确立的现行的劳动争议处理程序制度相比，新《劳动争议调解仲裁法》体现了诸多变化。

1. 更快

原有劳动争议处理程序审理周期长可说是最大的问题，是本次立法着力要改变的。新法大大缩短了劳动争议的审理时间，让劳动者更快解决问题。

一方面，新法实行了部分案件的“一裁终局”，凡数额较小，及有关劳动标准的案件都可。原有的劳动争议处理程序实行的“一裁二审”，即所有案件都必须先劳动仲裁，如果不服可到法院再经一审、二审。整个程序最少也要一年。而“一裁终局”只经劳动仲裁就作出终局裁决，当然“更快”。其中，“数额较小”是指不超过当地月最低工资标准12个月金额的争议。按照上海目前1 120元/月的最低工资标准计算也就是13 440元以内的纠纷就可“一裁终局”。

另一方面，劳动仲裁的审理期限也大大缩短。现行的仲裁期

限规定，从申请到受理的期限为7天，审理期限为60天，总共为67天，经过批准，可以延长30天。因此，劳动争议仲裁阶段的最长期限为97天。但是按照《劳动争议调解仲裁法》，一般的期限是50天，其中5天是受理的批准期限，45天是仲裁期限，最长可延长15天，整个过程不超过65天，周期缩短了32天。与现行规定相比，仲裁审理期限缩短了1/3。而且如果仲裁机构"逾期未作出仲裁裁决的，当事人可以就该劳动争议事项向人民法院提起诉讼。"

2. 更宽

《劳动争议调解仲裁法》从适用范围到适用对象都做了扩大，保护劳动者的范围更宽。按照新的规定："中华人民共和国境内的用人单位与劳动者发生的下列劳动争议，适用本法：(一)因确认劳动关系发生的争议；(二)因订立、履行、变更、解除和终止劳动合同发生的争议；(三)因除名、辞退和辞职、离职发生的争议；(四)因工作时间、休息休假、社会保险、福利、培训以及劳动保护发生的争议；(五)因劳动报酬、工伤医疗费、经济补偿或者赔偿金等发生的争议；(六)法律、法规规定的其他劳动争议。"

与原有的规定相比，受案范围增加了"因确认劳动关系发生的争议"。劳动关系的确认是适用劳动法的基本前提，其扩大使得未来一些模糊的劳动关系可以得到认定，从而有效防止用人单位通过改变雇佣方式规避法律责任。此外，新法还规定："事业单位实行聘用制的工作人员与本单位发生劳动争议的，依照本法执行；法律、行政法规或者国务院另有规定的，依照其规定。"从而将事业单位实行聘用制工作人员也覆盖进了新法的调整范围。

3. 更长

《劳动法》所规定时效是"自劳动争议发生之日起60日内向劳动争议仲裁委员会提出书面申请"。"劳动争议发生之日"是"指当事人知道或者应当知道其权利被侵害之日"。实践当中劳动者劳动争议案件败诉很大一部分原因就是超过了仲裁申请的60天仲裁时效，从而无法主张自己的正当权益。新法将时效由"60日"延长到"1年"，让劳动者可以主张维护自己权利的期限更长。

其实，按照新的规定，劳动争议的时效可能比1年还长。例如“因当事人一方向对方当事人主张权利，或者向有关部门请求权利救济，或者对方当事人同意履行义务而中断。从中断时起，仲裁时效期间重新计算”。还有“因不可抗力或者有其他正当理由，当事人不能在本条第1款规定的仲裁时效期间申请仲裁的，仲裁时效中止。从中止时效的原因消除之日起，仲裁时效期间继续计算”。以及“劳动关系存续期间因拖欠劳动报酬发生争议的，劳动者申请仲裁不受本条第1款规定的仲裁时效期间的限制；但是，劳动关系终止的，应当自劳动关系终止之日起1年内提出”。

此外，有效劳动争议还可能几乎没有时效限制。如涉及劳动报酬争议则可以延长至劳动关系终止后1年，只要双方的劳动关系存续，无论用人单位拖欠工资多久都可以要回来。

4. 更易

对许多劳动者而言，打劳动官司的最大困难就是“举证”。因为大部分的证据都掌握在用人单位的手中，很多劳动者都明知事实如此，却苦于没有证据，最后只能“哑巴吃黄连”。

新法对此规定：“发生劳动争议，当事人对自己提出的主张，有责任提供证据。与争议事项有关的证据属于用人单位掌握管理的，用人单位应当提供；用人单位不提供的，应当承担不利后果”。同时，“劳动者无法提供由用人单位掌握管理的与仲裁请求有关的证据，仲裁庭可以要求用人单位在指定期限内提供。用人单位在指定期限内不提供的，应当承担不利后果。”以后，劳动者就不怕用人单位藏着证据不提供，导致劳动者败诉的情况了。

5. 更便宜

新法实施后，劳动争议仲裁将完全免费，劳动争议仲裁委员会的经费由财政予以保障。劳动者将不再有经济上的负担。

目前上海劳动争议仲裁委员会仲裁费每案收费标准为300元。对需要进行特殊处理，如需要异地调查、作各类鉴定等的案件，按实际开支收费。劳动争议仲裁委员会只对劳动者当事人缴纳仲裁费确有困难的，经审批可以给予缓、减、免。新法的规定，解决了劳动者的后顾之忧，让广大劳动者面对劳动争议可以轻装上阵。

五、案例分析

《中华人民共和国劳动法》第82条规定："提出仲裁要求的一方应当自劳动争议发生之日起60日内向劳动争议仲裁委员会提出书面申请。"而原告一直未向被告主张权利，直至2008年才向劳动争议仲裁委员会提出仲裁申请。且依据《劳动法》第83条"动争议当事人对仲裁裁决不服的，可以自收到仲裁裁决书之日起15天内向人民法院提起诉讼……"，以及《关于审理劳动争议案件适用法律若干问题的解释》第3条"劳动争议仲裁委员会根据《劳动法》第82条之规定，以当事人的仲裁申请超过60日期限为由，作出不予受理的书面裁决、决定或者通知，当事人不服，依法向人民法院起诉的，人民法院应当受理；对确已超过仲裁申请期限，又无不可抗力或者其他正当理由的，依法驳回其诉讼请求"的规定，原告在收到劳动争议仲裁委员会作出的不予受理通知书后，未在15日内向法院提起民事诉讼，而拖至2008年12月1日才向法院提起诉讼。在仲裁申请期限里又没有不可抗力或者其他正当理由等事由出现。

法院经审理认为，被告作为用人单位在解除劳动合同关系时，应当依法向劳动者支付解除劳动关系的经济补偿金。但作为劳动者的尹某在遭被告解雇没有获得相应的经济补偿时，就已经知道或应当知道自己的权利受到侵犯，应及时向用人单位主张权利。尹某所提起的诉讼显然已超过受法律规定的诉讼时效。法院最终依法驳回原告尹某的诉讼请求。

第二节　劳动仲裁与诉讼

案例14-2　宋某与盲人按摩厅劳动争议案

宋某于2003年5月8日进入上海一家盲人按摩厅（以下简称

"按摩厅")担任店长一职。2008年6月20日,按摩厅口头通知与宋某解除劳动关系。2009年7月20日,宋某向劳动争议仲裁委员会提出仲裁申请,要求:(1)确认与按摩厅存在劳动关系;(2)按摩厅支付宋某2008年5月1日至同年6月20日期间的工资人民币4 200元及25%的经济补偿金;(3)按摩厅支付宋某2003年5月8日至2008年6月20日期间的休息日加班工资78 000元;(4)按摩厅支付宋某2008年2月1日至同年6月20日期间未签订劳动合同的二倍工资差额10 500元;(5)按摩厅支付宋某违法解除劳动关系的赔偿金21 000元;(6)按摩厅为宋某开具退工日期为2008年6月20日的退工单。

讨论题

本案应如何处理?

案例14-3　潘某追讨工资案

年轻工程师小潘在某软件公司工作,与公司签订的劳动合同期限自2007年7月12日至2009年7月11日。

2008年7月25日,小潘在一次工作中出现失误,给公司造成了近1万元的经济损失。经理非常生气,当即决定开除小潘,在小潘苦苦哀求下,经理手下留情,双方以协商一致的方式解除了劳动合同。2008年8月3日,小潘办理了离职手续,其7月份7 500多元的工资,经理承诺会在1个月内转账到小潘的银行卡里。由于对经理不开除自己心存感激,小潘也表示同意。

2008年9月3日,小潘未收到工资。同年9月13日,小潘找到公司索要,经理答复说由于小潘的工作失误给公司的现金流造成困难,因此小潘的工资要等一段时间了,并书面承诺在2009年6月3日前支付小潘工资。但直到2009年10月,小潘仍未收到这笔工资。

2009年10月10日,小潘再次找到公司,但经理的态度变了,说小潘给公司造成了损失,这笔钱已用作赔偿。小潘表示如果讨薪不成，将去申请仲裁。经理则表示，小潘离职 1 年多了，早过了仲裁时效。这次，小潘录下了经理拒绝的全过程。随后，小潘于 2009 年 10 月 13 日向某区劳动争议仲裁委员会申请劳动争议仲裁，被依法受理。

讨论题

小潘的劳动争议仲裁时效是否超过期间，理由是什么？

案例 14-4　张某申请劳动仲裁案

张某为某县汽运公司司机，自 2007 年 8 月起请病假不上班。2008 年 4 月 22 日，单位要求张某开具医院出具的病假证明，张某交不出。2008 年 6 月 6 日，单位以张某无正当理由经常旷工已超过 15 天为由与张某解除劳动合同。6 月 15 日，张某接到解除通知后，不断与单位领导沟通，提出能够开出证明自己确实有病的病假证明，要求单位撤销解除决定，同时张某也多次找他人从中协调。

直到 2009 年 5 月 10 日，张某准备向劳动争议仲裁委员会申诉时，其所在地区发生了罕见的泥石流灾害，县城几乎成为一片废墟，通往县城的交通全部中断，张某也无法到达当地劳动争议仲裁委员会。

2009 年 6 月 18 日，道路恢复通车、机关恢复办公。6 月 25 日，张某向当地劳动争议仲裁委员会提出申诉，仲裁委员会经过审查后予以受理。

讨论题

什么是仲裁时效中止？张某的情况算不算仲裁时效中止？

案例 14-5　季某工伤仲裁案

纪某系来安县工业园区某公司（以下简称公司）职工。2006 年 12 月 2 日，纪某在工作时发生工伤事故，公司将其送至来安县人民医院治疗，并支付了全部医疗费。2007 年元月，纪某回公司上班。2007 年 5 月，纪某擅自离开公司。后来，公司得知纪某向来安县劳动争议仲裁委员会申请劳动仲裁，请求裁决公司支付一次性伤残补助金 6 400 元；一次性伤残就业补助金、一次性工伤医疗补助金 23 664 元；工伤期间误工工资 12 000 元。2007 年 10 月 17 日，因纪某的申请来安县劳动和社会保障局作出工伤认定。2008 年 1 月 24 日，因纪某的申请，滁州市劳动能力鉴定委员会作出鉴定，纪某劳动能力障碍等级为 9 级。

2008 年 9 月 5 日，来安县劳动争议仲裁委员会作出仲裁裁决，公司在本裁决生效后 10 日内支付纪某一次性伤残补助金 6 670. 40 元；公司在本裁决生效后 10 日内支付纪某一次性伤残就业补助金 14 794 元，一次性伤残医疗补助金 8 876. 40 元，合计 23 670. 40 元。而且仲裁裁决书上还明确载明："若对本裁决不服，双方当事人可在收到本裁决书之日起 15 日内向人民法院起诉，逾期不起诉，本裁决即起法律效力。"公司认为纪某受伤在 2006 年，其应按照统筹地区 2005 年职工平均工资支付各项工伤费用，故诉至来安县人民法院，请求法院依法确认公司按照统筹地区 2005 年职工标准支付被告一次性伤残补助金、一次性伤残就业补助金及一次性伤残医疗补助金。

讨论题

1. 什么是劳动仲裁一裁终局？
2. 劳动仲裁一裁终局裁决在本案中是否适用？

案例 14-6　赵某申请劳动争议仲裁案

赵某于 2008 年 2 月 15 日应聘到法国某医疗公司北京代表处（以下简称北京代表处）从事销售主管工作，具体负责山东省的销售主管工作，月工资 8 000 元，但双方一直未签订劳动合同。2008 年 3 月 13 日，北京代表处与济南某外企服务公司签订协议，受北京代表处委托，赵某的工资由外企服务公司发放；养老保险费由其缴纳。赵某工作至 2009 年 2 月 15 日。2009 年 3 月 10 日，北京代表处口头通知赵某离职，并由外企服务公司发放了赵某 2 月份的劳动报酬，但未支付赵某经济补偿。赵某于 2010 年 2 月 1 日向济南市历下区劳动争议仲裁委员会提起申诉，要求北京代表处和外企服务公司支付未签订劳动合同的双倍工资及解除劳动合同经济补偿。

外企服务公司辩称，自己与赵某系人事代理关系，无实际用工关系。北京代表处辩称，法国某医疗公司才是本案中的用人单位，其有义务与赵某签订劳动合同；本代表处只是用工单位，没有与赵某直接签订劳动合同的义务与责任。同时，北京代表处对管辖权提出异议。

讨论题

1. 多个仲裁委有管辖权，谁先受理谁管辖吗？

2. 赵某能否向工资发放地的劳动争议仲裁委员会提起申诉呢？

一、仲裁时效

1. 仲裁时效的概念

仲裁时效，是指权利人在法定期间内不行使权利即丧失请求劳动争议仲裁委员会保护的权利。超过法定时效期间，在法律上发生的效力是权利人的胜诉权消灭，即丧失请求劳动争议仲裁委员会保护的权利。在实践中，不少权利人如果长期不行使权利，义务人长期不履行义务，当事人之间的权利义务将长期处于不确定的状态。时效制度能够敦促权利人及时行使权利，不至于“躺在权利上睡觉”。

2. 仲裁时效的确定

根据《劳动争议调解仲裁法》第 27 条第 1 款之规定，劳动争议申请仲裁的时效期间为 1 年，仲裁时效期间从当事人知道或者应当知道其权利被侵害之日起计算。劳动关系存续期间因拖欠劳动报酬发生争议的，劳动者申请仲裁不受该仲裁时效期间的限制；但是，劳动关系终止的，应当自劳动关系终止之日起 1 年内提出。

3. 仲裁时效的中断和中止

仲裁时效中断，是指已开始的仲裁时效因发生法定事由不再进行，并使已经经过的时效期间丧失效力。根据《劳动争议调解仲裁法》第27条第2款之规定，仲裁时效，因当事人一方向对方当事人主张权利，或者向有关部门请求权利救济，或者对方当事人同意履行义务而中断。从中断时起，仲裁时效期间重新计算。《劳动人事争议仲裁办案规则》第10条也明确规定，以下三种情形会引起时效的中断：(1)一方当事人通过协商、申请调解等方式向对方当事人主张权利的；(2)一方当事人通过向有关部门投诉，向仲裁委员会申请仲裁，向人民法院起诉或者申请支付令等方式请求权利救济的；(3)对方当事人同意履行义务的。

仲裁时效中止，是指在仲裁时效进行中，由于发生了法定事由而使权利人无法行使请求权，暂时停止计算仲裁时效期间，待停止计算的事由消除后，继续计算仲裁时效期间。也就是说，仲裁时效中止是仲裁时效期间完成的障碍，其使仲裁时效期间的计算处于暂停状态，根据《劳动人事争议仲裁办案规则》第11条之规定，因不可抗力，或者有无民事行为能力或者限制民事行为能力劳动者的法定代理人未确定等其他正当理由，当事人不能在规定的仲裁时效期间申请仲裁的，仲裁时效中止。从中止时效的原因消除之日起，仲裁时效期间继续计算。

4. 仲裁时效的运用

根据最高人民法院《关于审理民事案件适用诉讼时效制度若干问题的规定》之规定，以时效为抗辩理由需由当事人提出。当事人未提出诉讼时效抗辩，人民法院不应对诉讼时效问题进行释明及主动适用诉讼时效的规定进行裁判。以时效未抗辩理由需在一审期间提出。当事人在一审期间未提出诉讼时效抗辩，在二审期间提出的，人民法院不予支持，但其基于新的证据能够证明对方当事人的请求权已过诉讼时效期间的情形除外。当事人如果未按照该规定提出诉讼时效抗辩，以诉讼时效期间届满为由申请再审或者提出再审抗辩的，人民法院不予支持。

二、申请时效的中断与中止

所谓劳动争议仲裁的申请时效期间，是指为了促使当事人及时行使权利，便于劳动争议仲裁机构查明案件事实，正确处理争议，而规定当事人应当在一定期限内提起仲裁申请的期间。劳动争议申请仲裁的时效期间为一年。仲裁时效期间从当事人知道或者应当知道其权利被侵害之日起计算。超过申请时效期间，劳动争议仲裁机构将不受理仲裁申请。

同时，《劳动争议调解仲裁法》在延长申请时效方面还规定了时效中断制度、完善了时效中止制度。无论是时效中断还是时效中止，实际上都起到了时效延长的效果。然而，对普通职工来说，中断和中止还是两个较为陌生的法律概念，实践中或者不会应用，或者应用中常常发生错误。

何谓中断？何谓中止？与仲裁时效有什么关系？他们分别在什么情况下适用？劳动者又能怎样依据时效中断或中止来维护自己的合法权益？这里，我们将依次介绍时效中断和时效中止，以期帮助大家了解这两项制度。

1. 时效中断

时效中断是指已开始的申请时效因发生法定事由不再进行，并使已经经过的时效期间丧失效力的法律制度。导致申请时效中断的法定事由有：

(1) 当事人一方向对方当事人主张权利，如员工向用人单位讨要拖欠的工资；

(2) 当事人向有关部门请求权利救济，如职工向用人单位或上级机关申诉；

(3) 对方当事人同意履行义务，员工向用人单位讨要拖欠的工资，单位答应支付。

出现这三种法定事由时，仲裁申请时效中断，已经进行的仲裁时效期间归于无效，时效期间重新计算。

2. 时效中止

时效中止指在申请时效进行期间，因发生阻碍权利人行使权利的法定客观障碍而暂停计算仲裁时效，从中止时效的原因消除之日起，仲裁时效期间继续计算的制度。法定客观障碍指不可抗力或者其他正当理由。

根据《民法通则》第 153 条规定，“不可抗力”指不能预见、不能避免、不能克服的客观情况。例如地震、洪水等自然灾害。“其他正当理由”指除不可抗力外阻碍权利人行使权利的其他客观情况。与仲裁时效中断相比，时效中止在实践中相对出现得较少。

三、劳动仲裁一裁终局

劳动仲裁一裁终局，是指劳动争议经仲裁委员会审理并裁决后即发生法律效力，不得再次申请仲裁。

《劳动争议调解仲裁法》第 47 条规定：“下列劳动争议，除本法另有规定的外，仲裁裁决为终局裁决，裁决书自作出之日起发生法律效力：(1)追索劳动报酬、工伤医疗费、经济补偿或者赔偿金，不超过当地月最低工资标准 12 个月金额的争议；(2)因执行国家的劳动标准在工作时间、休息休假、社会保险等方面发生的争议。”

同时，第 48 条规定：“劳动者对本法第 47 条规定的仲裁裁决不服的，可以自收到仲裁裁决书之日起 15 日内向人民法院提起诉讼。”

第 49 条规定：“用人单位有证据证明本法第 47 条规定的仲裁裁决有下列情形之一，可以自收到仲裁裁决书之日起 30 日内向劳动争议仲裁委员会所在地的中级人民法院申请撤销裁决：

(1) 适用法律、法规确有错误的；

(2) 劳动争议仲裁委员会无管辖权的；

(3) 违反法定程序的；

(4) 裁决所根据的证据是伪造的；

(5) 对方当事人隐瞒了足以影响公正裁决的证据的；

(6) 仲裁员在仲裁该案时有索贿受贿、徇私舞弊、枉法裁决行为的。

人民法院经组成合议庭审查核实裁决有前款规定情形之一的，应当裁定撤销。

仲裁裁决被人民法院裁定撤销的，当事人可以自收到裁定书之日起 15 日内就该劳动争议事项向人民法院提起诉讼。”

第 50 条规定：“当事人对本法第 47 条规定以外的其他劳动争议案件的仲裁裁决不服的，可以自收到仲裁裁决书之日起 15 日内向人民法院提起诉讼；期满不起诉的，裁决书发生法律效力。”

四、劳动争议仲裁管辖

劳动争议仲裁管辖，是指确定劳动争议仲裁机构受理劳动争议案件的权限和范围。劳动争议由劳动合同履行地或者用人单位所在地的劳动争议仲裁委员会管辖。双方当事人分别向劳动合同履行地和用人单位所在地的劳动争议仲裁委员会申请仲裁的，由劳动合同履行地的劳动争议仲裁委员会管辖。

五、劳动诉讼

劳动诉讼，指劳动争议当事人不服劳动争议仲裁委员会的裁决，在规定的期限内向人民法院起诉，人民法院依照民事诉讼程序，依法对劳动争议案件进行审理的活动。此外，劳动诉讼还包括当事人一方不履行仲裁委员会作出的已发生法律效力的裁决书或调解书，另一方当事人向人民法院申请强制执行的活动。

我国《劳动法》第 79 条规定：“劳动争议发生后，当事人可以向本单位劳动争议调解委员会申请调解；调解不成，当事人一方要求仲裁的，可以向劳动争议仲裁委员会申请仲裁。当事人一方也可以直接向劳动争议仲裁委员会申请仲裁。对仲裁裁决不服的，可以向人民法院提起诉讼。”该法第 83 条还规定：“劳动争议当事人对仲裁裁决不服的，可以自收到仲裁裁决书之日起 15 日内向人民法院提起诉讼。一方当事人在法定期限内不起诉又不履行仲裁裁决的，另一方当事人可以申请人民法院强制执行。”可见，劳动仲裁程序是劳动诉讼案件的前置程序，未经仲裁，不得提起诉讼。

劳动争议案件由用人单位所在地或者劳动合同履行地的基层人民法院管辖，劳动合同履行不明确的，由用人单位所在地的基层人民法院管辖。

六、案例分析

【案例 14-2】在本案中，宋某由于在 2008 年 6 月 20 日就已经与按摩厅终结了用工关系，宋某应当自用工关系终结之日起 1 年内申请劳动仲裁，但宋某于 2009 年 7 月 20 日才提出，且没有法定的仲裁时效中断、中止的情形。因此，宋某的申诉请求已经过了仲裁申请时效，丧失了申诉权，得不到裁审机关的支持。

劳动争议仲裁委员会于 2009 年 7 月 21 日作出仲裁决定，以宋某的请求事项超过仲裁申请时效为由，决定不予受理。宋某不服上述决定，遂诉至法院。一审法院经审理后认为，宋某的诉讼请求，已因其怠于行使权利不再受法律保护，因此裁定驳回宋某的诉讼请求。宋某不服遂提起上诉，二审法院维持原判。

【案例 14-3】本案属于典型的仲裁时效中断的案件，小潘的劳动争议仲裁时效期间未超过 1 年。根据《劳动争议调解仲裁法》，仲裁时效期间从当事人知道或者应当知道其权利被侵害之日起计算。本案中，2008 年 8 月 3 日公司退工时承诺 1 个月内转账。到 2008 年 9 月 3 日，小潘未收到工资，此时应为争议发生日，时效起算。后小潘向经理询问索要工资可以认定为“当事人一方向对方当事人主张权利”，而经理当时书面承诺 2009 年 6 月 3 日前支付小潘工资，属于“对方当事人同意履行义务”，此时时效中断。2009 年 6 月 3 日中断事由消除之日起仲裁时效开始重新计算。2009 年 10 月 10 日，小潘再次找到经理索要工资遭到拒绝，此时因“当事人一方向对方当事人主张权利”被经理明确拒绝而时效再次中断，从 2009 年 10 月 10 日起仲裁时效期间重新开始计算。因此，小潘的仲裁时效期间未超过 1 年。

此外，本案中 2008 年 9 月 13 日经理写下的书面承诺和 2009

年 10 月 10 日小潘的录音内容都是证明仲裁时效中断法定事由的重要证据,在实践中要注意收集保留。实践中还会出现更多次的仲裁时效中断的情形,此时对中断法定事由的举证和时效的准确计算往往会关系到案件的成败。

【案例 14-4】本案是一起典型的仲裁时效中止的案件。2009 年 5 月 10 日当张某准备向仲裁委员会提出申诉时还未满 1 年的时效期间,然而,发生了泥石流灾害,这样的"不可抗力"可以认定为仲裁时效中止的法定原因。

本案中,"中止时效的原因消除之日"以当地道路恢复通车、劳动争议仲裁委员会开始办公之日为宜,从该日起仲裁时效期间继续计算。也就是说,在发生仲裁时效中止时,已经进行的时效(2008 年 6 月 15 日至 2009 年 5 月 9 日)仍然有效,而中止的时间(2009 年 5 月 10 日至 2009 年 6 月 17 日)不计入仲裁时效期间,从 2009 年 6 月 18 日起继续计算。本案中,时效中止前后进行的时效期间合并计算后还未满 1 年,因此当地仲裁委员会经审查后予以受理。

此外,"其他正当理由"通常包括了权利人为无民事行为能力人或限制民事行为能力人而其法定代理人突然死亡或者丧失民事行为能力等情况。

【案例 14-5】在本案的审理中,出现两种分歧意见:一种意见认为,《劳动法》第 83 条规定,劳动争议当事人对仲裁裁决不服的,可以自收到仲裁裁决书之日起 15 日内向人民法院提起诉讼。《劳动争议调解仲裁法》第 47 条规定,对追索劳动报酬、工伤医疗费、经济补偿或者赔偿金,不超过当地月最低工资标准 12 个月金额的争议,劳动争议仲裁委员会所作的仲裁裁决为终局裁决,裁决书自作出之日起发生法律效力。滁州市 2005 年和 2007 年在职职工平均工资分别为 500. 80 元/月和 1 479. 40 元/月。纪某在向来安县劳动争议仲裁委员会递交的申请书中列明的争议各项之和金额超过了滁州市最低工资标准 12 个月金额,劳动仲裁裁决不是终局裁决,原告起诉属于基层人民法院受理民事案件的管辖范围。

另一种意见认为，本案的劳动仲裁裁决对伤残补助金、伤残就业补助金、伤残医疗补助金各项的裁决数额均不超过滁州市最低工资标准 12 个月金额，属于终局裁决。根据《劳动争议调解仲裁法》第 48 条及第 49 条规定，劳动者对第 47 条规定的仲裁裁决不服的，可以自收到仲裁裁决书之日起 15 日内向人民法院提起诉讼；用人单位有证据证明第 47 条规定的裁决书有适用法律法规错误或违反法定程序等情形的可在自收到仲裁裁决书之日起 30 日内向劳动争议仲裁委员会所在地的中级人民法院申请撤销裁决。原告起诉不属于基层人民法院受理民事案件的管辖范围，应依据《民事诉讼法》第 108 条规定裁定驳回原告的起诉。

我们认为，第二种意见更为合理。理由如下：

第一，2008 年 5 月 1 日施行的《劳动争议调解仲裁法》规定对部分案件对用人单位实行一裁终局制度，它是指劳动争议经仲裁庭裁决后即行终结的制度，裁决书自作出之日起发生法律效力。它适用于小额和标准明确的仲裁案件。

第二，过去的劳动争议处理机制主要问题在于劳动争议处理周期长，效率低，劳动者维权成本高。许多劳动者，往往因拖不起时间、打不起官司，使得合法权益难以得到有效维护。这个问题在社会上表现得比较突出。为了使劳动争议仲裁实现便捷高效，《劳动争议调解仲裁法》有针对性的设计了一裁终局制度。它能让大量的劳动争议案件在仲裁阶段就得到解决，不用再拖延到诉讼阶段，能够有效地缩短劳动争议案件的处理时间，提高劳动争议仲裁效率，保护当事人双方的合法权益。

第三，"不超过当地月最低工资标准 12 个月金额"应按仲裁机构最终裁决的数额衡量。按裁决结果判断是否超过了"当地月最低工资标准 12 个月金额"，一目了然，且在一定程度上能扩大终局裁决的范围，有利于劳动者的权益得到迅速有效的救济，更加有利于实现《劳动争议调解仲裁法》设计一裁终局制度的立法目的。

第四，一个案件同时涉及劳动报酬、工伤医疗、经济补偿或者赔偿金中的一项或者数项的应按分项裁决的数额衡量。最低工资12个月金额不大，如果不作分项解释，实际上可能会导致《劳动争议调解仲裁法》第47条形同虚设；一些用人单位恶意诉讼，大量的案件仍会涌向法院；同时劳动者可能会规避该规定，把一案分拆为数个案件申请仲裁，造成司法资源的更大浪费。

第五，适用《民事诉讼法》第108条规定驳回对终局裁决的起诉并未剥夺用人单位的救济权利。如果用人单位确实有证据证明上述裁决适用法律法规确有错误或违反法定程序或所依据的证据是伪造的等情形可依法向仲裁机构所在地的中级人民法院申请撤销。

本案中双方当事人对劳动关系、工伤、劳动能力丧失程度均无异议；仲裁裁决公司支付纪某一次性伤残补助金6 670.40元、一次性伤残就业补助金14 794元、一次性伤残医疗补助金8 876.40元，各项数额均未超过滁州市最低工资标准12个月金额，该仲裁裁决属于标准明确、小额的终局裁决，对公司的起诉应裁定驳回。

【案例14-6】劳动争议仲裁委员会审理后认为，赵某与北京代表处存在事实劳动关系。根据《劳动人事争议仲裁办案规则》第12条、第14条规定，劳动合同履行地为劳动者实际工作场所地，用人单位所在地为用人单位注册、登记地。多个仲裁委员会都有管辖权的，由先受理的仲裁委员会管辖。当事人提出管辖异议的，应当在答辩期满前书面提出。外企服务公司的注册地在济南市历下区，此案涉及两个被诉主体，故属于历下区劳动争议仲裁委员会的管辖范围。赵某要求被申请人支付2008年2月15日至2009年2月1日期间未签订劳动合同的双倍工资的仲裁请求，已经超过劳动仲裁申请时效；根据《劳动合同法》第82条规定，赵某要求被申请人支付2009年2月2日至2009年2月15日期间未签订劳动合同双倍工资的仲裁请求，应予支持；赵某要求被申请人支付补偿金的仲裁请求，应予支持。

因北京代表处未按时到庭，无法进行调解。根据《劳动合同法》、《劳动争议调解仲裁法》、《劳动人事争议仲裁办案规则》相关条款的规定，仲裁庭裁决，北京代表处支付赵某 2009 年 2 月 2 日至 2009 年 2 月 15 日期间未签订劳动合同的双倍工资 4 000 元、补偿金 8 000 元。

思考题

1. 简述仲裁时效的中断与中止的区别。
2. 简述劳动仲裁与劳动诉讼的关系。
3. 简述劳动争议解决的途径？

图书在版编目(CIP)数据

法律基础案例教程/周登谅主编.—2版.—上海：
上海人民出版社，2017
ISBN 978-7-208-14790-4

Ⅰ.①法… Ⅱ.①周… Ⅲ.①法律-中国-教材
Ⅳ.①D920.4

中国版本图书馆CIP数据核字(2017)第232098号

责任编辑 屠玮涓 罗 俊
封面装帧 王斯佳

法律基础案例教程
(第二版)
周登谅 主编

出　版 上海人民出版社
(200001 上海福建中路193号)
发　行 上海人民出版社发行中心
印　刷 上海商务联西印刷有限公司
开　本 890×1240 1/32
印　张 12.5
插　页 2
字　数 320,000
版　次 2017年9月第2版
印　次 2021年1月第5次印刷
ISBN 978-7-208-14790-4/D·3106
定　价 52.00元